老年大学教材

INVESTMENT AND FINANCE FOR THE ELDERLY

老年人投资理财

严行方 著

上海财经大学出版社
SHANGHAI UNIVERSITY OF FINANCE & ECONOMICS PRESS

图书在版编目(CIP)数据

老年人投资理财/严行方著. —上海:上海财经大学出版社,2024.6
ISBN 978-7-5642-4382-1/F·4382

Ⅰ.①老… Ⅱ.①严… Ⅲ.①老年人-私人投资-教材 Ⅳ.①F830.59
中国国家版本馆 CIP 数据核字(2024)第 089242 号

□ 责任编辑　施春杰
□ 封面设计　贺加贝

老年人投资理财
严行方　著

上海财经大学出版社出版发行
(上海市中山北一路 369 号　邮编 200083)
网　　址:http://www.sufep.com
电子邮箱:webmaster@sufep.com
全国新华书店经销
上海华业装璜印刷厂有限公司印刷装订
2024 年 6 月第 1 版　2024 年 6 月第 1 次印刷

710mm×1000mm　1/16　17 印张(插页:2)　236 千字
定价:79.00 元

前　言

老年朋友们好！很高兴，从今天起，我们有缘在一起学习"老年人投资理财"这门课。首先，预祝各位学有所得！

老年人为什么要学投资理财？很简单，这是每个成年人的必修课，没有年龄限制，值得终身学习。尤其是在我国当下，五大原因决定了这不但非常有必要和具有紧迫感，而且正在成为一种新时尚：(1)社会保障制度不够健全，"养老还得靠自己"已成共识；(2)社会投资渠道少得可怜，回报率更是无从谈起；(3)年老体衰，收入减少，知识体系陈旧，容易上当受骗；(4)慢经济下守不住财富，房产、股票等一切都在重新定价；(5)庞氏骗局、电信诈骗日益猖獗，老年人是重点围猎对象。没有受过财商教育的老年人，既看不懂资产被重新定价的游戏规则，又很难理解这个世界正在发生着的底层逻辑的改变，买什么什么亏钱，卖什么什么不值钱，稀里糊涂地就背了债、破了产。守住保命钱、增值养命钱已不是一件容易的事，唯有不断学习提高，才能缩小认知鸿沟。

2023年，"全国示范老年大学"无锡市老年大学特邀我开设"老年人投资理财"课程，这是全国7.6万所老年大学之首创，本书即为授课教材。该课程的教学目的与要求：(1)掌握基本的投资理财能力，更新观念，提升金融素养；(2)学会合理规划、正确配置资金投向，确保收益稳健和流动性；(3)学会摆正心态，戒贪防骗，科学划分家庭财权。希望通过本课程的学习，学会投资理财，实现晚年生活幸福指数高、生命质量高、家庭和睦，并延年益寿。

我国已于2000年进入初级老龄化社会(65岁及以上人口占比7%)、2021年深度老龄化(占比14%)，预计将于2032年步入重度老龄化(占比

21%),应对老龄化挑战已成国家战略。2021年11月,中共中央、国务院发布《关于加强新时代老龄工作的意见》,明确要求"将老年教育纳入终身教育体系"。2023年3月,教育部直属国家老年大学正式挂牌,拥有课程43.6万门、老年教育课程资源408.9万分钟;老年学员2 214万(含远程教育学员1 000多万),低龄化学员(50~60岁)比例逐年上升。目前,全国村(社区)以上各级老年大学正在纷纷酝酿开设本课程,但教师和课程资源稀缺。

本课程具有以下五大特点:(1)理论性强。语言需要通俗易懂,并尽量穿插各种真实案例,帮助理解。(2)知识浩繁。从大学本科专业看,至少涉及六大专业,即"经济学—金融学类"中的金融学、投资学、保险学、经济与金融,"管理学—工商管理类"中的会计学、财务管理。为此,内容需要删繁就简,学以致用。(3)风险厌恶。老年人的心理和消费特点,决定了要把严控风险、戒贪防骗放在突出地位。(4)积重难返。"三岁看大,七岁看老",投资者教育历来是全球性难题。(5)学科建设。作为一门新课程,采取什么样的课程和教学模式,即教什么与怎么教等,都需要在实践中不断摸索和总结。

根据老年学员的特点,本课程建议采用全PPT教学,学制一学年或一学期。本书已按此原则,相应地设置为16课,涵盖基础理论和实操环节。教学原则是"只讲、不代、不推荐,课后日月无瓜葛"(老师只讲课,不代客理财、代客操作,不推荐股票、基金、保险等产品;师生之间无任何经济往来),教学方法为"通俗、幽默、案例多,上课就像听故事",力求活学活用。

合抱之木,生于毫末。老年人投资理财课程虽然还只是一株幼苗,但既然已经扎根沃土,且展现出顽强的生命力,未来必将茁壮成长!

免责声明:本书内容仅作教学之用,不构成投资建议,且不保证信息完整与准确性;据此投资造成损失,本书不承担任何责任。

严行方

2024年春节

目 录

基础理论篇

第1课　投资与理财概述/1

投资理财是每个成年人的必修课,值得终身学习。投资与理财之间的关系如胶似漆,看似情侣,实为母子。投资的概念有100多种,本书建议只需掌握2种。

　　第一节　投资的概念/1
　　第二节　理财的内容/6
　　第三节　投资与理财的关系/13

第2课　投资理财的纪律/15

纪律是指必须遵守的行为规则。投资理财时刻要牢记"三大纪律",即安全性、流动性、收益性。否则,即使没有"纪委"来查你,也一定会有亏损在等你。

　　第一节　安全性/16
　　第二节　流动性/20
　　第三节　收益性/23

第3课　生命周期三理论/28

不同生命周期中的个人或家庭,无论是收入支出还是资产负债,无论是投资需求还是理财重点,都会存在显著差异,在相当程度上制约着投资方案和理财策略。

  第一节 生命周期理论/29
  第二节 生命周期消费理论/34
  第三节 生命周期理财理论/37

第4课 老年人财商观念/41

钱是赚来用的,人是用来爱的。有钱,就把日子过好;没钱,先把心情过好。倡导拥有平衡的金钱个性,传承应有的创富理念。储蓄与消费比例"三七开"为好。

  第一节 正确的金钱观/42
  第二节 钱是赚来用的/45
  第三节 授鱼不如授渔/50

第5课 货币的时间成本/55

岁月是把杀猪刀。眼看他起朱楼,眼看他宴宾客,眼看他楼塌了。"钱越来越不值钱"是正常的,因为在其背后涉及货币的时间价值、通货膨胀和复利等因素。

  第一节 货币的时间价值/56
  第二节 通货膨胀的影响/59
  第三节 时间成本的计算/65

实用实操篇

第6课 家庭财务分析/71

没有调查研究,就没有发言权。像医院出具体检报告一样,每年编制一份详尽的家庭资产负债表,有助于剖析家庭财务现状,为投资理财寻找客观依据和突破口。

  第一节 家庭资产负债表/72
  第二节 编表方法说明/74
  第三节 财务分析实例/77

第 7 课　家庭理财规划/80

遵循程序、用对工具,夯实"四大基础",坚持"三要三不要"原则。坚决不碰不懂的产品,更不迷信"专家理财"。道理很简单:"事后诸葛亮,事前猪一样。"

　　第一节　规划过程和要点/80
　　第二节　两大重点方向/86
　　第三节　"三要三不要"原则/90

第 8 课　家庭资产配置/94

具体介绍六种国内外先进的家庭资产配置法,根据国情和老年人家庭特点加以完善,目的是在风险可控的前提下,科学、合理地进行利益最大化的资产布局。

　　第一节　4321 象限图法/94
　　第二节　1/6 理财法和 1/5 理财法/100
　　第三节　442 型和金字塔图/103

第 9 课　养老规划制定/108

要想拥有独立、有尊严、有品质的晚年生活,就得构建"五个一"工程,即"一个老伴,一处老窝,一点老底,一批老友,一只老狗"。其核心是老窝和老底。

　　第一节　养老规划的基本要求/109
　　第二节　金窝银窝,不如狗窝/113
　　第三节　爹有娘有,不如自有/119

第 10 课　银行储蓄妙招/127

储蓄的本质是信用行为,当然需要"货比三家"。储户的血汗钱需要存放在信用好、收益高的机构;机构需要像爱护眼珠一样维护储户权益,更不该鸡鸣狗盗。

　　第一节　老年人储蓄现状/127
　　第二节　九条储蓄小技巧/132
　　第三节　相关法规解读/139

第 11 课　医疗保险选购/145

保险在物质上要能转嫁经济负担,心理上要有安全保障。所以有些保险必须买,有些保险无须买。建议组合:基本医保＋普惠型惠民保或福村保＋商业性医保。

　　第一节　购买保险的原则/145
　　第二节　普惠性医疗保险/151
　　第三节　商业性医疗保险/158

第 12 课　遗产规划设计/163

生不带来,死不带去。每个人的最后都会有一段或长或短的失能、失智时期,提前处理好个人资产和负债,安排好自己、配偶和子女的生活,越来越成为一种刚需。

　　第一节　遗产规划的重要性/163
　　第二节　怎样制定遗产规划/168
　　第三节　生前财产传承设计/177

第 13 课　遗嘱应知应会/182

遗嘱是遗产规划的核心。当家庭关系复杂、财产种类较多,或有居心不良者,或法定继承不合意愿时,遗嘱几乎是必需的。遗嘱订立条件苛刻,稍有不慎便会无效。

　　第一节　遗嘱继承优先原则/182
　　第二节　订立时间尽早原则/190
　　第三节　如何取出现金遗产/195

第 14 课　亲友借钱策略/200

人活世上,谁没个困难的时候呢? 但人是亲戚,钱不是。借钱好比试"金"石,借是情分,不借是本分。谈钱真的容易"伤"感情,借与不借都有"十原则"。

　　第一节　认清亲友关系现实/200
　　第二节　借与不借的界限/206
　　第三节　保护好自身权益/214

第15课　远离庞氏骗局/223

你贪他的利息,他念你的本金,各怀鬼胎。庞氏骗局是金字塔式骗局(传销)的鼻祖,也是传统骗局之集大成者;哪怕最激进的阴谋论者,被洗脑后都会深信不疑。

　　第一节　庞氏骗局的四大特点/223

　　第二节　庞氏骗局的三大类型/228

　　第三节　庞氏骗局的防范要点/236

第16课　谨防电信诈骗/242

电信网络诈骗是近年来"发案最多、上升最快、涉及面最广、群众反映最强烈"的犯罪类型,并且还在快速裂变。请重点识别五大类型,牢记20个"凡是"。

　　第一节　电信诈骗的五个阶段/242

　　第二节　电信诈骗的五大类型/247

　　第三节　电信诈骗的防范要点/258

第 1 课

投资与理财概述

> 投资理财是每个成年人的必修课,值得终身学习。投资与理财之间的关系如胶似漆,看似情侣,实为母子。投资的概念有100多种,本书建议只需掌握2种。

第一节 投资的概念

投资的概念有100多种,本书建议只需掌握以下2种。

一、投资的本义

顾名思义,投资的本义就是"投入资金(以本求利)"。

从字面上理解,投资"投"的是"资"。这里的"投",当然是指投入,但特指"有目的"的投入。任何漫无目的的投,充其量只能称为瞎投、乱投。这里的"资",包括一切资金、财物和无形资产,但至少必须具备以下六大特性,否则就不能算(表1-1中以住房为例):

表 1—1　　　　　　　　投资的六大特性

特　性	概　念	是否属于投资行为	
		自住房	租售房
垫支性	资金投入再生产过程后要能流回	×	√
周转性	资金能够在运动中不断循环周转	×	√
补偿性	耗费和垫支能够在销售后得到补偿	×	√
增值性	能够在资金运动过程中增值(这也是最基本的特征)	×	√
时间性	资金具有时间价值	×	√
稳定性	资金来源的增减变动相对平稳,且可预测	×	√

所以,不能简单地认为"资金就是钱,钱就是资金",这至少是不准确的。单纯的钱只是货币,只有当这些钱用于生产经营活动并具备以上六大特性时,才能称为资金。也就是说,钱不一定是资金;当然,资金也不一定都是钱,它还可以是各种有形财物和无形资产。

也有人认为,资金是财产物资价值的货币表现,这是我国[①]会计界过去长期使用的关于资金的定义。但这显然是把"资金"与"价格"两个概念混淆起来了。举例来说,个体工商户老板身上穿的衣服当然也是他的财产物资,有价值也有价格,但不能算是资金。

做生意、搞投资都需要资本,领执照需要申报注册资本。因为马克思讲过一句"资本是能够带来剩余价值的价值,体现的是资本家对雇佣工人的剥削关系",所以计划经济时代普遍认为,"资金"和"资本"有本质区别:资本是"资本主义"的,资金才是"社会主义"的。那时候的企业不是国营就是集体性质,因此并不存在"资本"一说。

改革开放后,外资纷纷涌入,会计核算必须与国际接轨。那怎么来处理"注册资本"这个敏感话题呢?1992年8月,我在河北承德参加全国高校财务学研究会主办的研讨班时,有人把两者糅合在一起,生造了"资本

[①] 从行文简洁和统计口径角度出发,本书所称"我国"和"中国"一般均指中国内地,未含台港澳地区。

金"的概念。1992年11月16日国务院批准的《企业财务通则》中明确指出:资本金是企业的注册资金,分为国家资本金、法人资本金、个人资本金、外商资本金四个部分,在股份有限公司中称"股本",在其他企业中称"实收资本"。这样,就完美地回避了过去有关"资本"具有剥削关系、"资金"不存在剥削关系的理论纠缠;同时,反复强调"发展是硬道理"和"合作共赢",进一步淡化两者的区别。

如果跳出经济领域,投资的概念可以更广泛。所以,不能把投资写成"投知""投智"或"投姿",它们虽然也有部分投资特性,却不是本书要讨论的范围。

二、投资的经典概念

关于投资的经典概念,本书推崇本杰明·格雷厄姆的观点。他说:**"投资是根据详尽的分析,本金安全和满意回报有保证的操作。不符合这一标准的操作就是投机。"**[①]

意思是说,如果你的投资行为是建立在详尽分析基础上的,正常情况下能够确保收回本金,那才算是(理性的、合格的)投资。虽然什么是"满意回报",每个人的主观感受不一样,但只要能达到投资者的预期,就算是投资,并且是成功的投资。

对照这一标准,我们绝大多数人的所谓投资,既没有也不愿意,或者没有能力和条件去进行详尽的分析,就连最起码的能否收回本金也心里没底,无疑这就属于格雷厄姆所说的"投机"行为了。

投机的"机",最常见的解释有以下三种:(1)见解,如话不投机的"机";(2)时机,如投机取巧的"机";(3)概率、机会、赌博、运气,如机率(现在通常写作"几率")的"机"。所以,如果错把投机当投资,有时就会犯致命性的错误。

这里插播一个小故事,来看看格雷厄姆是何方神圣。

[①] 本杰明·格雷厄姆、戴维·多德著,邱魏等译:《证券分析》,海口:海南出版社2008年版,第43~44页。

格雷厄姆是全球投资界的传奇人物。他从小随父母从英国伦敦移民到美国纽约，9岁时父亲去世，之后家境一落千丈。为了改变命运，母亲在1907年经不住诱惑投入股市并孤注一掷，结果遇到当年的大股灾，血本无归。所以，格雷厄姆不得不一边打工，一边读书。

1914年他20岁时，从美国哥伦比亚大学数学系毕业，因为成绩位居全班第二名，所以有幸成为全美优秀毕业生联谊会会员。临近毕业时，哥伦比亚大学有三个系的系主任邀请他留校任教，分别是数学系、英语系和哲学系。他不忍心拒绝恩师的诚挚邀请，但是穷怕了的他，更想能够多赚点钱，而大学里的年轻教师工资都不高（全世界都一样）。所以，他找到哥伦比亚大学校长卡贝尔，想听听他的意见。

卡贝尔校长一贯主张优秀毕业生应该步入商界，而不是关在象牙塔里搞研究，或者去当公务员。格雷厄姆去找校长时，恰好有一位纽约证券交易所的会员在场，他一边述说自己儿子的学习成绩太糟糕，一边想请校长为他的公司推荐一名优秀学生去担任证券承销商。校长看到格雷厄姆来了，脱口而出说："远在天边，近在眼前。"意思是说，格雷厄姆就是个很适合的人选。

就这样，格雷厄姆遵循校长的推荐，毕业后去了华尔街上的这家劳伯证券公司，主要工作是负责将债券和股票行情抄写在黑板上，周薪12美元。当时的证券投资主要是买债券、拿红利，价格波动很小，公司最需要的是业务员去招揽客户，这项工作既自由又体面。可是当格雷厄姆被派去做这项工作时，因为天生害羞，所以他一笔业务都没拉到。

为了能够更好地说服客户，他刻苦钻研当时最权威的教科书《债券投资原理》。他虽然没学过会计，但大学里所受到的严格教育，为他开展工作提供了强有力的武器。他发现，当时最热门的一家铁路公司发行债券时居然做假账，于是写了一份详尽的分析报告交给纽约证券交易所大厅里的一位朋友,友情提醒他不要去碰这只债券。这位朋友一看,这份报告写得有理有据,便转交给百奇公司的一位合伙人。百奇公司高层一看,这样的报告就连他们的专业分析师也写不出来,于是想重金挖他过去,承诺周薪18美元。

格雷厄姆一听很高兴,原来还为在这里一笔业务都没拉到而郁闷呢,没想到跳个槽就可以涨薪50%,便连忙向老板提出辞职。

可想而知,老板坚决不同意,立刻提拔他为研究员,并专门成立了一个证券分析部门让他负责,让他充分发挥特长,专心撰写研究报告。

格雷厄姆在接下来的研究中发现,一家即将宣布破产的上市公司古根海姆勘探公司1915年9月1日的交易价格是每股68.88美元,而该公司实质性地拥有4座铜矿,实际价值相当于每股76.23美元。也就是说,理论上只要把这家公司全部买下来,一转手按实际价值出售,就能净赚每股7.35美元,相当于利润率为10%。最后,公司同意了他的建议,由他全权负责,暗中大量购进该公司股票,并承诺将来所得盈利分给他20%。1916年1月17日该公司正式宣告解散,他不但分得了一笔巨资,而且声誉扶摇直上。[1] 1919年,格雷厄姆25岁时年薪已达60万美元,相当于2022年的850万美元或6 100万元人民币。

格雷厄姆在全球最早创立了价值投资和证券分析理论,人称"价值投资之父""证券分析之父""华尔街教父",其地位相当于物理学界的爱因斯坦、生物学界的达尔文。

格雷厄姆造就了一大批明星弟子,如菲利普·费雪、沃伦·巴菲特、彼得·林奇、威廉·拉恩、沃尔特·舒勒斯、欧文·卡

---

[1] 严行方:《华尔街教父格雷厄姆投资智慧全集》,北京:金城出版社2008年版,第47~49页。

恩、马里奥·加贝利、查理·布兰特、查理·芒格等。全球最大的金融市场在华尔街,而华尔街上几乎所有重要人物都自称是他的信徒,并引以为豪。

尤其是巴菲特和卡恩,两人干脆都为自己儿子取名格雷厄姆。其中,我们最熟悉的是巴菲特,他1993年、2008年两次登上全球首富宝座,并且是全球首富中唯一通过股票投资获此殊荣的。

在我国,能够享受此等殊荣的唯有现代思想家、文学家、哲学家胡适。他生活在格雷厄姆同一时代,同样毕业于哥伦比亚大学,曾经担任北京大学校长。他除了拥有哥伦比亚大学哲学博士的头衔外,还有哈佛大学、加州大学、耶鲁大学等36所世界著名高校颁发的荣誉博士学位。要不是他百般推脱,可能100个博士学位也不止。所以在当时,同样是几乎所有的社会名流嘴边都会挂着一句"我的朋友胡适之",以此来显示自己的交往层次之高。

第二节 理财的内容

所谓理财,是指"管理财务"。这里的财务,可以理解为"财产"[①]和"债务"。

在我国,理财的概念最早是20世纪90年代初伴随着"股票债券市场扩容、商业银行业务丰富、市民收入逐年提高"出现的,意味着在这种特定背景下,尤其要重视财产的保值增值、债务的适当控制和打理。

理财的内容非常广泛,大致可分为公司理财和个人理财两大块。本书讨论的当然是个人理财,或称家庭理财。

---

① 财产与资产之间的关系:
(1)财产通常是指有形资产,可随意支配,但不直接创造收益;资产是会计学概念,包括有形资产和无形资产,不能随意支配,却可以创造收益或导致亏损。
(2)财产既可以属于投资者,是资本的产物,也可以属于经营者,是资产的产物。但资产只属于经营者。
(3)资产与负债相对应,而财产则否。

概括地说，个人理财的内容又可分为两部分：(1)个人资产①，如储蓄、债券、基金、股票、黄金等；(2)个人负债，如借款、住房抵押贷款、消费信贷(花呗、借呗、信用卡透支)等。

提起理财，一般人首先会想到投资或赚钱。这当然也是理财的内容，但不是重点，更不是全部。

理财的具体内容至少包括以下六个方面。

一、赚钱(收入)

每个人的收入都可以分为两大类，如表1—2所示：

表1—2　　　　　　　　　两大收入类型比较

类型	概念	特点	项目	具体内容
主动收入	通过付出劳动获得的收入	以人赚钱	工资性净收入	按照国家统计局的口径，包括：①计时工资；②计件工资；③奖金；④津贴和补贴；⑤加班加点工资；⑥特殊情况下支付的工资
被动收入	通过财产资源获得的收入	以钱生钱	经营性净收入	指通过生产经营活动获得的净收入，包括：①现金流入；②其他资产的增加；③负债的减少
			财产性净收入	指通过资本、技术、管理等要素与社会活动产生的净收入，包括：①动产(储蓄、有价证券等)、不动产(房屋、车辆、藏品等)获得的净收入；②出让财产所有权获得的利息、租金、专利收入；③财产运营获得的红利收入、财产增值收益等
			转移性净收入	指各种家庭外部转入的收入，包括：①政府发放的离退休金、失业救济金、赔偿；②单位发放的辞退金、住房公积金、保险索赔等；③家庭之间的馈赠和抚养等

---

① 本书讨论的个人资产、家庭资产，一般均指金融资产，即以价值形态存在的资产，包括一切可以在有组织的金融市场上进行快速交易，具有现实价格和未来估价的凭证。其共同特点是：能够在市场交易中提供即期或远期的货币收入流量，用以索取实物资产。

金融资产也称金融工具，区别在于是否作为持有者的投资对象。例如，个人持有的现金、储蓄、其他货币资金(外汇、本票、汇票、投资款等)、应收账款、股权、债权、金融衍生工具形成的资产等，都属于投资对象，具备索取权，所以称为金融资产。相反，中央银行发行的现金、上市公司发行的股票、债券，个人拥有的固定资产或预收账款等，只是一种负债，只能称为金融工具。

金融资产的对称是实物资产。两者可以相互转化，有时具有双重属性，如房产、古董、藏品等。

从上表容易看出,被动收入的项目更多、差异更大(相差几十倍也不少见),这就充分显示了理财对于个人及家庭的重要性。所谓"你不理财,财不理你;你会理财,财会理你",说的就是这个道理。

明白了这一点就知道,许多老年人只要聚到一起,就会情不自禁地比较各自退休金的高低,并据此判断对方的经济状况,是非常片面和狭隘的;由此带来一些不必要的郁闷和矛盾,纯属自寻烦恼。[①] 请看表1-3。

表1-3　　　　　　　　两个退休家庭的收入比较

项　目	甲	乙
每月退休金	夫妻俩合计2.5万元	夫妻俩合计0.7万元
理财性收入	储蓄100万元,月息0.3万元	店铺出租月收入5万元;储蓄200万元,月息0.6万元
儿女状况	结婚单过,小夫妻俩月收入合计1万元	结婚单过,小夫妻俩月收入合计2万元

从表1-3中可以看出,如果单纯比较两个家庭的退休收入,甲绝对占上风,听者无不羡慕,甲本人也可能会因为不知乙的底细而沾沾自喜,甚至自高自大;乙无疑只能甘拜下风,听者甚至会掬一把同情之泪。可是,如果把两个家庭的理财性收入也考虑进来,结果就会整个颠倒。尤其是倘若把儿女的经济情况也考虑进来,差别会进一步放大。

在这里,主动收入实际上就是我们常说的"挣钱",它本质上是通过出卖劳动力和时间来获取收入,这是绝大多数人的谋生手段,但这种财富增长只是算术级的,并且有极限(例如,不可能24小时工作)。被动收入实际上才是我们常说的"赚钱",其本质是通过投资和创造机会来实现财富的指数式增长。

这里插播两个小故事,来看看什么是"你会理财,财会理你。"

巴菲特之所以能成为全球首富,靠的当然是投资理财,而不

[①] 以下两句回答能有效化解尴尬:"退休后就不比养老金喽,而是比谁更长寿""退休金就像一杯咖啡。喝咖啡讲的是品味的过程,而不是比谁的杯子大"。

是拼命加班。他的长期投资回报率平均在每年 20% 左右。请记住,"每年"就意味着是"年复利"。他的传记名为《滚雪球》,就很好地抓住了他的财富积累的特点。他曾说,"人生就像滚雪球,关键是要找到足够湿的雪和足够长的坡"[①],而根本不是像有些人想象的那样,一年能赚多少倍。他在 2023 年致股东公开信中提到的数据是:"1965—2022 年伯克希尔每股市值的复合年增长率为 19.8%。"复利效应就好比寓言故事"龟兔赛跑"中的乌龟,一步一步地往前爬,行稳而致远,最终使他成为全球唯一依靠投资理财登上首富宝座的人。

相反,前面提到的胡适,一生处于社会上层,收入颇丰,却因为不擅长理财,中年之后生活穷困潦倒,每次住院都会因为缺钱而提前出院,一度要靠妻子江冬秀在麻将台上赢钱来艰难度日。

1917 年,26 岁的胡适留学回国在北京大学当教授,月薪 280 银元,相当于社会平均月薪 9 元的 31 倍,相当于 2022 年的月薪 24 万元,这还未含大量的版税。1931 年,任北京大学文学院院长时,月薪 600 元,版税、稿酬月均 900 元,合计 1 500 元,相当于社会平均月薪 17.4 元的 86 倍,相当于 2022 年的月薪 66 万元。但他是个"月光族",家里有 6 个佣人,长期没有积蓄,以至于 1937 年"抗日战争"全面爆发时,46 岁的他经济开始拮据起来,穷困潦倒伴随终生,遗产仅有 135 美元。

二、用钱(支出)

每个家庭的支出都可以分成两部分:(1)生活支出,包括全家人从出生到终老的所有生活开销,最常见的"开门七件事"柴、米、油、盐、酱、醋、茶,"出门七件事"衣、食、住、行、学、乐、医,哪一样都离不开钱。所以,有人把理财的概念理解为"当家理财"也无不可。(2)理财支出,涵盖因为投

---

① 严行方:《滚雪球:巴菲特投资传奇(白金纪念版)》,海口:南方出版社 2018 年版,第 86 页。

资、借贷而产生的支出,如投资损失、投资手续费支出、贷款利息支出、保障型保险保费支出等。

虽说"钱是赚来的,不是省出来的",但对绝大多数人来说,省钱要比赚钱容易得多。正常情况下,只要坚持"量入为出"的原则,无论退休金高与低,都是"够用"的。相反,如果要去进行攀比,可能永远都觉得"不够",这叫欲壑难填,至少也会心里添堵。所以,量入为出是理财的第一要务,节省开支则是迈向理财之路的第一步。

这里插播一个小故事,来看看什么是"成由勤俭败由奢"。

美国人迈克·泰森,20岁时成为世界重量级拳击冠军,是全球拳王中的第二大富豪。他在20多年的职业生涯中,一共赚了4亿美元。但因为不注重理财,又挥霍无度,终于在2005年宣布破产,破产时还欠下5 000万美元的债务。

他曾经拥有6座豪宅,其中一座豪宅有108个房间、38个卫生间,建有豪华的影院和夜总会。他养的宠物是孟加拉虎,最多时养了5只,仅驯兽师的月支出就达30万美元。他有110辆名贵汽车,其中1/3都送给了朋友。他13岁时已入狱58次,讲义气的他对贫民窟里的穷小子们有求必应。他的两位前妻都挥金如土。他曾经一连5天泡在夜店里,每次给服务生的小费至少2 000美元。

2020年5月,54岁的泰森再次复出。大彻大悟的他宣布,以后所赚的钱全部用于做慈善。他在电视节目中痛定思痛地回顾道:"年少成名,以前不在乎钱的事;等到在意的时候,为时已晚。"[①]

[①] 《泰森自曝:职业生涯共赚4亿美金,无节制的消费,结果欠了5 000万》,今日头条,2022年3月31日。

三、存钱（资产）

当当期收入超过支出时，就会有部分钱积攒下来；当连续有钱积攒下来时，就可以通过储蓄①、借贷、投资、理财等以钱生钱的方式形成金融资产，以备不时之需，或追加投资理财。

这里的不时之需，并不包括平时计划内的正常开支，而是指突然降临的临时性、紧迫性支出，如因为失业、大病、天灾人祸等突然增加的支出。所谓"天有不测风云"，所以，每个人、每个家庭都有必要从存款中预留一笔紧急预备金。

这里的追加投资理财，是指在正常储蓄基础上的其他投资方式，主要是指固定资产投资如买房、买车，和实业投资如开店、办厂等。

四、借钱（负债）

当当期收入不够支出时，就需要动用以前的积蓄。如果以前没有积蓄，或者动用积蓄数量还不够，或者数量虽然够、时间上却不匹配或收益上不合算时，就需要向外借钱。

借钱的理由，既可能是生活开销上的入不敷出，也可能是投资或购置大件物品，如房产、汽车、家电、装修、结婚等大笔开支。

借钱的类型包括：(1)消费负债，如信用卡循环信用、分期付款、花呗、京东白条等；(2)投资负债，如融资融券保证金、财务杠杆等；(3)自用资产负债，如购置自有房产或汽车的房贷或车贷等。

当借钱不能很快归还时，就会形成负债，需要根据负债规模和还款时间分摊每期支付的本息。在借款还清之前，每期摊得的本息支出应严格控制在每期结余的范围内，否则很容易造成个人或家庭破产（即永远还不

---

① 储蓄与存款之间的关系：
(1)储蓄的概念一般用于个人，存款的概念更多的是用于单位。
(2)《储蓄管理条例》对储蓄的定义是，指个人将属于其所有的人民币或外币存入储蓄机构。居民储蓄与面广量大的单位存款（或称对公存款），合称存款。

清本金）。

一般来说，每月还债额在月收入30%以内称为良性债务，表明债务压力可以忍受；50%以上称为不良债务，表明容易陷入财务困境；30%～50%称为中性债务，风险大小主要看收入来源的稳定性和绝对额的高低。

五、省钱（节税）

居民收入包括主动收入和被动收入两大块。需要注意的是，并非所有收入都能用于支出，它至少需要扣除必须缴纳的税收和社会保险后，才能自由支配，称为"居民可支配收入"；居民可支配收入按照家庭人数平均后，称为"人均可支配收入"，这是更有用的收入指标。

这样一来，又涉及一个问题，那就是如何通过合理的规划来规避或减少税收、社保支出，变相增加可支配收入？这是理财中的一个重要环节，高收入人群对这一点尤为看重。

其内容主要包括三个方面：(1)所得税及社保节税规划，主要是规避或少缴个人所得税和社会保险；(2)财产税节税规划，主要是在购置或出售固定资产时如何规避或少缴财产税；(3)财产移转节税规划，主要是在移转财产时如何规避或少缴增值税或遗产税（目前，财产移转节税规划在国内用得很少，在境外用得较多）。

六、护钱（保险、信托）

护钱的重点在于风险管理，主要是通过保险金信托安排，使得人力资源或家庭财产得到应有保护，或者在将来发生损失时可以通过获得理赔来弥补损失。

所谓保险金信托安排，是指将信托财产独立于其他私有财产，以免债权人追索。就好比建了一道"防火墙"，保护已有财产免于流失。

具体办法是：将保险保单受益人变更为"信托计划"，通过中国信托登记有限责任公司（简称"中国信登"），根据信托计划按约管理，并分配给信托受益人。保险金信托的安全性之一体现在，资金来源的合法性由保险公司背书。两者关系如图1—1所示。

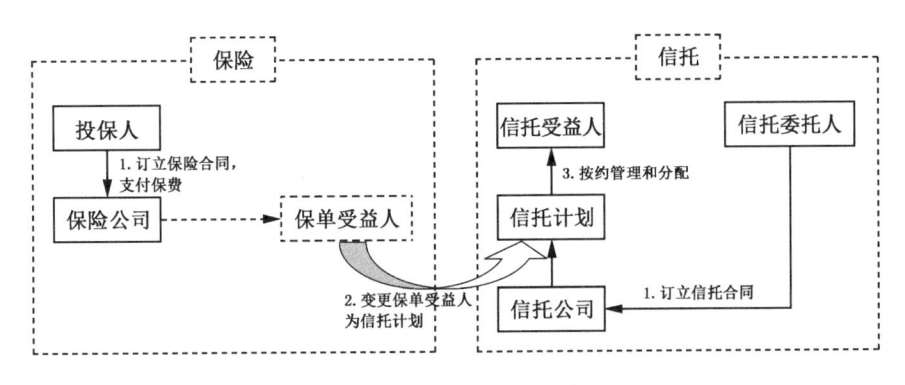

图1—1 保险金信托产品架构

第三节 投资与理财的关系

投资与理财究竟是一种什么样的关系呢？对此，别说许多老年人搞不清，就连专家学者也是各说各的，本书将其联系与区别列示于表1—4中。[①]

表1—4　　　　　　　　　　投资与理财的关系

	投　资	理　财
联系	投资和理财都贯穿于人的一生。它们的对象都是钱，在市场经济社会中，虽说钱不是万能的，但没有钱是万万不能的	
	投资和理财都强调现金流量管理。一个人只要活着，就需要用钱，就会有现金流出，为此必须有现金流入来平衡 现金流入的主渠道有两条：一是主动收入，二是被动收入。所以，绝不是有钱才要想到去投资、没钱只能去理财，否则就是"人无远虑，必有近忧"了	
	投资和理财都强调风险管理。人的一生随时会遇到各种风险，如人身风险、财产风险、市场风险，导致现金流入的不确定性（收入中断风险，如突然失业、到期欠债收不回来等）和现金流出的不确定性（费用递增风险，如家人生病突然增加医疗费用、孩子高考没考好只能去上民办每年要多花几万元学费等）	

---

① 严行方：《一本书读懂投资学》，北京：人民邮电出版社2010年版，第6页。

续表

	投　资	理　财
区别	追求盈利。以营利为目的,侧重于资产短期效益的最大化	规避风险。以资产保值为目的,侧重于长期收益的稳健和增长
	投资行为简单地说就是怎样赚钱,对专业知识的要求较高	理财行为简单地说就是怎样用钱,对专业知识的要求相对较低
	决策依据主要是收益率高低。如果收益率不理想,可以不投资,并无规定谁有余钱就一定要投资	决策依据较多,如生活目标、财务需求、资产负债、收支结构、性格特征、风险偏好、投资特点、抚养人口、健康状况等
	目标是实现资产增值,从没钱变成有钱,从小康走向富裕	目标是实现资产最优配置,确保未来财务安全、生活无忧
	投资是为了增加今天的收入	理财是为了确保将来的支出
	投资的心态比技术更重要	理财的意识比财富更重要
	合理规划拿多少钱去投资	认真考虑该不该做这些安排
	关注资产的收益率和流动性	关注资产的合理分配和规划
	投资渠道主要有:①金融资产,如储蓄、债券、股票、基金、外汇、黄金、期货等。②实物资产,如房地产、金银珠宝、邮票、古玩等。③实业投资,如店铺、工商企业等	投资只是理财的一个方面,所以理财渠道比投资渠道要广泛得多,几乎包括个人和家庭收支的所有方面。不过,目前国内所指的理财范围,一般仅限于金融资产领域
	投资是一种战术行为,只是实现理财目标的手段之一。例如,一个家庭如果把主要余钱都投入股市,其风险偏好就会超越自身承受范围,这种投资就无法服从理财规划,因而是不可取的	理财是一种战略规划,注重资产的合理分配,需要通过各种资产互补,实现家庭财务的平稳发展。理财好比是旅行,先要明确你在哪里(经济现状)、要去哪里(理财目标)、怎样才能到达目的地(手段和步骤)
	投资的结果是获得收益,实现资产保值、增值甚至迅速翻番,但也有可能会血本无归、由富返贫	理财的结果是在现有资产和收入状况下,家庭成员的未来生活物质更富足、精神更富有、身体更健康
	并非所有人都需要投资	所有人都需要理财

第 2 课

投资理财的纪律

> 纪律是指必须遵守的行为规则。投资理财时刻要牢记"三大纪律",即安全性、流动性、收益性。否则,即使没有"纪委"来查你,也一定会有亏损在等你。

所谓纪律,是指必须遵守的行为规则。

纪律的约束,既包括外在的他律,也包括内在的自律。最典型的他律,是各级"纪委"对组织内部成员违纪行为所进行的督促、处分和纠正。而投资理财的纪律,更多的是表现为自律,而不是外在惩罚(投资理财他律的主要表现是亏损)。

投资理财的纪律,最主要的有三条,这"三大纪律"分别是:安全性、流动性、收益[①]性。三者之间的关系是：流动性与安全性成正比，与收益性成反比。也就是说，流动性越高的资产越安全，但收益性越差。

以流动性最强的现金为例。如果你把现金放在身边，那么对你来说，这些现金是最安全的；否则，把它投资于任何项目，就可能存在一定的风险，都不如放在你身边来得安全。可是，这些现金放在你身边，安全倒是安全了，却不会产生任何收益。

正确安排三者顺序的方法是：安全性＞流动性＞收益性。

第一节　安全性

每个人都有自己的投资风格，但要切记的是，排在首位的永远是安全性，至少也要确保本金能够顺利收回。如果做不到这一点，那就要考虑是不是放弃这种名为"投资"的"投机"。

股神巴菲特有许多著名的投资格言，其中最著名的一句是："成功的秘诀有三条：第一，尽量避免风险，保住本金；第二，尽量避免风险，保住本金；第三，坚决牢记第一、第二条。"[②]乍一听，这话说了等于没说：如果投资的目标仅仅着眼于保住本金，这要求也太低了吧？但实际上，正所谓"重要的事情说三遍"——每一笔投资都不亏，就能确保你永远都是盈利的；积小盈为大盈，财富雪球就会越滚越大。这也是巴菲特能够成为全球首富的主要秘诀之一。

这里插播一个小故事，来看看"杨百万"们的不同命运。

---

① 收益、收入、利得、利润之间的关系：
(1)收益是指所有者投资之外的经济利益，既包括销售收入和利润，也包括尚未销售或尚未形成收入的库存的价值。
(2)收入是指所有者投资之外的日常活动所形成的经济利益的流入，包括销售收入、劳务收入、让渡资产使用权收入、利息收入、租金收入、股利收入等，但不包括各种代收款项。
(3)利得是指所有者投资之外的非日常活动所形成的经济利益的流入，分为计入所有者权益的利得、计入当期利润的利得两大类。
(4)利润是指生产经营活动的成果。利润＝收入－成本－费用(含所得税)；如果是负数，即为亏损。
② 严行方：《巴菲特给股民上的投资10堂课》，海口：南方出版社2018年版，第60页。

上海股市中过去有大名鼎鼎的"三杨",即杨百万、杨良正、杨卫国,他们进入股市的时间、年龄、本金都差不多,最后都有几百万至几千万的盈利,但结局截然不同,唯有杨百万还能在江湖上留下点传说。

人称"杨百万"的杨怀定,完成原始积累后,老婆催他赶快买房,落袋为安。所以,先是将家中9平方米的平板房换成一套140平方米的商品房,后来又接连买了好几套。这样,哪怕剩下的钱在股市里亏光了,至少还有这些房子在。另外两位,一位是被称为"上海大户室第1号大户"的杨良正,最多时自有资金超过1 000万元,拥有上海股市1/8的股票,却因为不断加杠杆到4∶1,即1元本金做5元的股票,上涨20%就本金翻番,下跌20%就全部亏光,最终输掉了所有,还欠下一屁股债。另一位杨卫国,在股市赚到3 000万元后进军期货,目标是要赚满1个亿,结果在一个月里就被平仓,最后导致精神失常,流落街头。

这充分证明,安全性就像一张安全网,往往会决定生死存亡。老年人投资理财,安全性方面主要注重以下两点。

一、不盲目投资

盲目的本义是眼睛瞎了,比喻没主见或无目标,对事物认识不清。

现实生活中真正的盲人并不多,在投资理财领域,盲目的人也应该是少数,但人性的弱点是喜欢跟风。只要一跟风,离盲目就不远了;只要一盲目,就必定凶多吉少。这方面的教训太多了。

有个寓言故事说,狐狸想吃鸡了,于是在悬崖边上竖了块牌子:"没有勇气,就永远不能飞翔!"不少鸡听这么一鼓噪,便盲目地激动起来,一只只视死如归了。狐狸躲在悬崖下面,每天都有吃不完的鸡。

这里插播一个小故事,来看看盲目投资为何凶多吉少。

安徽合肥的老刘，年轻时毕业于上海交通大学，用今天的话来说是个妥妥的"学霸"。1998年，退休后过于清闲，看到老同学中有很多人在广东做生意，混得都不错，于是也想去广东搞投资试试看。

当时有句流行语叫"东南西北中，发财到广东"。在这种氛围烘托下，老刘拿出家里全部的4万多元①积蓄，不假思索地就去了广东。虽然说广东的财富机会确实多，但也绝不可能到人人成功的地步，尤其是书生做生意，俗话说"十年能读出个秀才，十年练不出个买卖"。果然，没过多久，他就把钱亏了个精光，身无分文。

这下好了，老刘感到很没面子，既不愿意两手空空地回家被人笑话，又愧对家人，不好意思与家里联系，所以，一直流浪在广东东莞的一个城中村。别人都以为他是孤寡老人呢。一位好心人收留了他，让他住在8楼一个10多平方米的房间里，他平时就靠捡废品养活自己。

2022年10月19日，老刘的女儿在志愿者的帮助下，终于见到了84岁高龄的他，前来接他回家。女儿喜极而泣，可老刘却依然有些抗拒。②

有人说这位老人太爱面子，有人说是性格倔强，而**其真正的根源在于当初的盲目投资**。不了解行情、没有进行可行性研究就孤注一掷，无异于赌博，哪里还有什么资金的安全性可言！

二、不借贷投资

俗话说，"冷，冷在风上；穷，穷在债上"。所以，投资理财绝不要搞借贷，否则相当于在本金上加了杠杆，投对了，收益会成倍增加；投错了，血

---

① 据国家统计局数据，1998年城镇单位就业人员年平均工资为0.74万元，2022年为11.40万元。所以，当时的4万元相当于2022年的61.62万元。

② 《老人生意失败觉得没面子失联24年：上海交大毕业》，中华网，2022年10月21日。

本无归就会加速到来。可是,哪怕再看好一件事,也无法预测风险会在什么时候以什么方式出现,更何况无法拿捏的事情了。

这里插播一个小故事,来看看借贷投资差点导致流落街头。

> 我有一位朋友,一家三口住在市中心五爱家园。2015年股市大牛时,她用炒股赚来的钱很轻松地就买了一套大婚房,豪华装修后准备留给儿子结婚用。眼看股市越来越火爆,她不但孤注一掷,并且还透支、借贷几百万追加投入,准备"大干一场"。可是没想到,2016年股市就调头向下暴跌,债主纷纷上门讨债,她不得不用"割肉"来归还欠款和高利息,最后把那套已装修好的婚房也降价卖掉了,害得她儿子的婚事也告吹了。这还没完,她的那套自住房也因为拿去抵押贷款炒股了,即将被迫拍卖。就在这紧急关头,幸亏我们几个朋友凑钱出来帮助她,全家才不至于流落街头。

顺便一提的是,这种**倾家荡产的不理智投资,并非只会出现在投资新手中,投资老手也往往不能幸免**。上面这位朋友就是一位老股民,过去经常出入大户室,但依然没能抵挡得住各种忽悠。

当时的情形是,上证综合指数从2013年6月28日的1 979点开始启动,一路攀升至2014年12月15日的2 953点,18个月内上涨了49%,市场一片欢腾。次日,《北京晚报》发表于建的文章"中财大刘姝威:万点不是梦",人民网等立刻进行转发。又过了4个月即2015年4月20日,股指继续攀升至4 217点,再次上涨43%,人人争先恐后地进入股市。21日,人民网发表王若宇的文章"4 000点才是A股牛市的开端",随即,新华社、中国证券网等进行转发。结果谁也没想到,仅仅到6月12日指数升至5 178点的最高点后,便迅速调头向下,于7月19日跌至低点3 373点,短短1个多月就暴跌了1/3。

人性就是这样,一旦遇到忽悠就会头脑发热,把"纪律"忘得一干二净,等到醒悟过来时,已悔之晚矣。2023年10月23日(重阳节)当天,我在福建经济广播电台特别节目《老年人投资,你必须知道的二三事》中,就着重提到了这一点。

纪律的核心是自律,即从内心深处对自己的要求与约束。

这里插播一个小故事,来看看德国人是怎么自律的。

> 2013年10月,著名作家贾平凹参加全球最大的德国法兰克福书展,上厕所时看到前面共有两个蹲位,左边的蹲位前有10个人在排队,右边的一个人也没有。于是,他径直走到右边的蹲位门口去拉了下门,发现完好无损(他原本以为这个蹲位是坏的才没人排队)。"解放"之后,他出来一看,左边的队伍依然是这么长,于是用手势招呼他们,意思是"这边空着呢,不用排队的",但人们一个个直摇头。不解之余,他去问翻译,才得知,德国的规则是右边这个蹲位是为老弱病残幼和孕妇准备的,正常人只有在十分内急时才能"突击借用"一下。贾平凹问,那谁能知道我这内急是真是假呢?翻译平静地说,自己的内心。

说得真好。心知道,这就是自律。如果有谁能把投资的安全性提高到如此自律的地步,那他就会战无不胜。

第二节 流动性

投资理财具有周期性,资金回归有相应期限。不用说储蓄、股票、基金了,即便是开店、办厂,也需要设定一个经营期限。否则,一旦资金无法流动,遇到突发情况时就可能轻则造成本金损失,重则导致破产倒闭。许多企业关门大吉,并不是因为不赚钱,而是缺乏流动资金,后续资金又跟不上。资金是企业的血液,失血过多必然会导致休克。所以,投资理财同样必须考虑资金的流动性。

老年人投资理财,流动性方面主要注重以下两点。

一、不动急用资金

资金按照使用的紧急程度,可分为急用资金、备用资金、闲置资金三大类。从理财角度看,最好是每一分钱都始终处于"钱生钱"状态,所以这三类资金都可用于理财,只是选择的品种和类别应该有所不同。而从投资角度看,能够用于投资的只能是闲置资金,即使亏了或被套住,也不至于影响日常生活。

这里插播一个小故事,来看看为什么说急用资金不能动。

湖南益阳的桂老太,2018 年 60 岁时听说当地正在建造一家老年公寓,预购不但能在入住时享受折扣优惠,还有"高额分红",其利率要比存银行高得多。看到身边的人都在交钱,她也心动了,陆陆续续把自己 50 万元的毕生积蓄全部投了进去。

开始时还好,对方经常包车送他们去周边旅游。可是没想到,2020 年 7 月该项目突然宣布倒闭。创始人因为非法集资投案自首,6 000 多名老人受到无辜牵连,投入的钱都打了水漂。与桂老太一同购买该项目的老人曹某,把所有积蓄 17 万元都预付给了这家老年公寓。2021 年 1 月 19 日中午,他在医院 ICU 给妻子喂饭,随后又接到了医院的催款电话。眼看实在拿不出钱来救妻子,走投无路的他,怀着无比愧疚的心情,在寒风中脱下衣服,纵身跳入冰冷的资江。听到这一消息后,眼见预付款全要打水漂的桂老太,也常常会一个人发愣发呆。[1]

这个案例固然说明了非法集资的危害性,但也与老年人不顾自身实力,倾其所有,违反理财纪律有关。养老服务行业本应具有公益性,而如今都在用"预付制"来榨取老人,不该令人警惕吗?

顺便一提的是,怎样确定急用资金的规模呢?一般可按全家 3~6 个

---

[1] 徐婷婷、谭琪欣:《投资养老项目被骗的老人》,《健康时报》,2023 年 4 月 27 日。

月的日常生活开销来测算。如果全家的正常开销是每月1万元,那就要在任何情况下,都确保有3万~6万元的活钱可供随时调度,否则就可能遭遇流动性危机,甚至酿成上面这样的悲剧。

二、不因小失大

为什么要保持流动性呢?因为它与安全性、收益性密切相关。

资金的流动性,本是会计术语,指资金的实物形态会随着价值的转移而不断变化。具有流动性的资金称为流动资金,具有快速流动性的资金称为速动资金,不具备流动性的资金称为固定资金。

如果资金缺乏流动性,而你又急需用钱,就会面临两种情况:(1)快速变现。这就必然需要降价处理,从而造成损失甚至亏本。(2)不能变现。这虽然回避了降价损失,却会耽误你眼下的大事。你当然也可以向别人借钱来周转,但这又会增加借贷成本,抬高人情成本。这两种情况的结果都一样,那就是:因小失大,得不偿失。

这里插播一个小故事,来看看轻信广告会如何因小失大。

安徽池州有位62岁的老人檀某,过去长期在马鞍山捡破烂。几年前一次偶然的机会,他从电视购物广告中看到说藏品能升值,价值万元的藏品将来或许能卖到几十万元,便动了心。他先是花7 000多元从北京一家文化公司买了一件藏品,后来陆续拿出所有的积蓄七八万元,又借了三四万元,通过电视购物等渠道,累计投入10多万元,购买了几十件字画、玉玺、纪念币等藏品,每件价格从几十元到上万元不等。

2015年11月,得知自己患上癌症后,毫无积蓄的他,首先便想到变卖这些藏品来看病。他原本想,只要把这些藏品卖出去,就不但能有现金到手,而且还能大赚一笔。但令他意外的是,这些藏品拿到艺术品市场上去,好一点的还能卖个原价,次一点的根本无人问津,别说增值了,打折销售都没人要。他为此感到十分失望。

回想当初买入时,原售出单位都承诺事后可以帮他拍卖,于是心中又燃起一丝希望。而当联系对方时,都说要交各种手续费,所以又搭进去不少钱。更令人气愤的是,本来他就急等着钱用,可对方硬是要他答应从拍卖款中拿出一部分来继续购买其他藏品才肯举行拍卖仪式。而即使这样,也一直没能卖出去。

因为缺乏藏品鉴赏能力,所以檀某及周边的人始终不能确定这些藏品的真假。一条外观金灿灿的且有所谓"检测报告"的纪念金条,在墙上摩擦几下后,里面就露出了白色,看上去有点像铝合金。另外一款当初花 12 800 元买来的"金镶玉"已经掉色,看过的人都觉得不像是真的,认为老人被骗了。①

但事到如今,又能怎么样呢?没钱看病不说,反而又气出病来!

第三节 收益性

投资当然要追求收益,甚至这是唯一目的。可是,如果违反了投资理财纪律,很可能"偷鸡不成蚀把米"。

老年人投资理财,收益性方面主要注重以下两点。

一、不墨守成规

老年人普遍厌恶投资风险,宁愿把钱存在银行里拿定期利息,也不愿去寻求其他获益更高、风险同样较小的理财方式。有些人甚至连存银行都不敢,担心银行会倒闭,干脆把现金藏在家里。

这种担忧可以理解,但这样做的结果是既谈不上理财,更缺乏收益,

---

① 朱春友:《老人花光积蓄买收藏品,患癌急用钱难变现疑为赝品》,《新安晚报》,2016 年 4 月 29 日。

货币的实际购买力迅速下降，钱还是那么多，但再也买不到过去那么多的东西了。这种"理财"方式，通常称为"穷人思维"（并非是指穷人才有的思维，而是指考虑问题只看眼前），这样的人生不但会失去许多乐趣，更会错过太多机会。

这里插播一个小故事，来看看典型的穷人思维是怎样的。

> 过去亚洲某国有一家穷人，经过多年的省吃俭用后，终于攒够了去澳大利亚的船票钱，于是全家一起移民去澳大利亚。为了节省开支，他们整天蜷缩在下等舱里，一日三餐吞咽着随身带来的干粮，根本不敢奢望去豪华的餐厅享用美食，甚至不敢去看一看。
>
> 后来，随身所带的干粮吃完了，男主人不得不厚着脸皮去餐厅问服务员：有没有一些别人吃剩下的饭可以给自己的家人充充饥？服务员吃惊地问，为什么要吃剩饭而不去餐厅呢？回答是，因为我们根本就没钱。服务员说，哎呀，餐厅里的自助餐都是免费享用的，根本不需要另外掏钱啊！听到这里，男主人懊悔不已，全家哭笑不得。

容易看出，问题的实质不是这位男主人所说的根本没钱，而是一开始在他们的潜意识里就为自己贴上了一张"穷人"的标签，根本没有勇气去餐厅看一看、问一问。哪怕只是在边上转一转、兜兜风，也会很快就发现免费用餐的秘密。

投资的情形与此有些相似。投资虽然有风险，但也会因此取得风险回报。就像这家老小，如果当时有勇气去餐厅看一看（尝试投资），如果真的要花钱买，而且价格还贵（投资成本高），那完全可以不买（不投资）；而当得知这些都是免费享用的（零成本，确切地说是已经包含在船票中了）时，无疑就会作出正确的选择，而这种免费享用（无本经营）又会给整个旅途（投资人生）增添多少美好的回忆呢！

人生在世，因为缺乏勇气而碌碌无为的事例何止千千万！但同时，因为敢于尝试而取得成功的例子更是数不胜数。

顺便说一句,**家庭投资理财与男性的关系更为密切**。

研究表明,2022年我国男性的金融素养平均得分65.0分,女性63.8分,总体差异虽然较小,但高金融素养人群中男性居多,这与其他各国的研究结论相一致。究其原因,是因为"家庭分工中财务管理往往是丈夫的责任,而丈夫的预期寿命通常比妻子短,因此已婚女性通常在晚年才有动机和机会提高金融素养"。[①]

而其实,人类自从进入父系社会后就一直如此。

奴隶社会每家每户最大、最值钱的家当,是圆圆的瓮缸、瓮坛。耳朵凑上去,用手轻轻地拍一拍,里面会发出"嗡—嗡—"的声音,所以称之为"瓮",公声(古音同"公")。身份、地位最高的奴隶主,个个吃得肥头大耳、肚子鼓鼓的,样子很像瓮,所以先秦时代就用"公"来代表地位和权力了,特指"领主""头儿"。当时所谓的"缴公粮",就不是指把粮食缴给公家,而是缴给这片租地上的"头"。用今天的话来说,即不是缴给某个组织,而是缴给这个组织的"法人代表"。既然都叫法人代表了,象征的就是一种权力,而且权力很大。因此,古代的"公"是指权倾一世或德高望重的人(如沛公),而非性别(父系社会中掌权者多是男性,两者基本重叠)。大约到了宋代之后,家庭中开始用"老公"来指代一家之主,既指权力也指人,并一直流行到现在。

二、不仇恨风险

投资理财必然会有风险,因为它们本来就是一对"恩爱夫妻",每时每刻形影不离。古今中外,从来就没有绝对无风险的投资理财,所以休想"棒打鸳鸯"(只要收益,不要风险)!

正确的态度是,可以讨厌风险、尽可能规避风险,也可以把风险控制在自己能够承受的范围内,而不必仇恨风险。否则,就会发现什么事情都

[①] 上海交通大学上海高级金融学院、美国嘉信理财:《2022中国居民金融素养报告》,2023年3月。

不能做;而什么事情都不做,任凭资金闲置,这本身就是风险。

关于投资理财风险,可以从以下两个方面来看。

一方面,投资理财与风险形影不离,既是坏事也是好事,前者提醒要小心谨慎,尽可能避免造成亏损,尤其要防止血本无归;后者提醒投资理财的获利高低与风险大小有关,如果你不愿意冒哪怕一丁点儿风险,那就只能选择"躺平"。

不用说,做任何投资决策,都要首先考虑"一旦失败会造成多大的损失",这是理性投资的必要前提。因为投资理财的风险,就表现为某种价值的降低或丧失,主要包括以下三种类型:(1)原有财产的减少或丧失。比如投入10万元买了某只基金,到期时净值低于10万元了,就表明产生了投资损失。(2)未来收入的减少或丧失。比如在这家银行存款的一年期利率是1.75%,而另一家却高达3.50%,就表明造成了机会损失。请注意,别小看这点差别,其实两者相差1倍,简直可以用"损失惨重"来形容了。(3)变现困难。比如投资了某个项目,当需要用钱时却因为没到期而拿不到钱,或者需要低价贱卖才能出手,也会造成一定的损失。

另一方面,每个人的情况不一样,对风险的理解、承受能力也不一样,所以不能一概而论。具体到个人来说,要做的是把风险控制在所能承受的范围内就行。

例如,甲、乙两人在某个项目上合伙投资了100万元,商定如果将来投资损失达到一半时就清盘退出。这样,理论上最终可以收回现金50万元。由于两人各占一半股份,所以清盘时每人都将损失25万元。这25万元风险的绝对额相等,可是两人的风险承受力是不一样的。假如说,甲的金融资产有200万元;而乙只有100万元,即便是这50万元投资,其中也可能有部分是借来的,可以说赢得起、亏不起。

容易看出,讨论投资风险的承受能力时,除了要考察绝对值,更要考察相对值。换句话说,衡量风险大小时,除了要看绝对损失,还要看相对损失,后者更科学。计算公式如下:

$$Lr = \frac{Pe}{Tc} \times 100\%$$

其中：Lr 为投资损失率，Pe 为一轮投资结束时造成的财产损失，Tc 为初始投资总额。

一般来说，当 $Lr<50\%$ 即损失没有超过投资额的一半时，表明这种投资损失还"较小"，这项投资依然有望起死回生；而当 $Lr>50\%$ 并且比例还在进一步扩大甚至越来越接近 100% 时，表明这项投资损失已经"较大"或"巨大"，正在或已经丧失盈利能力。

第 3 课

生命周期三理论

> 不同生命周期中的个人或家庭,无论是收入支出还是资产负债,无论是投资需求还是理财重点,都会存在显著差异,在相当程度上制约着投资方案和理财策略。

前面提到,投资理财行为贯穿于人的一生。既然如此,就有必要从生命周期的角度来对此进行全面的考察。

生命周期理论认为,每个人都会经历若干个不同的生命阶段,每个家庭也都可以划分为不同的财务类型,它们在理财重心、消费支出等方面各有特点,对投资理财行为也会有不同的要求。

生命周期理论在投资、理财、银行、保险、养老等领域有着广泛的应用,理应成为理财规划的基础。每个人、每个家庭都可以据此定位自身所处阶段,并作出合理的理财规划。

当然,这方面并没有现成的公式可套,需要因人而异,具体对待,灵活运用。

第一节　生命周期理论

一、个人生命周期

所谓个人生命周期,是指一个人出生、成长、衰老、死亡的过程。典型的个人生命周期可分为以下九个阶段。

(一)婴儿期

0～2岁。这一时期处于共情和协调情感反应的发展阶段。

(二)儿童早期

2～6岁。这一时期处于进一步认识相互依存关系的阶段。

(三)儿童中期

女孩6～11岁,男孩6～12岁。这一时期处于道德发展(包括智力逻辑发展、良心逻辑发展)的阶段。

(四)青春前期

女孩11～13岁,男孩12～14岁。这一时期处于发现、理解自己并对不正当关系表示反感的阶段。

(五)青春期

女孩12～21岁,男孩13～21岁。这一时期处于寻找观念认同、不再人云亦云的阶段。

(六)成年早期

21～35岁。这一时期处于发展与参与深度关系能力、将家庭和工作同等看待的阶段。

(七)成年中期

女性35～50岁,男性35～55岁。这一时期处于真正展现自身力量的阶段。

(八)成年晚期

女性 50～75 岁,男性 55～75 岁。这一时期处于追求生命、情感与精神和谐的睿智阶段。

(九)老年期

75 岁以上。这一时期处于总结反思过去、重新赏析和接受自己的阶段。

二、老年人生命周期

具体到老年人来说,北京大学人口研究所穆光宗教授认为,老年人的生命周期(或称生命历程)可分为以下五个阶段。[1]

(一)退休过渡期

这一时期,退休人员会有一种特别的心理不适症状,表现为职业角色丧失而导致的"无角色困境",俗称"退休综合征"。[2] 在我国,通常历时 1～2 年(退休后 3 个月内为甚),比例在 10%～40%。

主要对策:顺应老化,缩短过渡期。

(二)老年活跃期

这一时期,介于"制度性退休"至"功能性退休"之间。

这是老年人生命周期中最宝贵的时光。身体基本健康,生活也能自理,还能参与社会活动,是真正的"夕阳无限好,只是近黄昏"。

主要对策:挖掘生命潜能,实现人生价值。

(三)失能障碍期

这一时期,已开始失能,并出现轻度、中度的生活依赖。

---

[1] 穆光宗:《成功老龄化:中国老龄治理的战略构想》,《国家行政学院学报》,2015 年第 3 期。
[2] 农村老人因为没有退休制度、自由职业者因为自己决定退休时间,只有自然过渡期而没有退休过渡期,所以没有这种心理不适。

主要对策:致力于恢复健康、减少病痛、应对孤独,警惕"失能无助困境",追求"零歧视、零瘫痪、零自杀"。

(四)重病卧床期

这一时期,已进入完全失能阶段,处于重度依赖的"辱寿"①状态。

主要对策:避免被歧视、被遗弃、被虐待,有尊严地老去。

(五)生命临终期

这一时期,已进入生命倒计时。生老病死虽是自然规律,但大多数人依然会有强烈的"死亡焦虑"情绪。

主要对策:"四道人生"(道爱、道谢、道歉、道别),减少痛苦和恐惧,追求善终。

三、家庭生命周期

所谓家庭生命周期,是指一个家庭形成、发展、消亡的过程。

家庭生命周期理论,最早是 20 世纪 30 年代由希尔和汉森共同提出的,50 年代正式运用到家庭工作中去,70 年代开始兴盛起来。

家庭生命周期最重要的划分标志是成员数量。并且,不同世代的家庭,生命周期会出现交集(例如,自身家庭还处于成长期时,父母的家庭可能已经进入了衰老期)。

不同生命周期中的家庭,其资产、负债状况会有很大不同,理财需求和重点也会存在差异,所以对制定理财方案和策略具有重大意义。

典型的家庭生命周期可以分为以下六个阶段。

(一)形成阶段(筑巢期)

1. 起讫标志

以结婚为起点,以第一个孩子出生为终点。

---

① 本书认为,"辱寿"可以通俗地理解为失去尊严地"活着讨人嫌"。尧说:"寿则多辱。"人如果活得太久,就会因为身体原因如缠绵病榻、痛苦不堪、老人味重等而受辱,或者因为心理原因如嘴碎心多、缺人陪伴、"克"死子孙(看着亲人一个个去世却无能为力)等而受辱。

2. 收支及理财特点

收入特点：多是双薪家庭，需要追求较高的收入增长率。

支出特点：为了迎接孩子的出生，相关支出会骤然增加。

理财特点：生活压力加大，而可供理财资源并不多。

（二）扩展阶段（满巢期）

1. 起讫标志

以第一个孩子出生为起点，以最后一个孩子出生为终点。

2. 收支及理财特点

收入特点：多是双薪家庭；但已出现少数为养育孩子而主动失业的单薪家庭，收入水平会骤然下降，有时需要业余兼职。

支出特点：随着孩子数量的增加，抚养和教育费用会同步上升。

理财特点：如果收入增长追不上费用增长速度，就需要动用以往的积蓄，或者寻求双方父母的资助。

（三）稳定阶段（稳巢期）

1. 起讫标志

以最后一个孩子出生为起点，以第一个孩子离开父母为终点。

2. 收支及理财特点

收入特点：多是双薪家庭，事业快速发展，收入快速提高。

支出特点：家庭成员数量趋于固定，最大的支出是教育费用，其次是老一代人衰老所需医疗和保健费用。

理财特点：随着家庭收入稳步增长，投资和理财规模随之扩大，但需防止中年职业危机造成的冲击。

（四）收缩阶段（离巢期）

1. 起讫标志

以第一个孩子离开父母为起点，以最后一个孩子离开父母为终点。

2. 收支及理财特点

收入特点：多是双薪家庭，事业和收入水平双双达到巅峰阶段。

支出特点：日常开支会因家庭成员减少而相应降低。

理财特点：家庭收支剪刀差扩大，推动投资理财规模达到顶峰。但要防止中年婚姻危机造成的冲击（主要是财富分流。离婚是最大的破财，会分走一半财产），同时要开始准备退休之后的养老了。

（五）空巢阶段（空巢期）

1. 起讫标志

以最后一个孩子离开父母为起点，以配偶一方的死亡为终点。

2. 收支及理财特点

收入特点：即将退休或已经退休，主动收入比例降低、被动收入比例提高。

支出特点：休闲、医疗费用比例提高，其他费用比例降低。

理财特点：尚未退休者会收大于支，已经退休者会明显感到理财规模增速受限。

（六）解体阶段（覆巢期）

1. 起讫标志

以配偶一方的死亡为起点，另一方的死亡为终点。

2. 收支及理财特点

收入特点：主体是转移性收入、理财性收入及资产变卖收入。

支出特点：最大的是医疗费用，其次是休闲费用。

理财特点：进入耗用退休准备金阶段，并需要为遗产分割做准备。

需要注意的是，上述针对的是典型的原配家庭，现实生活中还有太多的离异家庭和再婚家庭[①]，它们在收入支出、财产转移与分割方面关系复杂，更会影响到具体的投资理财决策。

---

① 国家统计局的数据是，2022年我国内地居民结婚登记681.86万对，离婚登记287.92万对，再婚登记157.62万对；离婚率（当年登记离婚对数与结婚对数之比）为42%，再婚率（当年登记再婚对数与结婚对数之比）为23%。

第二节　生命周期消费理论

一、生命周期消费理论

生命周期消费理论也称生命周期假说,是美国经济学家弗兰科·莫迪利安尼等人于1954年提出的。

该理论认为,人的一生可以分为青年期、中年期、老年期三个阶段,每个人、每个家庭的消费都取决于所处的生命周期阶段,取决于整个生命周期中获得的收入与财产。如果他的消费是理性的,并且行为的唯一目标是实现效用最大化,那么,就会合理安排整个生命周期内的最佳消费配置。意思是说,理性的消费者会根据自己一生所得到的劳动收入和财产收入,平稳地安排自己一生的消费,使得自己一生的总消费恰好等于一生的总收入。

这三个阶段的具体消费特点如下。

(一)青年期

这一阶段因为刚刚参加工作,或工作不久、收入不高,甚至没有工作、零收入,但未来的收入有望逐步提高。所以,其特点是消费大于收入,很少或几乎没有积蓄,有时甚至需要举债消费。

(二)中年期

这一阶段因为有了工作、有了收入,并且多数人会对收入前景感到乐观,所以消费在收入中的比例会降低。所以,其特点是收入大于消费,开始渐渐拥有财富积累。这些积累,部分会用于偿还前一阶段即青年期的负债,另一部分则会用于后一阶段即老年期的养老防老。

我国2021年一项2万多人参与的调查显示,在18~34岁的年龄段中,储蓄率已经创下2018年之后的新高,其中76%的人正在通过"无痛攒钱"——每次攒钱金额少、周期短、目标小——来为未知的未来储备养老金。他们信奉畅销书《慢慢变富：让人生更富有的金钱与工作法则》作者松浦弥太郎所说的"攒钱比花钱更容易。毕竟花钱的方法有很多，但攒钱的方法就只有一个，那就是'少花钱'"。[①] 这项调查表明，我国启动养老储备计划的平均年龄是 31 岁，月均储蓄额 1 624 元。

（三）老年期

这一阶段收入水平降低了，有的甚至完全没有生活来源。所以，其特点是又重新回到消费大于收入阶段，主要依靠过去的积蓄来维持原有消费水平，以免降低生活质量。

实证研究表明，生命周期消费理论虽然是建立在以下假设基础上的——工作之前没有积累，工作时期年收入不变，储蓄没有利息，不给后代留遗产，一生没有遭遇大的社会动荡等，但是，即使增加诸多现实因素，如储蓄有利息、给后代留遗产等在内，同样成立。

如果一定要说该理论有什么缺陷的话，那就是：无论是谁，都不可能做到一生中完全坚持有计划地均衡消费。

二、与投资理财的关系

生命周期消费理论告诉我们，消费并不是取决于现期收入，而是取决于一生的总收入。也就是说，无论什么年龄，都应当根据预期寿命来安排收入中多少用于消费、多少用于储蓄。对家庭来说，每时每刻的消费和储蓄决策都要能反映整个家庭生命周期内如何去实现理想的消费分布。不用说，整个家庭的总消费要受制于该家庭在整个生命周期内所获得的总收入。

现实中，绝大多数人都是根据现期收入高低来安排生活的。例如，今年的收入状况不错，消费水平就安排得高一些，平时舍不得买的东西也敢

[①] 张均斌、袁洁：《"节俭"也超额了？》，《中国青年报》，2023 年 2 月 27 日。

买了,甚至会临时安排去国外旅游一趟,突击花掉点钱;如果今年的收入情况不好,尤其是遇到失业、降薪时,会马上缩减开支,勒紧裤腰带。真正能够根据生命周期消费理论,从个人或家庭整个生命周期来安排消费和理财的很少,这正好说明绝大多数人的消费是"不理性"的。[①]

从全社会角度看,各个家庭由于处于不同的生命周期阶段,所以如果人口构成不发生重大变化,长期来看,边际消费倾向就是稳定的,消费支出、可支配收入与 GDP 之间也会维持一种相对稳定的关系。

但我国的现实是,人口结构正在发生重大改变,老龄化程度不断加深,速度迅速加快。具体数据是:人口老龄化率(65 岁及以上人口数比例)2000 年达到 7%(实际 6.96%),开始正式进入初级老龄化(简称"老龄化")社会,当年老年人口数 8 821 万,老年抚养比 9.9%。2021 年的老龄化率超过 14%(实际 14.20%),正式进入深度老龄化社会,老年人口数 20 056 万,老年抚养比 20.8%。2023 年的老龄化率为 15.38%,已大大超过全球 10% 的比例。预计 2032 年就将进入老龄化率超过 21% 的重度老龄化社会,2050 年时高达 27.9%,老年人口数多达 3.8 亿人。[②]

生命周期消费理论的重要性在于,它告诉我们,一个人也好,一个家庭也好,虽然短期消费指数是波动的(因为资本市场的价格在变动),但长期消费函数是稳定的(因为必须量入为出、收支平衡)。

对照生命周期消费理论,我国老龄化程度的不断加深,会相应提高消费倾向。如果以往的储蓄积累不足,可以通过适当的投资方式来加以弥补;如果以往的储蓄积累充裕,可以通过适当的理财方式来进行合理安排,让晚年生活更幸福。

---

① 话说回来,强调当前消费支出与当前收入相互联系的"有钱多用、没钱少用",虽然不符合生命周期消费理论,却是凯恩斯消费函数理论的精髓。经济学的观点有时就是这么奇怪:正过来、反过去都成立。
② 严信:《人口老龄化和居民收入变化对我国寿险需求影响的实证分析》,天津:南开大学硕士学位论文,2023 年 11 月。

第三节　生命周期理财理论

一、理财的生命周期划分

生命周期理财理论认为,理财是成年人的必修课,但每个人生阶段的理财重点各有不同,共同构成个人跨期理财决策。

在我国,理财的生命周期主要分为以下阶段。

(一)无需理财或无法理财阶段

包括童年期(0~6岁)和少年期(7~17岁),即18岁之前。

一方面,这一时期的主要任务是玩耍和学习,经济上完全或主要依靠父母的抚养,没有经济责任;另一方面,本身并不或不完全具备民事行为能力,从法律上看,其投资理财行为无法获得社会认可。

我国《民法典》规定:

(1)18周岁以上的自然人为成年人,不满18周岁的自然人为未成年人。成年人为完全民事行为能力人,可以独立实施民事法律行为;16周岁以上的未成年人,以自己的劳动收入为主要生活来源的,视为完全民事行为能力人。

(2)8周岁以上的未成年人为限制民事行为能力人,实施民事法律行为由其法定代理人代理或者经其法定代理人同意、追认;但是可以独立实施纯获利益的民事法律行为,或者与其年龄、智力相适应的民事法律行为。

(3)不满8周岁的未成年人为无民事行为能力人,由其法定代理人代理实施民事法律行为。

所以,他们不能理财,也不需要理财。关于钱财,其要做的事只有两件:一是不乱花钱;二是适当学习一些投资理财知识,提高财商。

(二)必须理财阶段

包括青年期(18~40岁)、中年期(41~65岁)和老年期(66岁及以上),即18岁之后。

二、不同阶段的理财重点

在必须理财的三个阶段,又可具体划分为以下五个时期,每个时期各有其不同的理财规划重点。

(一)单身期

这一时期处于家庭财富的原始积累期。但由于不是在学校读书就是参加工作不久,收入较低,消费支出却大,再加上缺乏社会经验,所以理财规划的重点应当放在合理控制消费、量入为出上。

理财的基本要求是:(1)尽力寻找增加收入的机会,广开财源;尽量做到每月都有结余,以便有钱去尝试风险较小的小额投资,既可积累投资理财经验,又能实质性地踏上财富积累征程。(2)理财计划[①]的内容,主要包括消费支出计划、现金计划和投资计划。

理财计划的优先顺序是:节财计划＞资产增值计划＞应急基金＞购置住房。

(二)结婚后至生育前

这一时期因为刚刚组建家庭,并且是整个家庭生命周期中最主要的消费期,所以理财策略需要进行调整。从一个人到一个家庭,各项开支增加了,在父母那里"揩油"的机会也少了或不好意思了,家庭负担开始加重;与此同时,双薪家庭的经济收入也在稳步增加,财力虽然还谈不上雄厚,但总体处于上升阶段。

理财的基本要求是:(1)重点放在致力于提高自身获取未来收益的能力;为生儿育女做准备;筹集购房资金或归还房贷、车贷。(2)理财计划的内容,主要包括消费支出计划、投资计划、风险管理计划、保险计划等。如

---

① 规划与计划之间的关系:
(1)规划更侧重于宏观性、全局性、指导性、长期性;计划更侧重于微观性、区域性、灵活性、阶段性。
(2)规划往往需要通过若干操作计划来实现。

果风险偏好较强,可选择投资股票、基金类产品,并且遵循这样一条原则:根据风险承受能力来匹配相应风险系数的理财产品。

理财计划的优先顺序是:购置住房＞购置大件商品＞节财计划＞应急基金。

（三）子女出生后直到其大学毕业

这一时期是家庭与事业的成长期或巅峰期。天增岁月人增寿,家庭收入也在稳步提高,随之而来的是各项开销也同步增长。

理财的基本要求是:(1)重点可放在风险系数从低到高的一系列投资组合上。除了确保归还房贷和筹措子女教育费用外,要想方设法提高家庭资产中的投资资产比重,逐年堆积净资产。(2)理财计划的内容,主要包括子女教育计划、债务（房贷、车贷等）计划、投资计划、消费支出计划、退休养老计划等。

理财计划的优先顺序是:子女教育计划＞债务计划＞资产增值计划＞养老计划。

（四）退休前期

这一时期子女已经大学毕业,有工作也有收入了,会大大增加家庭总收入;但与此同时,自己临近退休,身体状况也可能变差。

理财的基本要求是:(1)重点放在确保子女成家费用和准备自己的医疗、养老费用上来。就现实而言,前者主要是支持子女购房、购车,这是两项最大的支出;后者是适当降低资产组合中的高风险金融产品比例,以便获取相对稳健的收益。(2)理财计划的内容,主要包括退休养老计划、投资计划、消费支出计划、税收筹划等。

理财计划的优先顺序是:资产增值管理＞养老计划＞特殊目标计划＞应急基金。

（五）退休后

通常情况下,这一时期收入会比工作期间少,很多退休人员的养老金甚至只有上班时的1/3。[①] 退休后,子女成家了的空巢家庭经济负担虽然轻了,但休闲和医疗支出在增加,家庭风险承受能力在下降,对资金安全性的要求会远远高于收益性。而当子女有了他们自己的孩子后,传统的中国老人又会开始新一轮照顾孙辈的工作,直到自己干不动、需要子女照顾时为止。

理财的基本要求是:(1)以保守防御为原则,保障有充裕的资金安度晚年生活;同时,要在财权、事权上与子女划清界限(按家庭为单位"独立核算"),并开始有计划地安排身后事。(2)理财计划的内容,主要包括消费支出计划、税收筹划、遗产规划等。

理财计划的优先顺序是:养老规划＞遗产规划＞应急基金＞特殊目标规划。

[①] 劳动者在退休后的养老金领取水平与退休前工资收入水平的比率称为"养老金替代率"。国家统计局的数据是,2022年我国规模以上企业就业人员的平均工资为92 492元,企业职工人均月退休金3 107元,养老金替代率仅有40.3%,远远低于世界银行要求的最低70%的水平,更低于国际公认的能够基本维持退休前生活水准的70%～85%的实际水平。

第 4 课

老年人财商观念

> 钱是赚来用的,人是用来爱的。有钱,就把日子过好;没钱,先把心情过好。倡导拥有平衡的金钱个性,传承应有的创富理念。储蓄与消费比例"三七开"为好。

所谓财商,是指认识、创造、驾驭财富的智慧。它分为观念、知识、行为三个层次,共同构成了整体上的财商概念。

与财商容易混淆的另一个概念是金融素养[①],它最早出现在 1992 年。调查表明,我国 2022 年的居民金融素养平均得分为 64.4 分(满分 100 分),但 65 岁及以上年龄组平均得分仅有 53.7 分。在"金融素养三问"(通货膨胀、复利、多元化投资)中全部答对的比例更是低至 21.0%。[②]

[①] 财商与金融素养之间的关系:
财商侧重于思维,是指创造财富、驾驭财富的能力;金融素养侧重于能力,是指利用知识与技能有效管理金融资源并增进经济福祉的能力(美国金融素养总统顾问委员会 PACFL 的定义)。

[②] 上海交通大学上海高级金融学院、美国嘉信理财:《2022 中国居民金融素养报告》,2023 年 3 月。

老年人拥有丰富的阅历、感悟、体验,也积累起了应有的人生智慧。然而,术业有专攻,时代在进步,谁都不可能一通百通。除非从事相关专业工作,否则,绝大多数老年人对投资、理财、保险、财产继承等领域并不十分了解。随手翻看哪天的新闻、微信、抖音等,都会看到投资理财被骗、传销及旅游陷阱、遗产继承反目成仇等的报道。从自身角度看,这就与当事人普遍缺乏财商观念和理财意识有关。

第一节　正确的金钱观

财商的第一个层次(观念),是指对金钱、财富及其创造的认识。

这方面主要掌握以下两点。

一、平衡的金钱个性

所谓金钱个性,是指一个人对待金钱的态度和行动。金钱个性具有三要素,分别是赚钱、花钱、管钱。

每个人都有自己的金钱个性,父母的金钱个性还会影响到孩子,甚至可以像基因一样"遗传"给子女。

在金钱个性三要素中,每个人的偏爱程度不同,其中必定有一两个居于重要地位。

例如,同样是企业家,有的重视扩大销售、占领市场,有的强调节约成本、低成本运作,有的看重内部的标准化管理。而实际上,这就是他们在赚钱、花钱、管钱上的不同偏好所造成的。当然,不仅仅是企业管理,日常生活中每个人的金钱个性都会暴露无遗,只不过许多人平时不注重观察或不知道还有这样一种特性罢了。

再如,有的老年人贪得无厌,他们认为"有钱能使鬼推磨",其他任何东西包括道德甚至法律都没有钱重要。这方面最典型的是全球第一个亿万富翁、石油大王约翰·洛克菲勒。记者采访这位已是全球首富的他时问:"还需要多少钱才能满足?"他回答道:"多多益善。"他在写给儿子的信中说:"一个月挣3 000,你怎么节约也只有3 000;一个月挣30万,你花掉1万还有29万,所以要把心思花在怎么赚钱上。"容易看出,在他眼里,赚钱是最重要的。

有的老年人非常吝啬,从来不舍得花钱,长年累月过着一种苦行僧式的生活。这方面最典型的是美国历史上最富有也是最抠的女性赫蒂·格林。她从股市投资中赚得巨额财富,去世时个人资产超过1亿美元[1],可是却因为舍不得花150美元的医疗费,自己得了疝气后放弃治疗;亲生儿子腿部受伤后,同样拒绝掏钱为其治疗,以至于造成永久性残疾。容易看出,在她眼里,省钱是最重要的。

还有的老年人,在用钱的问题上不是斤斤计较就是毫无节制。虽然每月的退休金有一两万,可是在菜场买菜时,依然会为了1元钱一把的小葱斤斤计较,甚至不惜与摊主争上半天;也有的相反,明明很贫困,花起钱来却大手大脚,以至于成为老年"月光族"。容易看出,这些人的金钱个性都有问题。

经过上面这么一解剖容易看到,这些走极端的人只是极少数,绝大多数人还是相对平和的,而这正好反映了平衡的金钱个性。

二、观念比钱更重要

观念是一种思想,思想是行动的指南。

毛泽东在文章中写道:"人的正确思想是从哪里来的?是从天上掉下来的吗?不是。是自己头脑里固有的吗?不是……人们的社会存在,决定人们的思想。"[2]今天的老年人,经历过什么样的社会存在呢?绝大多数人小时候吃过苦、受过罪,甚至饥寒交迫。

关于"60后",网上有篇文章《致敬,60后》这样写道:"60后这代人,大部分是白手起家,辛苦了大半辈子,经历了很多磨难,风风雨雨,这一路

---

[1] 1916年每盎司黄金的价格是20.67美元,2023年12月29日是2 073美元,据此折算,1916年的1亿美元相当于2023年的100.29亿美元,或710亿元人民币。
[2] 毛泽东:《毛泽东著作选读》(下册),北京:人民出版社1986年版,第839页。

走来,真是不容易。苦过累过,哭过笑过,穷过富过,酸甜苦辣都尝过。小时候,吃没的吃,穿没的穿,一件衣服是哥哥穿了弟弟穿、姐姐穿了妹妹穿,实在穿不了了,会被妈妈拿去做纳鞋底的材料。小时候没有见过垃圾桶,因为那时候物尽其用,根本没有所谓的垃圾。他们上对得起父母,下对得起子孙,省吃俭用对得起任何人,唯一对不起的就是自己,因为他们从来没有想到过自己。"

这种特殊的成长经历,铸就了"60 后"一代人特有的精神风貌。但是现在,时代已经发生天翻地覆的变化,如果依然用这种"艰苦朴素、勤俭节约"的精神来约束自己和他人,就不合时宜了。这种观念一旦在家庭中占上风,同样不符合现代财商理念。

从个人到家庭、到地区,都是如此。如果没有正确的金钱观,要想发家致富、发展经济,只能是空话。

民国时期,无锡县、吴江县、武进县都是"模范县",主要标志就是经济发达,发展经济时"有条件要上,没有条件创造条件也要上",以至于苏南地区不但经济富裕,而且贫富差距很小。在新中国成立后的"土地改革"中,居然一度找不出令人痛恨的"地主"公敌。[①]

回到家庭中看,老年人在与子女谈钱时,千万不要说泄气话,例如"我们家里条件差,不能与别人比""我们这辈子只能这样了,今后全靠你了""不是每个人都有钱的"等。这些话哪怕实事求是,也会束缚儿女们想方设法改变现状的思想,等于在鼓励他们过早"躺平"。

1978 年,英国前首相撒切尔夫人在接受媒体采访时将"贫穷"定义为人格缺陷,即个性缺失。她认为,穷人最大的问题是没有自己的独立思考,脑海中充斥着典型的穷人思维却浑然不知,所以容易上当受骗,却还以为别人才是傻子。虽说穷人的孩子早当家,但学到的只是一些糊口的生存技能,很难走出低认知的循环。

当然,观念的转变有一个漫长的过程;反过来,某种正确的观念一旦

---

① 《1949 年以来的江苏发展》,《江苏城市论坛》,2009 年 10 月 12 日。

建立,同样不会轻易改变。所以,财商观念的树立和更新,绝不是一朝一夕的事,不可能一蹴而就。

观念比钱更重要,就是俗话所说的,"有钱,就把日子过好;没钱,先把心情过好",这总是可以做到的。

第二节 钱是赚来用的

财商的第二个层次(知识),是指驾驭金钱所需要的一切才能,尤其是财会、投资、法律知识等。

诺贝尔奖得主莫言有句名言,大意是:"钱是拿来用的,人是用来爱的。这个世界之所以会一团糟,就是把这两者弄反了,结果变成了:用的是人,爱的是钱。"

这方面主要掌握以下两点。

一、货币的五大职能

货币,就是我们通常所说的"钱",它是商品经济的产物。如果是物物交换,用不着货币媒介,也就没货币什么事,货币也不会产生。

货币具有五大基本职能,从重要性程度和递进关系看,依次是:

(一)价值尺度

这是指可以衡量某种商品值不值钱、值多少钱,外在表现就是价格。

(二)流通手段

这是指商品流通需要通过货币交换才能实现其价值。其第一形态是通过出售,将商品转化为货币($W-G$);第二形态是通过购买,将货币买进其他商品($G-W'$)。

(三)贮藏手段

这是指货币作为一般等价物,可以购买一切商品,它在退出流通领域后会以独立的价值形式和社会财富的一般代表被储存起来。[①]

(四)支付手段

这是指货币除了用于商品交换的买卖关系外,还可单独用于债权债务关系,如清偿债务、缴纳税款、支付工资和租金等;并由此衍生出了信用货币,如支票、汇票、期票等。

(五)世界货币

这是指货币可以在国际贸易中充当一般等价物。在当代,主要是作为国际支付手段用于平衡国际收支。

在上述五大职能中,与老年人关系最密切的是两大职能,即贮藏手段和支付手段。通俗地说,就是存钱和用钱。

关于存钱。现代生活中,老年人没一点积蓄是不现实的,也是不可以的;但如果明知没什么大的开支计划,也要省吃俭用拼命存钱,宁可把钱存在那里不断贬值也舍不得用,也是不可取的。

关于用钱。俗话说,"钱财乃身外之物,生不带来、死不带去。"正确的理念是:存钱固然重要,但用钱更重要。因为只有用掉的钱才是真正属于你的;如果有钱不用,无论钱多钱少都将一"钱"不值。

举例来说,我有 100 万元,你有 1 000 万元,规定无论什么情况下都不能动用这笔钱,那么无论我这 100 万元还是你的 1 000 万元,实际上都等于 0。

正如马克思在谈到货币贮藏时所说:"货币贮藏者为了金偶像而牺牲自己的肉体享受……因此,勤劳、节俭、吝啬就成了他的主要美德。"[②]如果说,这种行为发生在穷人身上确实是"美德",那么发生在富人身上就不是了。

[①] 需要指出的是,传统观念认为,能够作为贮藏手段的货币,必须是足值的实物货币即实物黄金,至少也是金银制品,而不是非实物的纸币或电子货币。

纸币或电子货币只有当其发行量没有超过商品流通中所需要的金属货币量,也即能够确保原有购买力时,才有贮藏价值。

[②] 《马克思恩格斯全集》第 23 卷,北京:人民出版社 1972 年版,第 153 页。

二、恰当的积累率

上面提到,钱是要拿来用的,这就会涉及"多少钱用于积蓄、多少钱用于消费"才比较科学、合理的问题。这方面专门针对家庭的研究数据还没有,但我们可以从国家的角度来加以类比。

在过去,国民经济综合平衡理论中有个概念称为"积累率",是指积累基金占国民收入使用总额的比重。计划经济时代,大学里有门课程叫"财政、信贷、物资、外汇的综合平衡",简称"四平"。实行市场经济后,取消了统收统支,经济运行更多地体现为非均衡性,积累率的概念于是渐渐地被投资率所取代,后者也更便于进行国际比较。[①]

$$投资率 = 社会总投资额/GDP \times 100\%$$

新中国成立后,"一五"计划时期(1953—1957年)的积累率在22.9%~25.5%,平均为24.2%,现在看来相对合理。"二五"时期(1958—1962年)在10.4%~43.8%,平均超过30%,波动区间扩大,重心上移,经济就出现了严重问题,人民生活极端贫困。1957年是24.9%,1958年是33.9%,1959年达到当期的最高点43.8%,1960年是39.6%,1961—1963年矫枉过正迅速降到20%以下,最低点是1962年的10.4%。可是"三五"时期(1966—1970年)[②]又继续攀升至32%左右,1971—1985年基本保持在30%~35%,1985—2003年在35%~40%。

过高的积累率,是推动我国改革开放前经济高速增长的主要原动力。[③] 加入WTO后的经济快速发展,同样依赖于居高不下的投资率。

最近20年间,我国的投资率一直稳定在40%以上,平均投资率

---

① 本书在探讨家庭投资理财时,依然沿用积累率而非投资率的概念,因为家庭中的积累与投资并非同一回事,且主体不会用于投资。

② "二五"计划结束后,决定用三年时间来继续"调整、整顿"国民经济失衡问题,为此"三五"计划实施时间相应地推迟了三年。

③ 改革开放前,我国的经济增长速度并不低。具体数据是:GDP总量从1952年的679亿元增长到1978年的3 645亿元,增幅437.82%,年均增长6.68%;同期,人均GDP从119元增长到381元,增幅220.17%,年均增长4.58%(《国民经济》,中央政府门户网站,2005年7月27日)。

48.30%，最高点是2014—2016年这三年，全都超过54%，如表4-1所示。

表4-1　　　　　　我国2004年以来的投资率　　　　金额单位：亿元

年份	投资额	GDP	投资率
2004	66 235.0	161 840.2	40.93%
2005	80 993.6	187 318.9	43.24%
2006	97 583.1	219 438.5	44.47%
2007	118 323.2	270 092.3	43.81%
2008	144 586.8	319 244.6	45.29%
2009	181 710.4	348 517.7	52.14%
2010	218 833.6	412 119.3	53.10%
2011	223 646.1	487 940.2	45.83%
2012	263 770.3	538 580.0	48.98%
2013	308 312.4	592 963.2	52.00%
2014	349 732.2	643 563.1	54.34%
2015	379 873.0	688 858.2	55.15%
2016	406 406.3	746 395.1	54.45%
2017	431 526.2	832 035.9	51.86%
2018	456 981.0	919 281.1	49.71%
2019	480 393.5	986 515.2	48.70%
2020	493 208.1	1 013 567.0	48.66%
2021	517 133.3	1 149 237.0	45.00%
2022	542 365.7	1 204 724.0	45.02%
2023	509 708.0	1 260 582.1	40.43%
合计	6 271 321.8	12 982 813.6	48.30%

数据来源：国家统计局官网。表中"投资额"是指"全社会固定资产投资额"，统计起点金额在2011年从过去的50万元大幅度提高到500万元，所以2011年之后的实际投资率比表中所列更高。

这种高积累、低消费的经济增长模式被称为"投资拉动型"，它大大加速了工业化进程,但同时也严重抑制了居民消费的增长。具体数据是,21世纪初我国的消费率在60%以下,不但严重低于同期全球低收入国家的平均消费率(80%左右),也明显低于中等收入国家(平均74%左右)、高收入国家(平均77%左右)的消费率。

从表4—1中可见,我国的消费率在这之后继续下降,最低时不到45%。这是导致我国经济一方面投资过热、部分行业盲目扩张、产能过剩、能源消耗过大、环境污染严重,另一方面却内需不足、增长乏力、地方政府债务累累等现象长期存在的根本原因。[①]

回到我们每个家庭来看,积累率的概念实际上相当于整个家庭每年的可支配收入中能够拿出多少来用于投资理财,这实际上就是过去积累基金的概念。

家庭积累率究竟多少算是最科学、合理的呢?生命周期理论告诉我们,每个人、每个家庭所处生命周期不一样,所以没有标准答案;即使处于同一生命周期,也会由于收入水平、家庭目标、上辈传承不同,导致积累率非常悬殊。如果类比国家,老年人的恰当积累率大致可定为"三七开":30%左右用于投资理财,70%左右用于当期消费。

这样做有以下两点好处:

一是既能确保眼下的生活水准,又能注重长远积累和发展,确保重大支出拥有相应财力保证。从全国平均看,我国的消费率是极低的;而从家庭看,只有自我提高消费率、降低积累率才能提升幸福指数。本来嘛,让家庭成员体会到"是钱在为你工作,而不是你在为钱工作",这才是财商教育、财务自由所要追求的目标。

二是有助于家庭和睦。"721定律"告诉我们,家庭矛盾以及离婚的主因70%与钱有关,20%与孩子有关,10%与外遇有关。涉及钱时,一半是因为家庭积累率过高或过低,一半是夫妻一方赚得过多或过少。

[①] 武平平:《积累与消费比例关系探析》,《黑龙江社会科学》,2013年第2期。

第三节　授鱼不如授渔

财商的第三个层次（行为），是指观念和知识在人与环境之间的协调和实施，也就是怎样把观念和知识运用到实践中去。

财商，换个角度看，也可以简单地理解为理财能力。由于家庭财富的升腾动力主要在投资，而投资的难度最大，所以，财商还可以简单地理解为投资收益能力。

这方面主要掌握以下三点。

一、儿孙自有儿孙福

俗话说，"养儿防老，积谷防饥"。后半句肯定没错，但前半句就有说道了。首先扪心自问：养儿究竟是为儿女还是为自己？

如果是为自己，地球上没有哪个物种（包括猪、狗在内）生儿育女是为给自己养老送终的。动物的爱尚且如此纯洁，人类的爱为什么偏偏就自私自利了呢！再说了，你希望他给你养老，他就真的愿意给你养老、有能力给你养老吗！把这些问题想清楚了，你会活得很坦然。

所以，不要以为在子女、孙辈身上无原则地舍得花钱，就是爱他们的表现；更重要的应是传承给他们财商，让他们以后具备给你养老的能力。如果只是一味地给钱，往往会带来适得其反的效果。

老年人这种金钱观的形成，除了自身经历刻下的烙印，最主要的是对儿女经济责任的牵挂。这方面，穷怕了的国人远没有我们的祖先来得明智，多数人甚至可以说是糊涂得很。

这里插播一个小故事，来看看古人是如何的洒脱。

我国西汉时期，有疏广、疏受叔侄两人，均为汉宣帝刘询的皇太子刘奭（shì,后来的汉元帝）的老师。伴君如伴虎的"二疏"见好就收，称病告老还乡时，皇帝赏赐黄金20斤、皇太子赏赐黄金 50 斤。

疏广回到老家(今山东枣庄)后,每天免费款待乡里乡亲们好酒好菜,还经常问家人有多少余钱,敦促他们拿出来招待大家。就这样过了一年多,疏广的子孙们实在看不下去了,悄悄地对疏广最信得过的族人抱怨说,疏广应该买点地产留给小辈,不能这样吃光用光,让子孙后代以后受苦受累呀。

疏广听了转告后说,我并没有老糊涂呀。现在,我的子孙和普通百姓一样勤劳,够吃够用的了,再给他们增加什么就不但是多余的,反而会使他们变得懒惰。如果子孙贤良,过多的财富会损害他们的志向;如果子孙愚懒,过多的财富会增加他们的罪过。更不用说,钱太多了还会遭人嫉恨,实在不是什么好事啊。我这些钱都是皇帝赐给我养老的,现在我把它拿出来和乡亲们共享浩荡皇恩,不是很好嘛!

"二疏"去世后,当地百姓特地修了一座方圆 3 里的土城(取名"二疏城")来纪念他们;在其散金处立了一块纪念碑,取名"散金台";在二疏城内又建了一座"二疏祠",祠中雕塑"二疏像",世代祭祀不绝。目前的二疏城遗址,仍有长 180 米、宽 160 米、高 3 米的遗存。

晚清政治家林则徐读了这则故事后深为感动,写了这样一副对联:上联是"子孙若如我,留钱做什么,贤而多财,则损其志";下联是"子孙不如我,留钱做什么,愚而多财,益增其过"。

由此可见,明智的人不会给孩子留下太多的钱财,更不会自己节衣缩食、锱铢必较,却让孩子锦衣玉食、挥霍无度,而是会致力于培养他们的财商。

这就是古人所说的"授人以鱼,不如授人以渔"。在这里,"渔"就是财商。

二、把财商传授给孩子

前面提到,父母的财商和金钱个性能够"遗传",老年人正好可以利用这一点,对子女从小进行这方面的熏陶。遗憾的是,绝大多数老年人在这方面无所作为,白白地错过了机会;又或者,他们自己的财商也亟待提高,心有余而力不足。

这里插播两个小故事,来看看财商教育的重要性。

第一个故事是:有一对老夫妻,男的退休金很微薄,女的生活在农村,连个最低生活保障都没有。而他们儿女小家庭的收入也不高,更缺乏基本的理财能力,结婚后还要三天两头惦记着来父母家里蹭饭吃。这时候的养儿防老,成了实实在在的"养儿烦恼"!子女缺钱了,老人也没钱拿出来贴补给子女。怎么办?最根本的办法是,学习投资理财,这才是最可靠的保障。

第二个故事是:有两位年轻的小伙子同在一家公司上班,开始时两个人的工资完全一样,可是很快,其中一位名叫阿诺德的小伙子年年涨薪,而另一位名叫布鲁诺的小伙子却依然是原地踏步。所以,布鲁诺不高兴了,有一天到老板那里去发牢骚。

老板一边听他抱怨,一边在想怎么对他解释为好。这时正好阿诺德也来了,所以老板对两人说,现在刚上班,你们分别到集市上去看看有什么可买的,然后回来告诉我。

很快地,布鲁诺从集市上一路小跑着回来对老板说,那里只有一个农民在卖土豆,别的人早就收摊了。老板说,那有多少土豆呢?布鲁诺说,这我倒没在意,我这就去看。他第二次小跑着回来对老板说,问清楚了,还剩下40袋土豆。老板再问,这些土豆是什么价格呢?布鲁诺再次跑到集市上去,问到了价格又迅速跑了回来。

老板说,你也跑累了,赶快喝杯水吧,正好阿诺德还没回来,

第4课
老年人财商观念

所以你不要走,我们一起看看他得到了什么信息,等会儿你一句话也不要说,光看就行了。

过了一会儿,阿诺德回来了,他对老板汇报说,只有一位农民在卖土豆,一共还有40袋,价格是每千克×元;看起来这土豆质量还不错,所以他顺便带了一个回来给老板看看是不是需要。同时,这个农民还说,等一会儿他有一批西红柿要送到集市上来,这几天西红柿很紧俏,卖得很快,我看价格还算公道,估计很快就会卖完的,并且老板可能也会要一些,所以直接就把这位农民带来了,他现在就在外面等回话。如果老板需要,他可以马上打电话叫人把西红柿直接送到这里来,这样我们就不必再去集市了。

老板说,好吧,我确实需要进点西红柿,你去把他叫进来吧。

阿诺德出门后,老板转过头来对布鲁诺说,现在你该知道为什么阿诺德的薪水比你高了吧?[1]

容易看出,同样的年龄,同时参加工作,起点相同,可是阿诺德的财商明显要比布鲁诺高出一大截。所以,阿诺德的工资理所当然要比布鲁诺高;否则,阿诺德很可能会自立门户,或者跳槽到竞争对手那里去,这对老板来说可是一种损失。

当然,即使老板给阿诺德较高的薪水,他同样可能会有一天自立门户或跳槽,因为他已经具备了这样的能力。可以相信,无论他将来怎样选择,都只有他挑老板的份,而不用担心老板会开除他。

看出来了吧,如果你的儿子是阿诺德,你就可以高枕无忧了。可是,如果你的儿子是布鲁诺,那么不但薪水上不去,而且如果老板以后要精简员工,首先想到的便会是他。

财商高的人,虽然不能保证一生大富大贵,但因为已经具备合理安排个人和家庭财富、避免陷入财务困境的能力,因而在现实生活中,更容易

---

[1] 布鲁德·克里斯蒂安森著,华霞译:《差别》,《中外期刊文萃》,2005年第14期。

逢凶化吉、有惊无险,过上幸福、富裕、体面而有尊严的生活。

三、适时把财产交给子女管理

这里的关键是要把握好最佳时机,主要考察以下三个方面。

(一)看自己:当健康状况急剧下降时

每个人都有日落西山的那一天。当你感觉自己"西边的太阳快要落山"了,精力和记性一天不如一天时,就可能是把财产交给子女管理的最佳时机。

这样做的好处有两点:(1)构建"命运共同体",确保今后在养老、医疗等方面能得到子女足够的支持。如果你把自己的钱捂得死死的,甚至两代人相互算计,子女就可能真的会把你当"外人"看。(2)构建"经济共同体",减轻子女的经济负担。许多老人的退休金比子女上班的收入还要高,与其等到将来作为遗产留给他们,不如现在就做个"好人",通过"共享、分享"来融洽家庭关系。

(二)看子女:当具备经济管理能力时

如果子女已经有了稳定的经济基础,并且在经济管理方面的能力和水平超过自己,那么这时候把财产交给子女管理就是合适的。

这样做的好处有两点:(1)减少家庭成员因为财产问题而发生的纠纷。贫富悬殊不仅体现在社会上,也会体现在家庭中,这里同样有个需要"和谐"的问题。(2)将家庭财产交给家中最有能力而不是最年长的人打理,会更有助于实现合理的财富管理和增值。

(三)看感觉:当你觉得时机成熟时

每个老人的经历各不相同,每个家庭的情况也千差万别,所以这里不存在"一刀切"。当阅人无数的你觉得时机到了时,例如觉得子女已经"成熟、懂事、可以压压担子"时,就到了将财产提前移交给子女管理的时间窗口。

第 5 课

货币的时间成本

> 岁月是把杀猪刀。眼看他起朱楼,眼看他宴宾客,眼看他楼塌了。"钱越来越不值钱"是正常的,因为在其背后涉及货币的时间价值、通货膨胀和复利等因素。

总有人抱怨"钱越来越不值钱",其实,这是最正常不过的金融现象。虽说货币有时间价值,但永远都赶不上时间贬值(通货膨胀)。想想 20 世纪 80 年代的"万元户"吧,家庭年收入 1 万元或存款 1 万元,就是全县乃至全市人民羡慕的对象。

这里插播一个小故事,来看看"万元户"概念的出台背景。

1979 年 2 月 19 日,《人民日报》发表了一篇题为"靠辛勤劳动过上富裕生活"的报道。文章的主人公农民黄新文一家,在改革开放后的第一年即 1978 年,三人参加生产队集体劳动,五人在家里养了 25 头猪,全家总收入 1.07 万元,纯收入约 5 900 元,在全国首屈一指,被称为新中国第一个"万元户"。

要知道,当时的物价是每斤大米0.11元、猪肉0.73元,小孩的压岁钱是一两角,喜酒份子钱是2元,"万元"几乎是普通人一辈子都花不完的财富,所以才会令人惊呼。

这1万元现在值多少钱呢？类比一下：1978年我国职工人均工资总额599元[1],2022年是11.40万元。所以,当时的1万元相当于2022年的190万元。

明白了这一点就知道,不同时点的钱是不能进行简单比较的。既不能说当时的米价是0.11元,现在是3元,就说米价是过去的27倍；也不能说,2022年的工资是1978年的190倍！

第一节　货币的时间价值

货币的时间价值,也称资金的时间价值,是指货币经过一段时间的投资和再投资后的增量。其本质,是不考虑风险报酬和通货膨胀因素的社会平均资金利润率(也称时间价值率)。

需要注意的是,货币的时间价值是产品销售出去后的收入部分与投入资金所形成的资金增值,所以它只会产生于社会资金流通领域,而不会出现在生产制造领域。

一、钱本身是会以钱生钱的

钱会"以钱生钱",并且越生越多,以至于出现"钞票壅大堆"现象。为什么呢？就是因为货币具有时间价值。本金越多,时间越长,最终生出来的钱也就越多。这也是巴菲特所说的财富滚雪球现象。

衡量以钱生钱速度的主要指标是市场利率,表现有二：

(一)市场利率的高低

市场利率高低,反映的是经济平均增长速度和资金作为社会资源的

---

[1] 《国家统计局关于1978年国民经济计划执行结果的公报》,1979年6月27日。

稀缺程度。利率越高,意味着经济增长速度越快,或增长前景越看好;同时也表明,货币作为社会资源的稀缺程度越高。

一般而言,市场平均利率水平不会高于当年 GDP 增速,否则理论上解释不通,实际投资风险就大了。

(二)人的认知心理的局限性

俗话说,"昨天已过去,明天还没来,能够抓住的只有今天"。所以,人们总是对眼下事物的感知力较强,对未知事物的认识相对模糊。就好比说,1 万元现金现在有多少购买力心里是有数的,但今后还会拥有多少购买力则一定是未知的。利率或利息,就是让渡给推迟购买的一种补偿或奖赏。

不用说,上述两点都需要你把钱投入社会资金流通领域参与周转才能实现增值,老年人最常见的参与方式有银行储蓄、股市投资等。总之,钱不能放在家里、放在枕头边,那显然无法以钱生钱。

二、最佳投向是稀缺资产

实现货币时间价值最大化的最佳投向是稀缺资产[①],而不是大家通常所认为的"钱"。道理很简单,"物以稀为贵"。目前,全球各国发行的货币,几乎都是信用货币;而信用货币只有锚定实物资产尤其是稀缺实物资产,才能真正体现其价值所在。

所谓信用货币,是指货币发行的依据是政府信用。信用货币只是一种符号,究竟什么时候印、印多少,完全取决于政府的自律和内部牵制。从理论上说,政府想印多少就印多少。这种任性行为对百姓显然是不负责任的,可是有的政府却乐此不疲。信用货币只会越印越多,所以将来的钱一定没有现在的钱值钱。水放多了,稀饭必定会更稀。

当然,稀缺资产在不同的社会发展阶段各有不同。

[①] 所谓稀缺资产,是指独特、珍贵、不可替代、不可复制的资源。有形的包括稀有金属、石油煤炭,地段户型俱佳的房产,文物、名人字画,限量版名车、名表、名酒甚至球鞋等;无形的包括职位、家境、知识、技能、品德、创造力甚至颜值等。

这里插播一个小故事,来看看货币时间价值与稀缺资产的比较。

我的一位小学同学在南京某大学当教授。他从小就是个乖乖儿,父母都是老实巴交的农民。大约 2002 年,春节回老家时,他谈起"新年新打算"时说道,现在的住房还是结婚时学校分配的,实在是太小、太旧了,准备一步到位买套 140 平方米的新房。他当时看中的那个小区房价是每平方米 3 100 元,他大概有 15 万元积蓄,准备再贷 30 万元,30 年期限,月供 1 700 元。他父母一听到 30 万元这个"天文数字"后连忙阻止说,不行不行,这样一来你们一辈子都要活在还债中,要苦死了!

接下来的事情大家都知道,他的那 15 万元储蓄,每年的利息与房价涨幅相比简直是龟兔赛跑。可恨的是,"龟兔赛跑"故事中的兔子还会偷偷地去睡个午觉,而房价这只兔子却兴奋异常,一路"兔"不停蹄,把乌龟甩得无影无踪。2023 年,他原来看中的那个地段房价是每平方米 4 万元,他那 15 万元储蓄加利息放到现在连买个卫生间都不够。

在这里,从投资理财角度看,这位老同学有三点值得总结:(1)他当时的买房决策是完全正确的,住房对他来说是稀缺资产,俗称"刚需",只是可惜没能抓住这个机会。(2)他不该听父母的话(当然,从他的性格看又不可能不听)。他的父母长期生活在农村,根本不了解大都市南京的房市行情。买城里的房去问农村的父母,就像寓言故事"小马过河"中的小马去问老黄牛和小松鼠河水深不深一样,问了也是白问,相反却会动摇信心。(3)后来的房价涨得如此离奇,确实没人会预料得到,否则他也不会动摇初心了。

由此,有句话是这样说的:"在过去的 20 年,重要的不是你从事什么工作,是公务员还是打工人,最关键的是你买过几套房,一套房顶你工作一辈子。"

关于这一点,贪官似乎更明白。2020 年 9 月被判处无期徒刑的贪官徐长远,退休前是辽宁省大连市的副市级干部,他拥有商品房 2 714 套,总面积 43.3 万平方米(平均每套 160 平方米),仅房产证就重 108 斤![1]

第二节　通货膨胀的影响

所谓通货膨胀,是指由于货币供应量太多而引发的货币贬值[2]、物价持续而普遍上涨的一种货币现象。

通俗地说就是,银行里发出来的钞票太多了,钱越来越不值钱了。相反,如果出现市场上流通的货币量减少、购买力下降而导致经济衰退的货币现象,则称之为通货紧缩。

通货膨胀的影响,主要关注以下两点。

一、钱印得太多必然贬值

从人类社会发展的历史看,商品经济出现后的货币形式,大体上经历了以下六个阶段。

(1)实物货币,如贝壳、石头、食盐、牛羊、布匹等。

(2)金属货币,如铜、银、金、铝、镍等。

(3)代用货币,如纸币、银行券、游戏币等。

(4)信用货币,货币票据如纸币、硬币,银行券如存单、支票。

(5)电子货币,如储值卡、信用卡、电子支票、电子钱包等。

(6)数字货币,如虚拟货币、加密货币等。

(一)政府的一般考量

自从进入信用货币阶段后,钱是不是值钱主要取决于政府信用。政

---

[1] 《扫黑除恶——为了国泰民安》第二集〈依法重击〉,央视综合频道,2021 年 3 月 27 日。

[2] 通货膨胀与货币贬值之间的关系:

(1)通货膨胀是特定经济体内因为货币发行过多导致的购买力下降,影响的是该货币在该经济体内的价值;货币贬值是该货币与其他经济体相比的购买力下降,影响的是该货币在国际市场上的价值。

(2)通货膨胀一定会导致货币贬值,但货币贬值并非一定由通货膨胀所造成。

府有信用,这纸币就是"币";政府没信用,这纸币就是"纸"。即使是全球通用的美元、欧元、日元等也是如此,越印越多必然贬值。

需要注意的是,政府虽然掌握着印钞大权,但在开动印钞机时一定会掂量了又掂量,尤其会注意以下两点:

(1)通过印钞来掌控货币(纸币)贬值的速度和幅度,从而通过货币贬值、通货膨胀的方式适时转嫁经济负担。

例如,《美国联邦储备法》明确规定,"在经济危机时期,美联储拥有无限发行货币、向任何人发放贷款的权利,而无须国会批准",目的就是要强行干预货币市场。其他国家虽然没说得这么露骨,但实际上都是这样做的,谁也不要嘲笑谁。

(2)货币贬值速度过快,有可能加速政府下台。这样的政府毫无信用可言,下台是最好的谢罪方式。

(二)我国的货币规模

我国目前究竟发行了多少货币呢? 先看一个公式:

货币发行量＝通货＋存款

＝流通中的现金(M0)＋商业银行库存现金

我国的货币发行由央行即中国人民银行负责,但央行并不直接面向储户,而是面向商业银行发行货币。货币只要离开央行、进入商业银行,发行任务就完成了。储户从商业银行提取现金后,这些现金就进入流通领域,称为"通货",对中央银行来说这就是现金发行量(M0),反映在"储备货币"科目下的"货币发行"子目中。尚未被储户提走、留在商业银行的部分,称为"存款"(也称商业银行库存现金,但不含政府存款和不计入储备货币的金融性公司的存款),比例一般不超过5%。

例如,如果要查阅我国2023年末的货币发行规模,可登录中国人民银行网站,打开"调查统计—2023年统计数据—货币统计概览—货币当局资产负债表",查到"货币发行"规模为11.87万亿元;打开"货币供应量",可查得各项相关数据如流通中货币(M0)、货币(M1)、货币和准货币(M2)。

第 5 课
货币的时间成本

国际货币基金组织根据货币流动性（变现能力）的大小，将所有货币划分为 M0、M1、M2 等不同层次。为帮助老年读者理解，我针对三者概念及关系，推出一种简便而又不失科学的记忆方法：

M 是英文 Money 的首字母，是指钱、货币的意思。

M0 指现金，特指银行体系外的现金。它的购买力最强、货币层次最高，无须通过转换（0 次转换）就能变成现金，因为它本身就是现金。

M1 指狭义货币。M1＝M0＋商业银行中的活期存款。其中，后者需要经过 1 次转换（如提现）才能变成现金，货币层次自然要低于 M0。

M2 指广义货币。M2＝M1＋准货币（定期存款、其他存款）。其中，后者需要经过 2 次转换（先转活期，再提现）才能变成现金。

还有 M3，这是中国人民银行从 1995 年起在外汇业务中划分的货币层次。M3＝M2＋其他货币性短期流动资产（国债、金融债券、商业票据、大额可转让定期存单等），后者需要经过 3 次转换才能变成现金。

在美国，还有 M4 的说法，M4＝M3＋L（其他短期流动资产）；在英国，甚至还有 M5 的概念。[①]

顺便一提的是，许多媒体甚至专家、学者都把 M2 看作货币发行规模，这是不对的。不过，由于货币乘数相对稳定，所以 M2 与货币发行规模之间确实具有密切联系，但与它关系更密切的是通货膨胀。

表 5－1 是我国 2001 年以来的货币发行规模与货币供应量。

表 5－1　　　　　2001 年以来我国的货币规模　　　金额单位：万亿元

年份	货币发行	货币发行环比增速	M2 规模	M2 环比增速
2001	1.69	—	15.29	—
2002	1.86	10.06%	18.32	19.82%
2003	2.12	13.98%	21.92	19.65%
2004	2.31	8.96%	25.32	15.51%

---

① 严行方：《每天学点金融学》，北京：金城出版社 2009 年版，第 14～16 页。

续表

年份	货币发行	货币发行环比增速	M2 规模	M2 环比增速
2005	2.59	12.12%	29.88	18.01%
2006	2.91	12.36%	34.56	15.66%
2007	3.30	13.40%	40.34	16.72%
2008	3.71	12.42%	47.52	17.80%
2009	4.16	12.13%	61.02	28.41%
2010	4.87	17.07%	72.59	18.96%
2011	5.59	14.78%	85.16	17.32%
2012	6.06	8.41%	97.41	14.38%
2013	6.50	7.26%	110.65	13.59%
2014	6.72	3.38%	122.84	11.02%
2015	6.99	4.02%	139.23	13.34%
2016	7.49	7.15%	155.01	11.33%
2017	7.71	2.94%	169.02	9.04%
2018	7.91	2.59%	182.67	8.08%
2019	8.29	4.80%	198.65	8.75%
2020	8.98	8.32%	218.68	10.08%
2021	9.62	7.13%	238.29	8.97%
2022	11.00	14.35%	266.43	11.81%
2023	11.87	7.91%	292.27	9.70%
年均	5.84	9.26%	114.92	14.35%

数据来源：中国人民银行官网。2022年12月起M0含流通中的数字人民币。

二、通货膨胀的功与过

通货膨胀会导致货币贬值，但也并非一无是处；相反，适度的通货膨胀还是有好处的。这主要体现在三点：(1)从政府看，出现通货膨胀表明市场上的货币已经过多，可以借机向中央银行借款用于投资，这会有助于刺激经济增长。(2)从企业看,市场资金宽裕了会有助于扩大销售、增加利润,从而带动技术更新改造。(3)从工人看,有望提高工资水平、分享经营成果,同时也会相应提高个人偿债能力。

(一)衡量通货膨胀速度的标志

各国用来衡量通货膨胀的主要指标是 CPI,我国称之为"消费者价格指数",国外称之为"消费价格指数"。这是我国四大宏观经济调控指标之一,但又是一个最不靠谱的指标,大可不必看得过重。

怎么来理解通货膨胀呢?可以想象这样的情形——浴缸里漂浮着一只塑料盆。盆里装的是衣食住行等消费品,它们构成了 CPI。浴缸里的水就是股市、楼市、政府投资等投资品,也称资本市场。浴缸上方的冷、热水龙头,分别代表本国中央银行和外国中央银行。水龙头里放出来的水如果流到盆里,消费品价格就会被抬高,通货膨胀就出现了;如果直接流入浴缸,那么楼市、股市的肥皂泡沫就会被放大,资产泡沫产生了,同时会把塑料盆抬得更高。

出现通货膨胀的根本原因是货币发行太多(有两只"水龙头"在放水呢)。

通货膨胀是否"适度",关键要看是否适应生产力发展水平,并不是钱印得越多越好。否则,就什么都不用做,专门坐在那里印钱好了。

从 CPI 的增长幅度看,一般认为,年通货膨胀率在 1%～3% 称为爬行通货膨胀,3%～6% 是温和通货膨胀,6%～9% 为严重通货膨胀,10%～50% 为飞奔通货膨胀,50% 以上称为恶性通货膨胀。

相反,如果 CPI 指数出现负数,或持续下降时间超过 3 个月,称为通货紧缩。其中,CPI 在 0 至 －5%,时间在 2 年以内,为轻度通货紧缩;－5% 至 －10%,时间在 2 年以上,为中度通货紧缩;低于 －10%,时间超过 2 年甚至更长,为严重通货紧缩。[①]

这方面骇人听闻的例子有:20 世纪 20 年代初德国的物价曾在 49 小

[①] 严行方:《看懂财经新闻》,厦门:厦门大学出版社 2013 年版,第 298、299 页。

时内上涨100%;40年代初希腊被德国占领时,物价在28小时内上涨100%;1993年南斯拉夫的物价曾在16小时内上涨100%。1948年8月到1949年5月的9个月间,国民党统治下的上海批发物价指数上涨507万倍,零售物价指数上涨644万倍。1991年12月25日苏联解体时的汇率为1美元兑180卢布,1994年11月25日为3 235卢布,三年间上涨17倍。

通货膨胀的全球冠军当属非洲的津巴布韦,1980年建国时人均GDP高达950美元,是我国人均194.8美元的4.9倍。然而,自从2000年没收白人的农庄分给无地黑人后,经济造成灾难性后果,从此开启了狂印货币模式,2008年的全年通货膨胀率高达8万亿倍。2023年末,津巴布韦的最低工资标准虽有1 500美元,却还不够买一袋面粉。他们的大额纸币面值后面至少有13个0即100万亿元,最大的面值是10的303次方,但几乎没有任何购买力。因为一张公交车票就要30万亿,一枚鸡蛋要330万亿,以2023年末津巴布韦币兑人民币汇率0.001 2计,分别相当于人民币360亿元和3 960亿元!

(二)通货膨胀指数的改进方向

新中国成立后,我国一度不承认社会主义国家也有通货膨胀。伪专家趁机误导说,通货膨胀的标志是所有商品的价格都在涨,而现在只是部分商品的价格在涨,有的还跌了,所以只能叫物价上涨。[①] 这里的误导在于,"通货"本来是指流通中的货币,在我国就是人民币,现在却被指鹿为马说成是"流通中的货物",令人啼笑皆非。

在我国,CPI的主要缺陷表现在两点:(1)权重设置不合理,不能真实反映居民消费支出。食品支出在我国居民消费支出中的权重不断下降,可是在CPI商品中仍然位居榜首,这就很不真实了;相反,涨幅最快的住房、医疗、教育费用却被剔除在外。(2)编制过程和相关信息发布不透明。

---

① 如果物价上涨是由货币发行过多造成的,就是通货膨胀,否则就不是。例如,昨晚下了一场暴雪,第二天青菜的价格从每斤4元涨到6元,这才是通常所说的单纯的物价上涨(与气候有关,与货币发行无关)。

涵盖的 8 大类商品究竟包括哪些品种,是不是经常调换,各自比重是多少,完全不对外公布,这就严重影响到了公信力。

从全球范围看,美国、日本、德国发布的 CPI 指数信誉度最高。从我国的发展趋势看,由于居民消费在 GDP 中所占比重太小,两者关联度不大,所以未来有被"GDP 平减指数"取代的趋势。

所谓 GDP 平减指数,实际上是从 GDP 角度来计算通货膨胀率,这是目前许多国家的通用做法。由于它衡量的是"国内生产"的"所有产品和服务的价格",而不仅仅是"消费者购买"的产品和服务,所以更加全面,并且还能减少人为干预。[①]

计算公式是:

$$GDP 平减指数 = \left(\frac{名义 GDP}{实际 GDP} - 1\right) \times 100\%$$

第三节　时间成本的计算

无论是货币的时间价值,还是货币的时间贬值,计算方法都一样。

一、单利的计算

计算公式为:

$$单利\ I = Pit$$
$$终值\ F = P + I$$
$$= P + Pit$$
$$= P(1 + it)$$
$$现值\ P = F/(1 + it)$$

其中,I 是利息;P 是本金,也称现值;i 是利率;t 是计息周期数;F 是终值,也称本利。

---

① 严行方:《通胀来了,你准备好了吗》,北京:中国铁道出版社 2011 年版,第 8～12 + 44 页。

例如,一笔民间借贷①80 000元,约定"1分息",借期3个月,到期需要归还多少利息呢?

这里先明确几个小知识:

(1)根据约定俗成,"分"是指1%,特指"年息";"厘"是指1‰,特指"月息";"毫"是指1‱,特指"日息"。

(2)民间借贷一般借期较短,所以常用"月息"来表示。习惯上所说的"分"和"厘",如无特别说明,时间单位都是月。

例如,民间所说的"1分息"是指月息1%,"8厘"是指月息8‰。所以借款时一定要明确是年息、月息还是日息,以免发生纠纷。同样是"8厘",用年息来表示就是一年8%;月息表示就是每月8‰,即年息9.6%;日息表示就是8‱,即月息2.4%、年息28.8%,差别是巨大的。

(3)我国法律规定,所有借贷利率都要统一以年息(%)来表示。

在这里,我们以"1分息"为月息1%计算,借期3个月,那么到期后的利息和终值就是

$I = 80\ 000 \times 1\% \times 3 = 2\ 400(元)$

$F = 80\ 000 + 2\ 400 = 82\ 400(元)$

通常所说的利率都是指单利,特点是,不管期限多长,所产生的利息都不能加入本金重复计息;并且,利息是根据实际现值来计算的。

明白了这一点就知道,许多民间借贷和网络借贷,尤其是高利贷和地下钱庄,放贷时会先从本金里扣除利息(称为"砍头息"),到期时归还本金数额。借款者因为急于想拿到钱,也有人对此根本不懂,所以白白成为"冤大头"。

同样是上面这笔借款,"砍头息"的做法是,借款到手时先扣掉2 400元利息,实际到手77 600元(有的要扣掉中介人的介绍费,有的还要每月

---

① 所谓民间借贷,是指自然人之间、自然人与非金融机构法人或其他组织之间的借贷。民间借贷只要符合双方当事人真实意愿,不是高利贷,即为合法有效。

利滚利),借款到期时归还 80 000 元。这样一来,实际利率就成了

$i=(F/P-1)/t=(80\,000/77\,600-1)/3=1.03\%$

原本约定的月息 1 分就巧妙地变成了 1.03 分,多付了 3%。

顺便一提的是,"砍头息"的做法在我国一直是违法的。

二、复利的计算

所谓复利,俗称"利滚利",是指每经过一个计息周期都要把所产生的利息加入本金再计息,滚动结息。

千万别以为这只是计算方法的不同,实际上有着天壤之别。这也是投资为什么要特别强调"保住本金"的理由。能保住本金,就说明一定有盈利;哪怕是再小的盈利基数,都能在复利的巨大威力下,变成庞然大物。可是其中只要有一次巨亏,就可能让你"一夜回到解放前"。

这里插播两个小故事,来看看复利的巨大威力。

一是 1626 年 5 月 6 日,荷兰人用 60 荷兰盾(约合 24 美元)的货物,从土著手里合法换购到一座名叫曼哈顿的岛(今天美国纽约的一部分)。当时的地价是每平方英里 1.1 美元,400 年后的今天已涨至 250 亿美元,涨幅超过 227 亿倍,史称"最廉价的交易"。可是,如果放在 400 年的时间长轴看,实际上也只相当于年复利率 6.14%。

二是公元前 250 年左右的古希腊,当时的国王霍兰二世听说阿基米德[①]是个很有才华的数学家,便请他到王宫里来下国际象棋。国王输了,便问阿基米德要什么奖励。阿基米德半真半假地说,他只要一棋盘的米就行,但需遵循一个条件,就是棋盘上的第一个方格上放 1 粒米,第二个方格上放 2 粒米(2 倍),第三个方格

---

① 阿基米德,古希腊哲学家、数学家、物理学家、力学家,静态力学和流体静力学奠基人,被誉为"力学之父"。与高斯、牛顿并称为"世界三大数学家"。他的名言是:"给我一个支点,我能撬动整个地球。"

上放 4 粒米(2^2 倍),每个格子上都是放前面的 2 倍,直到第 64 个方格上放满。国王答应了。可是没想到,这根本就是个无底洞。财政部门过来一算,结果是 $2^{64}-1$,即 18 446 744 073 709 551 615 粒(20 位数),超过 18.45 亿亿粒,如果按照目前我国大米的平均粒重 0.05 克计算的话,重达 92.23 亿吨。[①] 国王顿时傻了眼。

实际上,这就是一个典型的复利故事,这里的 2 倍即是复利率 100%。难怪大科学家爱因斯坦要惊呼"复利的威力比原子弹还可怕""复利思维是世界第八大奇迹"。

复利的计算公式是:

$$终值 F=P(1+i)^n$$

$$现值 P=F\times 1/(1+i)^n$$

其中,P 是本金,也称现值;i 是复利率;n 是时间,即计息周期数;F 是终值,也称本利。

$(1+i)^n$ 也称复利终值系数或 1 元的复利终值;$1/(1+i)^n$ 称为复利现值系数,或称 1 元的复利现值,也称折现系数或贴现系数,均可通过查表得到,两者互为倒数。

例如,老两口今年孙子出生了很高兴,于是立即拿出一年的退休金 15 万元,以孙子的名字存入银行,准备 30 年后取出来作为他的结婚贺礼。问:如果银行利率每年都是 3‰,届时可取多少?

这实际上就是一个求复利终值的过程:

$$F=P(1+i)^n=15\times(1+3‰)^{30}$$
$$=15\times 2.4273=36.41(万元)$$

再如,某人今年 60 岁,希望 20 年后 80 岁时能筹措到 200 万元的养老金,假设每年的银行利率都是 3‰,问现在需要投入多少本金?

这实际上就是一个求现值的过程:

[①] 这一棋盘大米相当于我国 2023 年大米产量的 63.6 倍(2023 年我国稻谷产量 20 660.5 万吨,按出米率 70% 计,年产大米 1.45 亿吨)。

$$P = F \times 1/(1+i)^n = 200/(1+3\%)^{20}$$
$$= 200/1.8061 = 110.74(万元)$$

上面的复利计息期是年,这时候的年利率3%称为实际年利率;如果复利计息期不是年,而是短于一年的季、月、日等,这时候折算成的年利率称为名义年利率。[1]

例如,上面的15万元存30年,年复利率是3%,如果每月复利1次,那么30年后的复利终值就是:

$$F = P(1+i)^n = 15 \times (1+3\%/12)^{30 \times 12}$$
$$= 15 \times 2.4568 = 36.85(万元)$$

在这里,2.4568>2.4273,表明按月复利的实际年利率要比按年复利计算的高,并且高得多(大约高出12%)。一般地,有这样的规律:复利计息期越短,实际年利率越高,即两者差距越大。

在这里,我们可牢记关于复利的"两大法则",即"72法则"和"115法则",这在投资理财中经常会用到。

所谓72法则,就是指不拿回利息,而是利滚利,本金增值1倍所需要的时间。它来源于按照1%的复利计算,大约经过72年后本金可以翻一番。明白了这一点,就可以举一反三用来推断投资时间和效果。同样的道理,115法则是指本金增值2倍所需要的时间。

举例来说,如果投资额是10万元,年投资收益率是3%,那么大约在经过72/3=24年后,这10万元就能变成20万元;在经过115/3=38.3年后,这10万元会变成30万元。如果年投资收益率提高到6%,那么大约在经过72/6=12年后,这10万元会变成20万元;在经过115/6=19.17年后,这10万元会变成30万元。

这里之所以说"大约",是指计算结果并不十分精确,但已经很接近了,可以满足普通人的计算需求,以及进行各种投资方式的比较。

---

[1] 比较现金流、计算复利时的实际年利率、名义年利率概念,许多书上误称为"实际利率"和"名义利率",这就与真正的"实际利率=名义利率-通货膨胀率"混为一谈了,原因在于外文翻译不准确所致。

例如,如果有三条投资渠道,分别是:一年期银行储蓄,年利率1.75%;理财产品,年利率4%;借给亲友,年利率10%。那么,在不考虑投资风险及其他因素的背景下,简单计算一下本金增值1倍的时间,分别是41.1年、18年和7.2年,差距巨大。[1]

---

[1] 严行方:《从中产到富豪》,厦门:厦门大学出版社2019年版,第56、57页。

第 6 课
家庭财务分析

> 没有调查研究，就没有发言权。像医院出具体检报告一样，每年编制一份详尽的家庭资产负债表，有助于解剖家庭财务现状，为投资理财寻找客观依据和突破口。

家庭规模哪怕再小，小到哪怕只有一个人，也是独立的实体经济单元。人活在世上，每天都离不开与钱打交道。所以，只有把家庭财务状况先搞清楚，才能谈得上去投资、去理财。而要做到这一点，就非常有必要像企业那样进行财务记录、编制财务报表。家庭财务报表应该像医院出具的体检报告书一样，全面、客观、及时。

当然，家庭尤其是个人的经济状况要比企业简单得多。因此，没必要搞得像工矿企业那样复杂。但事物的原理是相通的，那就是可以通过家庭财务报表编制、家庭财务分析，来全方位地审视家庭财务状况，既防止过于激进而造成损失，也防止过于保守而错失资产增值机会，最终实现投资效益最大化、理财规划最优化。

企业财务报表主要有三张,即资产负债表、损益表/利润表[①]、现金流量表和附注,分别用来反映财务状况、经营成果、现金流量的结构性描述,并且需要每月编制。对家庭和个人来说,可只编制一张主表即家庭资产负债表,每年编制一次就行。

第一节 家庭资产负债表

所谓家庭资产负债表,也称家庭财务状况表,是用来反映一个家庭在某个特定日期(通常是年末)经济状况的财务报告。

家庭资产负债表的内容,主要包括所拥有或控制的经济资源,以及所承担的现实义务两部分。

家庭资产负债表采用账户式结构,分列左右两方。左方列示资产各项目,反映全部资产的分布及存在形态;右方列示负债各项目,反映全部负债的内容和构成。左右双方平衡,即:资产=负债+净资产。

家庭资产负债表的编制在我国还是一项空白,所以不可能有官方统一格式。本书针对老年人家庭的实际状况,设计"家庭资产负债表"模板如表6-1所示。

表6-1　　　　　　　　　　家庭资产负债表

2023年12月31日　　　　　　　　　　　　　　单位:元

资　产	行次	年初数	年末数	负债和净资产	行次	年初数	年末数
流动资产:	1			消费负债:	34		
现金	2	3 607	2 613	信用卡欠款	35	6 501	5 619
银行卡活期	3	2 193	1 987	花呗	36	1 430	1 181
微信余额	4	22 164	25 691	京东白条	37	1 269	1 150
支付宝余额	5	15 180	17 585	消费贷款	38	0	0

---

① 过去常用损益表,现在常用利润表,两表略有区别。损益是指相关行为影响到了财务成果,结果表现为利润或亏损。损益表提供全部收入和全部成本,反映的是动态经营状况;利润表提供经营成果和投资效率,反映的是获利能力及趋势。

续表

资产	行次	年初数	年末数	负债和净资产	行次	年初数	年末数
应收账款	6	20 000	20 000		39		
	7				40		
流动资产合计	8	63 144	67 876		41		
投资性资产：	9			消费负债合计	42	9 200	7 950
投资性房产	10	0	0	投资性负债：	43		
银行定期储蓄	11	313 000	346 000	投资房产贷款	44	0	0
股票	12	341 834	376 058	银行贷款	45	0	0
债券	13	0	0	应付账款	46	40 000	40 000
基金	14	33 618	28 547		47		
期权	15	0	0		48		
实物黄金	16	0	0		49		
理财型保险	17	54 906	58 963	投资性负债合计	50	40 000	40 000
住房公积金	18	0	0	自用负债：	51		
	19			自住房产贷款	52	0	0
投资性资产合计	20	743 358	809 568	自用汽车贷款	53	0	0
自用资产：	21				54		
自用房产原值	22	300 000	300 000		55		
减：累计折旧	23	220 000	230 000		56		
自用房产净值	24	80 000	70 000	自用负债合计	57	0	0
自用汽车原值	25	220 000	220 000		58		
减：累计折旧	26	110 000	132 000		59		
自用汽车净值	27	110 000	88 000		60		
自用财产原值	28	55 000	66 000	负债总计	61	49 200	47 950
减：累计折旧	29	55 000	58 667		62		
自用财产净值	30	0	7 333		63		
	31				64		
自用资产合计	32	190 000	165 333	净资产	65	947 302	994 827
资产总计	33	996 502	1 042 777	负债和净资产总计	66	996 502	1 042 777

第二节　编表方法说明

家庭资产负债表的编制和数据填列,要注意以下七个方面。

(1)每个家庭的资产负债状况迥然不同,本表针对的只是某个具体的普通老年人家庭。这些项目有的家庭会多一些,可以自己添加;有的会少一些,没有的项目金额直接填0就行。

(2)表中各项都应是真实数据,否则无助于正确分析家庭财务状况。如果担心暴露家庭隐私,可把这份报表保存在电脑上,然后设置一个文件密码就行了。

(3)家庭资产一般可以分为三大类,分别是流动资产、投资性资产、自用资产,三者合计称为总资产,或称资产总计。其中:

流动资产可以理解为平时所说的应急资金,特点是:流动性强,可以在短期内变成现金,或本身就是现金。这里的"短期"在企业是指1年,在家庭可以是指1个月。普通家庭建议要留够全家3~6个月的生活费用,从表中看出,这个家庭两位老人平时的流动资产在6万多元,是合理的,也够用了,不宜再多。流动资产中流动性最强的当然是现金,但理财概念上的现金,除了通常所说的纸币外,还包括一切可以随时用于支付的款项,最常见的有微信中的零钱和零钱通、支付宝中的余额和余额宝(但不含花呗,它属于消费负债)。此外,活期储蓄和随时可以收回的应收账款,也具有同样的功能。表中银行卡上的余额两人合计在2 000元左右,主动留在卡上用于扣缴水、电、燃气、电话费之类,应属合理和正常。

投资性资产是指以保值、增值为目的而添置的资产,类别包括货币、票据、无形资产等。不用说,投资期限有长有短,像股票、基金等既可以长期投资,也可以随时变现,但目的都是为了获利。其中,理财型保险的流动性虽然较差(中途退保会造成损失),但遇到急用时可以通过保单贷款的方式加以变通,所以流动性比期权、实物黄金、住房公积金要强。住房公积金的性质属于变相强制投资,这里因为两位老人退休时已经全部取出来了,所以余额为 0。

自用资产是指供家庭成员使用的消耗性资产,它有三大特点:(1)使用期限较长。通常在 1 年以上。(2)单位价值较大。企业固定资产原值的起点是 1 千元,本书建议家庭资产的原值起点可定为 1 万元。(3)需要计提折旧。《企业所得税法》规定的固定资产最低折旧年限是:房屋、建筑物 20 年,各种生产设备 10 年,电子设备 3 年。本书建议,家庭自用资产折旧年限为:房屋 30 年,汽车、家具 10 年,电子电器产品 3 年,均不计残值。

(4)家庭负债通常也相应地分为三大类,分别是消费负债、投资性负债、自用负债,三者合计称为总负债,或称负债总计。其中:

消费负债是指由于日常生活消费而形成的债务。一般认为,一个家庭如果要靠借钱过日子,就比较困难了。考察消费负债时要注意,表中所列的信用卡欠款、花呗、京东白条等余额,只能表明编制该报表时的月末余额,如果到了月初 1—10 日还清了,这笔负债也就消失了,所以,这种结算上的负债不能算是真正的负债。真正的负债是消费贷款。另外也能看出,这老两口信用卡、花呗、京东白条都有余额,表明他们不但喜欢在网上购物,而且购物、支付方式还相当新潮。

投资性负债是指由于投资理财而背上的债务,其性质属于经营性垫支。从表中看出,这个家庭没有投资性房产,也没有相应的投资性房贷及其他贷款。一套自用房产原值 30 万元,按照 30 年折旧年限计算,已折旧 22 万元,说明是 22 年前的 2001 年买的,已经比较旧了。但那时的房价并不高,所以面积不一定小。这里有 4 万元应付账款,了解得知是一位老友偷偷地将私房钱放在他们这里的,所以可另当别论。

自用负债是指因为购买自用资产而形成的债务,这里也是 0。但容易看出,自用财产原值 55 000 元,已折旧完毕,说明这些固定资产的年限至少已过去 10 年。今年新增原值 11 000 元,说明新添了固定资产;并且今年的累计折旧额增加 58 667－55 000＝3 667(元),恰好是新增原值 11 000 元的 1/3,侧面证明新增资产大概率是家用电器。

(5)企业资产负债表中有一栏是"所有者权益",即资产扣除负债后由所有者享有的剩余权益,也称股东权益。家庭资产因为不涉及分配、分红等事项,所以该项目可忽略不计,直接改用"净资产"来代替。

$$净资产＝总资产（资产总计）－总负债（负债总计）$$

通过对比表中净资产年末数和年初数的大小,可以看出该家庭本年度净资产的增减变动。一般认为,净资产增加是好事,但净资产减少也未必是坏事,因为其中涉及自用固定资产如房产、汽车、电器电子设备等的折旧。这种减少只是一种理论上的算法,并非一定表示资产使用价值的减少。就好比说,该家庭今年自用房产净值虽然减少了1万元,但实际上完全不影响房产的正常使用;相反,房产价格还可能因为地段因素在升值。所以,分析时要有辩证的观点。

(6)家庭资产负债表左右两边的关系是,资产总计＝负债总计＋净资产总计,也就是最下面一行的金额左右两边相等。

并且,通过这三个数据还可以计算出资产负债率。表中,资产负债率的年初数为 49 200/996 502×100％＝4.94％,年末数为 47 950/1 042 777×100％＝4.60％,实际都为0,显示出一种极端保守的理财态度。

一般来说,资产负债率＜1,表示负债小于资产;数字越小,表明负债越少,家庭财务状况越健康。资产负债率＞1,表明已资不抵债,处于破产状态,这时候最重要的是增收节支。通常而言,老年人家庭的资产负债率都很低,正常情况下应小于10％。

俗话说"六十不借债"[①],意思是,60岁之后就不要轻易借钱给别人,也不要轻易向人借钱了,主动"绝经"(谢绝经济往来)。

这是因为:一方面,年纪上升了,赚钱能力差了,身体开始进入加速衰老阶段,随时可能生病,随时可能用钱。向别人借钱,不一定有偿还能力;借出去后,万一不能及时收回,手头就会紧张,出现老话所说的"救仔田鸡饿煞蛇"现象。另一方面,当事人如果突然去世,又没人知道

---

① 相关几句顺口溜是:"四十不多欲,五十不多情,六十不多食""六十不借债,七十不留夜,八十不留饭,九十不留坐"。

这笔借款,此事就成了一桩悬案;即使有借条、证人,把债务留给子女也是一件麻烦事。从表中看到,这对老夫妻的人欠和欠人金额都很小,是个明白人。

(7)报表附注。家庭资产负债表下,可以用文字对表中提到和未提到的一些事项进行补充说明,但要注意以下三点基本要求:①要与表中的相关项目有联系,便于从整体上来理解报表。②要定性与定量相结合,相互印证。③要按顺序进行披露,条理更清晰。

第三节 财务分析实例

一、老年家庭的财务特征

(一)基本特征

(1)退休后收入明显减少,现金流小了;更多的家庭资产会固化在房产上(城里的老年人家庭绝大多数有一套以上属于自己的房子,房子是家中最值钱甚至唯一值钱的东西)。

(2)家庭负担相对加重。日常开销虽然减少了,但旅游或医疗费用在逐年增加。

(二)理财要求

(1)年龄越大,来自医疗方面的经济压力就越大,所以要未雨绸缪。如果经济缺口较大,可考虑在家中最值钱的房产身上动脑筋,如换购、出租等,用差价作为养老补贴。

(2)正确看待钱的作用。老年人要想高品质地安度晚年,离不开对财富的合理规划;但在此基础上还有很多、很重要甚至更重要的方面值得注意,如丰富的退休生活、快乐的心情、健康的饮食、规律的起居等。这一阶段家庭资产的积累意义和价值,相对来说是"贬值"的。

二、家庭财务分析实例

下面我们具体解剖一个典型的城市退休家庭,来看看怎样进行财务分析,并提出合理的理财方案。

(一)家庭财务基本情况

(1)家庭结构。夫妻两人都是 60 多岁,独生女已结婚成家另过。

(2)资产负债。有现金及活期储蓄 5 万元,年利率 1.75% 的定期储蓄 100 万元。自住房 1 套市值 250 万元,自用车 1 辆原值 20 万元。无负债。

(3)家庭收支。每月退休金两人合计 8 000 多元,能按月领取;无其他收入来源。每月支出合计约 5 000 元。

(4)社保领取。夫妻两人均有社保。

(二)家庭财务分析建议

1. 组合投资建议

该家庭有闲置资金 100 万元,每月还有 3 000 元收支结余,所以风险承受能力较强。再加上两人都已退休,年龄又不大,有较多时间用于学习和管理投资。所以,建议采用组合投资方式如"股票+固定收益类理财产品"进行获利,既追求资金利用率和收益率,又能分散理财风险。

具体建议是:拿出闲置资金中的 40% 即 40 万元左右用于收益较高、风险也较大的股票投资,30% 即 30 万元左右配置一些利率较高的固定收益类理财产品,其余 30% 做长期定额储蓄。

2. 适当提高消费额度,适当购买商业保险

该家庭具备一定的经济基础,所以可适当提高消费额度,尤其是旅游、休闲、健康等方面的开支。并且,可在目前已有社会保险作为家庭保障的基础上,适当购买商业保险作为家庭保障的补充。

3. 坚持定期定额储蓄

该家庭目前每月有 3 000 元收支结余,在已有 5 万元活期储蓄作为

应急资金的背景下,可将这每月 3 000 元通过定期定额储蓄的方式累积为固定储蓄,然后进一步转化为组合投资。

另外值得一提的是,这是典型的有退休金的城市家庭。对没有退休金的农村老人而言,晚年生活除了依靠子女外,投资理财更是养老准备中的关键之关键,但这方面显然更缺。

第 7 课

家庭理财规划

> 遵循程序、用对工具，夯实"四大基础"，坚持"三要三不要"原则。坚决不碰不懂的产品，更不迷信"专家理财"。道理很简单："事后诸葛亮，事前猪一样。"

第一节 规划过程和要点

一、家庭理财规划的程序和工具

（一）家庭理财规划的基本程序

1. 评估财务状况

评估财务状况，主要是全面梳理有多少收入、支出、资产，收入来源、支出项目、资产分布如何，这些资产哪些能带来收益、哪些需要不断耗费，从而进一步分析各项资产、负债、净资产数量及其比例以及变动趋势，为家庭理财规划做准备。

容易看出,这就是我们上一课所讲的家庭财务分析的内容。

2. 确立理财目标

目标是行动的指南。家庭理财目标,决定着采用什么样的理财步骤和工具。现实问题是,老年人家庭大多没有明确的理财目标,甚至没有进行过有意识的理财行动。要克服这一点,就要把理财目标进行分类和量化,并设定达成时间。

不用说,任何理财目标都应该是切实可行的,具有可操作性。

3. 制订实施计划

由于每个家庭的财务状况、人员结构、年龄阶段不同,所以理财计划的目标、实施步骤和方法也不相同,这方面可以参照生命周期理论的要求来进行。

总体而言,老年人家庭的理财规划有以下五个,分别是退休计划、债务计划、筹资计划、保险计划、配偶去世后另一半的相关计划。

4. 具体实施过程

制订家庭理财计划的意义在于实施。因为理财规划过程贯穿于人的一生,所以需要坚持不懈、持之以恒并滚动实施。

实施家庭理财计划要特别注意两点:(1)符合自身和家庭实际;(2)经常反思总结,及时调整优化,提高整体效果。

(二)家庭理财规划的主要工具

1. 储蓄

储蓄是一种比较传统也相对保守的理财工具。它的主要特点是:(1)存款自愿、取款自由,灵活性高;(2)品种丰富,操作简便;(3)安全可靠,具有一定的保值增值功能。

建议根据资金流动性需求,来选择定期储蓄年限,并进行组合。74岁以下的低龄老人,储蓄年限可以长一些,以三年期、五年期为主;75岁以上的高龄老人,储蓄年限可以短一些,以一年期、两年期为主。

2. 股票

股票投资的风险和难度都很大,但获得高收益的可能性也大,所以只适合80岁以下的少数老年人参与。

老年人投资股票的要求是:(1)一定要控制好仓位,绝不能孤注一掷;(2)要心态平和,不主张快进快出、急功近利;(3)在个股选择上可优先考虑养老股。养老股的特点有:一是多为大盘优质蓝筹股,持续盈利能力强,能够带来长期回报(相反,要远离那些只适合短线炒作的题材股、消息股、概念股);二是每年都有分红,并且持续分红能力强,从而真正实现细水长流。

3. 基金

基金是具有资质的专业投资机构成立的一种集合理财方式,主要特点是:(1)专家理财,透明度相对较高;(2)投资风险相对分散,收益率一般会高于银行储蓄,适合希望追求比银行储蓄收益高、愿意承担一定风险、个人意志坚定的老年人;(3)基金定投的长期平均收益更高,而退休金积累正是一项长期工程,具有强制储蓄性质,所以两者比较吻合,被称为"懒人理财"方式。

4. 银行理财

所谓银行理财,是指商业银行为个人客户提供的综合理财服务。它的特点是:(1)商业银行针对特定客户群设计和销售的产品,银行只能根据客户授权来管理资金;(2)投资收益和风险由客户与银行双方承担,具体方式方法通过合约来约定。

5. 商业保险

老年人属于疾病和意外事故高发人群,如果闲置资金比较充裕,可考虑购买一些保障类保险。

俗话说,"天有不测风云,人有旦夕祸福"。适当购买一些商业保险,从经济角度看,是专门针对意外事故、意外损失的财务安排。老年人年事已高,可以购买的保险品种很有限,重点可放在意外险、医疗险、防癌险等方面。

二、老年人理财规划的两大要点

(一)注意风险承受能力的匹配

无论是购买基金还是理财产品,都有一定的风险,即未来有可能亏本。股票投资的风险就更大了,这里撇开不谈,专讲前者。

衡量风险大小可从以下三个角度来看:(1)基金类型,如货币基金、债券基金、股票基金、混合基金等;(2)持仓比重,包括混合偏债型基金、股债平衡型基金、混合偏股型基金、灵活配置型基金等;(3)风险指标,如波动率、最大回撤、夏普比率、卡玛比率、跟踪误差等。

作为老年人来说,最简单的办法是参照理财产品的风险等级。根据中国证券投资基金业协会发布的"适当性新规",我国从2017年7月1日起,对所有基金产品或服务都划分了风险等级,至少分为 R_1、R_2、R_3、R_4、R_5 五个等级,参考标准如表7-1所示。

表7-1　　　　　　　　不同理财产品的风险等级参考

风险等级	产品参考因素	投资风险
R_1	产品结构简单,过往业绩及净值的历史波动率低,投资标的流动性很好,不含衍生品,估值政策清晰,杠杆不超监管部门规定的标准	低风险。本金基本有保障,收益大小看行情
R_2	产品结构简单,过往业绩及净值的历史波动率较低,投资标的流动性好,投资衍生品以套期保值为目的,估值政策清晰,杠杆不超监管部门规定的标准	中低风险。不承诺保本,但本金损失较小,收益可控
R_3	产品结构较简单,过往业绩及净值的历史波动率较高,投资标的流动性较好,投资衍生品以对冲为目的,估值政策清晰,杠杆不超监管部门规定的标准	中风险。本金保障率90%,收益浮动且有一定波动
R_4	产品结构较复杂,过往业绩及净值的历史波动率高,投资标的流动性较差,估值政策较清晰,3>杠杆率>1	中高风险。不承诺保本,本金风险较大,收益浮动且幅度较大
R_5	产品结构复杂,过往业绩及净值的历史波动率很高,投资标的流动性差,估值政策不清晰,杠杆率≥3	高风险。不承诺保本,本金风险极大,但收益也可能很高

相应地,投资者的风险承受能力从低到高也分为 C_1、C_2、C_3、C_4、C_5[①]五个等级。风险承受能力不同的投资者,只能对应购买风险承受能力范围内的投资产品,具体规定如表 7-2 所示。

表 7-2　　　　　　　投资者可选购的基金产品或服务

投资者承受能力＼投资品风险等级	R_1（谨慎型）	R_2（稳健型）	R_3（平衡型）	R_4（进取型）	R_5（激进型）
C_1（谨慎型）	√				
C_2（稳健型）	√	√			
C_3（平衡型）	√	√	√		
C_4（进取型）	√	√	√	√	
C_5（激进型）	√	√	√	√	√

怎么知道自己属于哪个风险承受能力等级呢？很简单,你在通过银行网贷或 App 购买基金和理财产品前,都会被要求进行风险承受能力测评,马上就能知道属于哪个等级,以及所匹配的基金产品或服务风险等级,你只能在这其中选购产品。

老年人投资理财一般以求稳为主,所以更适合选择 R_1、R_2 这两个风险等级的产品。从实际收益率看,也是这两个等级的投资品平均兑付收益率最高。具体数据是,我国 2023 年 1—8 月银行理财产品的平均兑付收益率,从高到低排列分别是：R_2 级 2.86%,R_1 级 2.65%,R_3 级 1.31%,R_4 级 0.42%,R_5 级 -0.42%。[②]

(二)不必迷信"专家理财"

专家理财有优势,但不必迷信。俗话说,投资领域"只有赢家、输家,没有专家、行家""事后诸葛亮,事前猪一样"。别听有些专家吹得天花乱坠,如果真如他们所说,就不会出现以下这些笑话了：

[①] R、C 均为风险承受能力英文 risk capacity 的首字母。
[②] 潘婷:《"1 万元亏了 2 000 多,还好意思收手续费"？为啥银行理财也会亏钱？专家解读……》,《每日经济新闻》,2023 年 9 月 30 日。

第 7 课
家庭理财规划

截至 2023 年 6 月 30 日,我国尚在存续期的 24 只权益类产品中,有 19 只产品的单位净值跌破初始净值,破净率高达 76%,跌幅最大的高达 49.23%。一位投资者气愤地说:"(某银行理财产品)封闭期一年,持有两年,最后亏了 23%……第一年到期亏了 13%,想着应该不会再差了,没想到第二年亏得更多。"[1]

2023 年 9 月 28 日,恒大董事局主席许家印因涉嫌违法犯罪被采取强制措施的消息传出后,一位 38 岁的私募基金董事长随即自杀身亡。为什么?因为该基金的 98% 都投在恒大地产上了,亏损比例近 70%,旗下基金也随即遭到紧急清盘。这位亿万家产的资深专家为什么要跳楼?因为法律规定,嫌疑人一旦死亡便不再追究其法律责任。他这一跳起到了一箭三雕的作用:既给自己留个"清白"(不能再被追究刑事责任),又能保全财产(个人财产无法通过判决没收),还能保护孩子(因为没被定罪,所以不会影响孩子以后参军、考公、考编)。

要知道,早在 2016 年 4 月 12 日,标准普尔公司就已经将恒大的评级从 B^+ 下调为 B^-[2];2021 年 6 月 30 日,穆迪公司发布的报告指出,恒大未来 12~18 个月将有大量债务到期,现金流无法支撑其债务偿还。面对这两家"百年老店"的权威警示,国内舆论一片抨击,指责这是"恶意做空"中国;同时,国内三大信用评级机构一致将恒大信用评级调为最高级 AAA,媒体盛赞这是"与国外评级机构争夺话语权"。这位资深专家自然也是偏听偏信,最终酿成了这样的悲剧。

---

[1] 卢梦雪、冉学东:《买了就没挣到钱?银行权益类理财大面积亏损,76% 的产品跌破净值》,《华夏时报》,2023 年 7 月 5 日。

[2] 标准普尔评级符号及其对应的信用等级如下:
1. AAA:最高等级,偿债能力极强。
2. AA^+、AA、AA^-:高等级,偿债能力很强。
3. A^+、A、A^-:中高等级,偿债能力强。
4. BBB^+、BBB、BBB^-:中等级,偿债能力一般。
5. BB^+、BB、BB^-:低等级,偿债能力较弱。
6. B^+、B、B^-:较低等级,偿债能力很弱。
7. CCC^+、CCC、CCC^-:极低等级,偿债能力极弱。
8. CC、C、D:无法还债等级(其中:CC、C 为垃圾债券,D 为违约债券)。

请记住,任何专家的所谓成功经验,一旦变成"经验主义",就会刻舟求剑,完全找不着北。

第二节 两大重点方向

一、夯实"四大基础"

(一)快乐

俗话说,"老有所乐",但具体怎么"乐"因人而异。例如,打拳、健身、旅游、跑步、诗词、书画、摄影、舞蹈、养花、种草、写作、棋牌,包括我们今天在老年大学学习、交友等,都是各得其乐。

但同时要注意,有许多爱好是很费钱的(如经常出去旅游等),只有在资金安排上早做筹划,才能如愿以偿。这方面要舍得开支,多爱好少忧郁、多锻炼少生病、多运动少吃药、多旅游少烦恼,有助于实现花小钱、省大钱。

(二)保命

俗话说,"夕阳无限好,只是近黄昏"。老年人理财规划中的一大重点是健康投资,通俗地说就是延年益寿,再通俗一点就是活命、保命。

随着年纪增大,老年人的免疫力和抵抗力都在下降,体弱多病现象普遍,这时有没有足够的钱用于保命很重要。也就是说,保健和医疗费用要占一定比例,至于具体留多少,需要具体问题具体分析。

例如,喜欢保健的多留一些,不喜欢保健的少留一些;体弱多病的多留一些,平时没病的少留一些;经济宽裕的多留一些,经济紧张的少留一些;子女不能分担费用的自己要多留一些,子女能够分担费用的可以少留一些……总之,无论是锻炼、健身、保健,还是治未病、治小病、治大病,健康投资不可缺。

(三)防骗

俗话说,"天下没有免费的午餐"。问题是,许多老年人却在时刻奢望着"免费的午餐",至少希望能有"打折的午餐",所以,上当受骗的概率居高不下。

主要原因是:(1)退休后社会活动范围受限,许多人完全围着家庭转,对新型诈骗方式茫然不知,一骗一个准;(2)年龄渐渐增长,成了"阿弥陀佛人",警惕性大大放松;(3)许多人虽然也在投资理财、健康保健,但几乎是"跟着感觉走",走着走着就"迷路"了;(4)国人素有贪小便宜的毛病,并且比例还不低……

所有这些,都为欺诈行为提供了肥沃的土壤。因此,家庭理财规划中必有一条是"防骗"。本来嘛,退休后人生的各项大事都已完成,子女的工作、婚姻、购房、购车问题也解决了,自己有余钱安度晚年了;但很可能会因为一次被骗就陷入困境,甚至"一夜回到解放前"。

(四)善后

每个人都有变老、告别世界的一天,所以理财规划中应有一项"自己或老伴老了没有行动能力、需要他人照顾以及去世时"的财务保障。

这主要有四种情况:(1)如果居家养老需要有人照顾吃穿住,是在自己家里还是子女家里?是子女照顾还是另外请人?前者子女退休了没有,后者费用如何安排?(2)如果长期住养老院,费用每月少则四五千元,多则一两万元,退休金或储蓄是不是够用,是不是需要提前做准备?并且,一旦住养老院,可能就决定了最终离开这个世界的方式,所以要考虑好。(3)如果体弱多病需要经常去医院或长期住院,扣除报销后的医疗费和护工费有着落吗?(4)自己或老伴过世后,丧事费用和墓地①费用安排考虑过了吗……

数据表明,2022 年我国医疗卫生机构入院人次 24 686 万,与上年基本持平,居民年住院率 17.5%。其中,入住医院 20 099 万人次,比例 81.4%(入住医院中,公立医院、民营医院分别为 16 305 万人次和 3 794

---

① 古语说"扫墓不过三代",即只能祭扫父母、祖父母辈,再往上就不必也不能祭扫了,而是要让其自然消亡。目前普遍是"不过两代",扫墓大军中很少能见到单独的孙辈。所以,现在不要墓地、不留骨灰、不求后人祭拜的洒脱者越来越多。

万人次,各占 81.1%和 18.9%)。2022 年我国平均每人次医院门诊费用为 342.7 元(其中门诊药费 130.3 元,比例 38.0%);每人次住院费用 10 860.6 元(其中住院药费 2 640.5 元,比例 24.3%)。如表 7－3 所示。①

表 7－3　　　　　　　　病人门诊和住院费用　　　　　　　　单位:元

指　标			年份	次均门诊费用	次均住院费用	日均门诊费用
医院			2021	329.1	11 002.3	1 191.7
			2022	342.7	10 860.6	1 186.5
	公立医院		2021	320.9	11 673.7	1 304.3
			2022	333.6	11 468.6	1 312.8
		三级医院	2021	370.0	14 283.6	1 639.7
			2022	381.6	13 711.4	1 644.0
		二级医院	2021	232.1	6 842.4	751.2
			2022	241.2	6 790.5	732.3
社区卫生服务中心			2021	165.8	3 649.9	371.4
			2022	181.0	3 494.4	352.2
乡镇卫生院			2021	89.0	2 166.5	329.3
			2022	92.2	2 214.8	339.9

二、多投"资产"少"负债"

"资产"和"负债"是会计学专有名词,严格的定义是:资产是指拥有的各项财产、债权和其他权利;负债是指未来向债权人缴付资产或提供劳务的经济责任。通俗地说就是:资产是能够为你赚钱的,负债是需要你掏钱的。明白这一点就够了。

假如家里有两套房子,一套对外出租,一套自住,那么前者就是资产,

---

① 《2022 年我国卫生健康事业发展统计公报》,国家卫生健康委员会网站,2023 年 10 月 12 日。

后者就是负债(不但不会创造收入,而且还要付出,如装修维修、交物业费、折旧等)。通常地,这两套房子都会被称为房产。但实际上,只有前一套房子才是资产,可称为"房产";后一套房子只能称为住房、住宅,不能称为"(资)产"。

容易看出,这里的资产和负债概念,与我们平常所说的"家当"不完全一致。通常说某人家里的家当多,就意味着他家有钱,理由是他家的资产比别人多。其实呢,这些家当中既有资产,也有负债,更多的是雌雄同体——既是资产,又是负债。

例如,上面的那套对外出租的房产,如果其租金收入还不够房屋维修、折旧、当初原始投资的利息,这时候就无法从中获得实际收益,资产就摇身一变成了负债。

明白了这一点就知道,老年人家庭在理财规划中,在确保上述四大重点安排之外,余钱要尽可能地多投资产、少投负债。因为只有资产才会给你赚钱,让你的财富越来越多;负债只会让你花钱,让你的财富越变越少。

话已至此,顺便提一下国际上用来衡量房产是不是值得投资的价值标准,通常有两个(即每年的房租净收入至少要达到以下两个标准之一)——银行储蓄年利率加5%,或房产原值的1/15——才算"够本",才可以称为资产。

假如你今年购买了一套100平方米的房产用于出租,总价300万元,年租金收入要达到300/15＝20万元才能称为资产。要达到这个标准显然不是一件容易的事。大家心目中公认的"资产"尚且如此,就更别提其他容易混淆概念的项目了,如装修、家具、私家车等高档用品,家用电器、手机等中档用品,以及常被有些人用来炫耀的一柜子衣服、领带、皮鞋等低值易耗品。它们都不能给你带来收入,而只能增加你的费用。如果把这些也称为资产(家当),是可笑的(请特别注意,这里的前提是已经确保了上述四大重点,可没有叫你不消费)。

这里插播一个小故事,来看看不同选择会引致怎样的不同结果。

我过去认识两户人家,家庭环境极其相似。两对夫妻都是某景区普通员工,住在园林局分的老新村。上班较远,但有班车接送,工资收入一般。2001年时,两家大约都有15万元储蓄,存在银行里吧不甘心,添置点东西吧又不知道买什么好,最终高家买了辆私家车,理由是,同事中许多人都买了,不买会被人瞧不起;章家买了套135平方米的商品房,当时的房价还不到每平方米2 000元,所以贷款额并不高。

10年过去后,高家的老轿车已经很破旧了,于是又买了辆新的更好的汽车,否则颜面上过不去,每年的结余都变成了汽油费;章家搬进新房后,把原来的一套住宅用于出租,既改善了居住条件,每月又有一笔2 000多元的房租收入。虽然没买私家车,但已经不是买不起的问题了,而是觉得没车也没什么不便,偶尔出行打个出租车就行;更没有被人看不起,相反,三口之家已经住得很舒服了,经常有同事夸他们"有头脑"。[①]

从家庭总资产角度看,10年后两家至少相差100万元,相当于每年10万元,比夫妻两人上班的年收入还高。

第三节 "三要三不要"原则

一、"三要"原则

(一)稳字当头

老年人的赚钱能力弱了,抗风险能力差了,无论选择什么样的投资理财规划,首先要"稳"字当头。要在确保本金安全的基础上,再去追求较高的收益,并且这种较高的收益还要相对稳健,投资风险却要小,至少要在

---

① 严行方:《富孩子,穷孩子》,北京:北京出版社2011年版,第68~71页。

能够承受的范围内。

如何求稳？一个简单的办法是参考一下该部门的监管机构。一般来说，发行投资理财产品的金融机构，上面有监管部门的要比没有监管部门的可靠；有监管部门的，监管部门越强大越可靠。

在我国，最大的金融监管机构当然就是"一行两会"（中国人民银行、中国证券监督管理委员会、中国银行保险监督管理委员会）。

（二）期限要短

一方面，老年人的身体状况变弱、精力大不如从前，患病和发生意外的风险增高；另一方面，投资市场风云变幻，有时甚至可以用惊心动魄来形容。眼睁睁地看着投资产品的收益率连连下跌，却因为封闭期限太长、没有到期而不能取出，这种痛心疾首容易导致老人病倒在床。

所以，必须优先考虑资金流动性，才能便于应对各种突发状况，包括市场和身体两个方面。在这里，主要是做到两点：(1)投资理财期限不能太长，尤其是对那些只能"存本取息"的产品要特别警惕。如果什么情况下都不能取回本金，实际上就相当于把本金拱手相送了。(2)适当提高短期理财产品比重。这里的短期是指以"季度"为单位，如投资期限在 3 个月、6 个月、9 个月、12 个月，最长不超过两年。

（三）分散投资

不同的投资理财产品各有其不同特点，哪怕是特别看好的某个品种，也会潜伏着你所不了解的风险或缺点。

所以，分散投资与集中投资相比，虽然无法取得最佳投资收益，却能从整体上降低投资风险。而降低风险，正是老年人理财的重中之重。

二、"三不要"原则

（一）不要轻信高收益

按理说，选择投资产品的主要依据就是收益率，但这一点不怎么适合老年人。道理很简单，高收益的背后往往潜伏着高风险。高收益的相当部分是由高风险带来的,这种高风险会超过多数老年人的承受能力。即便是那些承受力强的,在尝试这种高收益、高风险产品时也要严格控制仓位,建议把比例控制在金融资产10%的范围内较好。

怎么来判断收益率是不是"太高"了呢？不同的人,在不同的时期,面对不同的理财产品,判断标准是不同的。

例如,同样是10%的年收益率,有人会觉得高,有人会嫌低(因为每个人的预期不同);放在CPI高达24.1%的1994年,显然是太低了,而放在CPI只有0.2%的2023年就算是很高的了(因为抵御通货膨胀的能力不同);放在2024年的背景下,如果是银行储蓄或理财产品,年收益率10%就太高了,而如果是股市和期货市场,那就不能算高(因为不同产品的投资风险不同)。

2024年的建议参考标准是:低风险理财(如银行储蓄)的年收益率超过4%,中风险理财(如银行理财)超过6%~8%,高风险理财(如股市、基金)超过10%,就算是高收益率产品了。

放在历史长河中看,也就是不论何时、何地、何品种,对个人来说,年收益率7%算是合格,10%~12%正常(相当于实际通货膨胀率),15%以上为高收益率(全球一流企业的长期利润率在15%左右)。当年化持有收益率达到20%及以上时,要考虑是否止盈。

(二)不要贪小便宜

很多人有贪小便宜的心理,哪怕是占一点点的小便宜也会津津乐道。"吃人家的吃出汗来,被人吃的急出汗来。"

许多投资理财骗局就是针对这一人性弱点设计的。最常见的是打着"免费""赠品""促销"的名义吸引老年人参与,仅仅是去一趟,坐一会儿,或者听一次所谓的讲座,就能拿到几只鸡蛋或一些小恩小惠,看上去是占便宜了,殊不知经过这样一次洗脑,你的认知定位已经下降不少,更容易落入别人的圈套,总有一天要落得个"贪小利,屙大利"的结局——你贪他的利息,他贪你的本金。

这里插播一个小故事,来看看小礼品的障眼法。

2018年春天,河南鹤壁82岁的老魏,每天路过菜场时总会看到一家新开的店在发传单,免费赠送鸡蛋、挂面、酱油等小礼品,便进去看了看。该公司销售的是"新型麦苗",据说制成饮品和饼干后具有强大的养生、抗癌、减肥功效,种在阳台上就能投资、获利、赚外快。老魏做了一辈子农民,岂会不了解麦苗?但在小恩小惠的诱惑下,轻易地就信了对方。根据骗子所说,每盆麦苗交3 000元保证金,便能每月拿到100元劳务费。不料没过几个月,该公司就人去楼空。侦破得知,当地共有30多人合计被骗30多万元,年龄最小的66岁,最大的86岁,都是没有收入来源的老实巴交的农民。[1]

(三)不要去碰陌生产品

现在市场上的投资理财产品很多,五花八门,不要说老年人,就连专家、行家有时也看不出任何破绽来。此外,还有大量的假冒理财产品在"空筲箕淘米"。最典型的是有些投资理财群,群里只有你一个"冤大头",其他都是"托";而这些所谓的理财产品,很可能是子虚乌有,就专门等着"愿者上钩"呢!

要知道:骗子一定比你狡猾,才会把你的弱点捏得死死的。在这里,请重温一下本书"第1课"投资的经典定义。如果无法进行"详尽的分析",无法做到"本金安全和满意回报有保证";或者,虽然对某个理财产品感到特别心仪,但最多只能算是似懂非懂,那就一定不要去碰。否则,会"死"得很快,"死"得很难堪。

---

[1] 邵可强:《这种"新型麦苗"能"抗癌"? 一盆3000元,你信不信?》,《大河报》,2020年10月22日。

第 8 课

家庭资产配置

> 具体介绍六种国内外先进的家庭资产配置法，根据国情和老年人家庭特点加以完善，目的是在风险可控的前提下，科学、合理地进行利益最大化的资产布局。

所谓家庭资产配置，是指把全家现有的现金和未来的现金流，在符合自身条件的基础上，科学、合理地去进行利益最大化的分配布局。

首先强调两点：(1)本书开头已明确指出，这里的家庭资产是指金融资产；(2)家庭资产配置一定会因人而异。

但这样说，没有也不会降低以下介绍的这些资产配置方案的权威性和参考价值，因为它们都是一再被实践证明了的科学的方法。

第一节　4321 象限图法

全球信用评级最高的金融分析机构美国标准普尔公司，在研究了全球 10 万个资产稳健增长家庭的理财方式后，总结出了一张"标准普尔家庭资产配置建议象限图",简称"4321象限图法"。

由于国情不同,本书对照介绍中外两种不同的4321象限图法。

一、美国标准普尔象限图

标准普尔公司的4321法,把家庭资产分为Ⅰ、Ⅱ、Ⅲ、Ⅳ四个象限[①],分别建立不同的对应账户(见图8—1)。该理论认为,一个家庭如果拥有这四个账户,就能确保家庭资产的长期、持续、稳健增长。

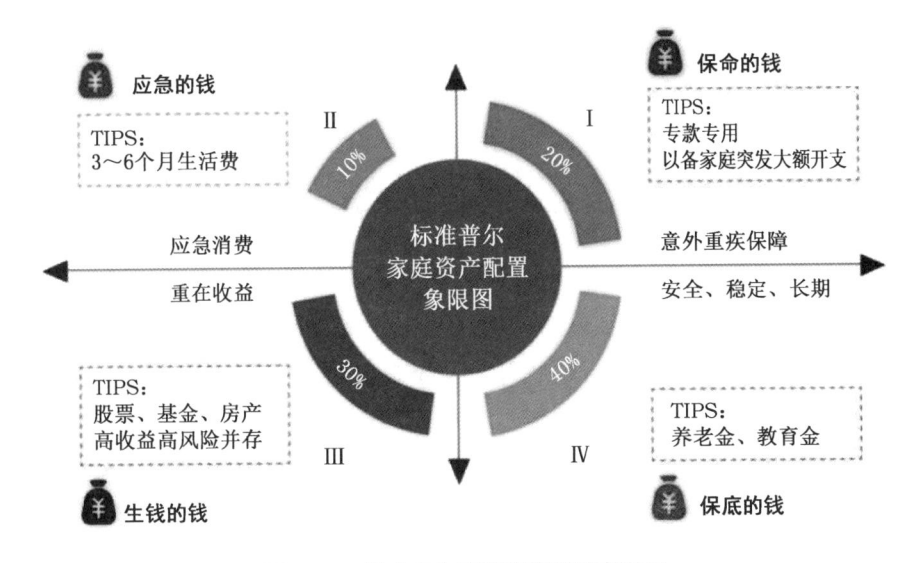

图8—1 标准普尔家庭资产配置象限图

标准普尔公司的4321法,是全球公认的最适合多数家庭的资产配置方式,也是指导家庭财富长期稳健增长的法宝。它具有以下三大优点:(1)平衡风险和收益。通过合理分配各类资产,在满足风险偏好和收益目标的同时,避免过度依赖单一资产管理而导致损失或错失机会。(2)适应不同的人生阶段和理财需求。在上述配置比例的基础上,老年人家庭可大幅度提高第Ⅰ象限"保命的钱"和第Ⅱ象限"急用的钱",提升生活质量,

---

① 象限意为1/4圆等分,创立人是法国哲学家、数学家、物理学家、神学家勒内·笛卡尔,他被誉为"近代哲学之父""解析几何之父""近代科学始祖"。

增强安全感。(3)提高财富管理效率。通过明确各类账户的功能和目标,有助于避免盲目投资和跟风投资;同时,也便于定期检查和调整资产配置,优化财富使用结构和增长路径。

现将这四个账户逐一介绍如下。

(一)第Ⅰ象限"保命的钱"

右上的第Ⅰ象限,通常用来安排重要而又紧迫的事。

在家庭资产配置中,这个账户专门安排"保命的钱",即应急支出。没什么比生命和健康更重要的了,"留得青山在,不怕没柴烧"。所以,主要是用来应对突发重病、意外身故等,避免一夜返贫。

该账户资金可占家庭资产比重的20%,要求专款专用,以确保突发事件降临时有钱可用。平时并不需要占用太多的资金,好像也看不到在起什么作用,但关键时刻能挺身而出给予保障,就不用因为急需用钱而去卖血卖房、割肉卖股票或四处借钱了,起到的是"杠杆"作用,所以也称"杠杆账户"或"保险杠杆账户"。

该账户的常用工具当然是保险,因为只有保险能担此重任。

(二)第Ⅱ象限"应急的钱"

左上的第Ⅱ象限,通常用来安排重要而不紧迫的事。

在家庭资产配置中,这个账户安排的是"应急的钱",也称"现金支出账户"。既然名为"应急",就说明它很重要,需要用到它时不能没有;但似乎又不怎么紧迫,因为根本不知道什么时候要用到它,也许一辈子都用不上(例如,生活中的突发事件、职场上的突然失业等)。

该账户的金额可相当于全家3~6个月的生活费标准,比例可占家庭资产比重的10%,积少成多、额满封顶。

该账户的常用工具有微信、支付宝、活期储蓄等。

(三)第Ⅲ象限"生钱的钱"

左下的第Ⅲ象限,通常用来安排紧迫但不重要的事。

在家庭资产配置中,这个账户主要安排"生钱的钱",即通常所说的投资项目,也称"风险投资账户"。这部分比重可占30%。

正如本书第1课所说,投资并非人人必需,因此,这部分资金的运用方式和业绩取决于自身智慧和能力。如果想要在这方面有所作为,就必须不断学习投资理财知识,至少要对常见金融产品有足够的认知。

与此同时,可在一定程度上以过去的业绩做参考。如果过去赚多亏少,可继续保持,并更上一层楼;如果亏多赚少,那还是算了吧,至少也应降低比重。但无论如何,因为设立这个账户的目的本身是在用高风险谋求高回报,所以**在心态上,要赚得起也亏得起;资金上,哪怕这个账户的钱亏光了也不至于会影响家庭正常生活**,更不可能造成"致命性"打击,控制在这个仓位才合理。

该账户的常用工具有股票、基金、房产投资、办厂开店等。

(四)第Ⅳ象限"保底的钱"

右下的第Ⅳ象限,通常用来安排不紧急也不重要的事。

首先要明确,不紧急并非就不用办,不重要并非就不需要。

在家庭资产配置中,这个账户包括老人的养老金、小孩的教育金、留给子女的钱等,也称"长期理财账户"(有些人年轻时风光无限,年老时却穷困潦倒,很可能就是缺少这个账户)。要知道,老人会变老,小孩会长大,儿女成家后要用钱的地方也很多。这一部分钱未来一定会用到,所以需要提前准备起来,在家庭资产配置中的比重可占40%。

对该账户的要求是:(1)专款专用。不能随意支取,也不能被挪用于买房、买车、装修等。(2)保底升值。因为这是为"一老一小"服务的保底的钱,保的是底,所以要主打防守和稳健,必须在确保本金安全的基础上,再去考虑收益。千万不要本末倒置,因为受到某种诱惑就去追求高收益而轻易冒险。(3)注重长期积累、积少成多、聚沙成塔。

该账户的常用工具有定期储蓄、债券、理财类保险、信托等。

二、中国老年家庭理财象限图

标准普尔4321法的研究对象是国外的10万个家庭。由于我国国情不同,尤其是在人口老龄化、独生子女政策、社会医疗养老保障方面存在巨大差异,所以,本书针对我国老年人家庭,尝试改进并补充说明如下(见图 8—2)。

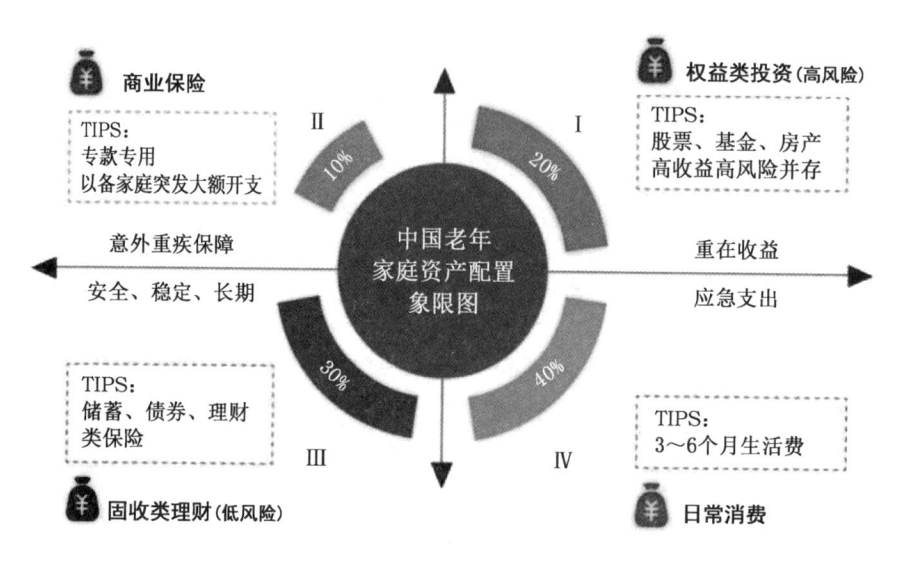

图 8—2 中国老年家庭资产配置象限图

(一)第Ⅰ象限调整后的说明

第Ⅰ象限安排股票、基金等权益类投资账户。

现实中最大的问题是,纪律观念淡薄。例如,第一年炒股可能还会将本金老老实实地控制在 20%,但一旦大赚一笔或套得很深,第二年就可能会忘乎所以地追加投入,把比例提高到 40%、80% 甚至 100%,将投资风险抛到九霄云外,酿成大错。

这里提到的投资账户比例 20%,实际上,投资界还有一个"80 法则"可供参考。意思是说,老年人在股票和股票型基金上的资产比例不要超过"80 岁一年龄"。例如,如果你今年是 72 岁,有金融资产 50 万元,那么,用于投资股票和股票型基金的额度要控制在:50 万元×(80-72)% =4 万元。否则,就超出了多数同龄人的风险承受能力,既不利于财务健康,也不利于身心健康。

第8课 家庭资产配置

(二) 第Ⅱ象限调整后的说明

第Ⅱ象限安排保险账户。

现实中最大的问题是,许多家庭不但没买保险,甚至对此有抗拒心理,不是认为自己不会"如此倒霉",就是认为保险都是"骗人的",离10%的比例还差得很远。这说明两点:(1)我国的商业保险环境确实存在一些问题,突出地表现为交钱给他容易、真正需要理赔时会千难万难。(2)保险产品结构不合理,受欢迎的品种实在太少。即使如此,依然无法否认商业保险的作用,只能说市场尚未真正发育起来。

在我国,目前高净值人群(家庭净资产600万元以上)对保险的认可度和实施率最高。2022年12月15日中信保诚人寿与胡润研究院联合发布的《2022中国高净值人群家族传承报告》表明,家庭净资产3 000万元以上的人群及企业主,对保险的认可度分别高达58%和53%,实施率分别高达52%和46%。其中,63%选择的终身寿险缴费期长达20年,近50%的家庭保额为年收入的5倍。在他们看来,保险与其他传承工具(法定继承、遗嘱、信托、赠与等)相比,突出优势在于税负低(42%)、保密(41%)和债务风险防范(36%),所以很有必要。

(三) 第Ⅲ象限调整后的说明

第Ⅲ象限安排储蓄、债券类等低风险理财账户。

现实中最大的问题是,设置该账户的目的本来是保持一定比例的资金流动性,但无奈国人主观上偏爱储蓄,客观上投资理财知识储备不够,社会上也缺乏好的投资渠道,所以,绝大多数情况下这个账户比例过高,有必要进行适当压缩。

(四) 第Ⅳ象限调整后的说明

第Ⅳ象限安排日常消费的应急支出账户。

现实中最大的问题是,多数家庭该账户不是太大就是太小,原因除了家庭经济状况不同,最突出的是,相当部分家庭有经营活动如开店、办厂、电子商务等,按照法律的要求,这时应当将两种不同性质的资产相切割;

但事实上,绝大多数家庭反其道而行之,故意混淆在一起。原因主要有两个:(1)"创业"本是穷人的事(富人管它叫"投资"),资金不足,难以做到"买盐的钱不能拿去打酱油"。(2)不知如此这般的风险所在,结果往往造成"一损俱损"。

因此,建议家庭成员的个人资产一定要与从事经营的企业资产严格分开,如不能用于担保抵债、不能承担无限责任等,避免一旦企业出现经营不善,连累家庭资产也灰飞烟灭。

第二节 1/6 理财法和 1/5 理财法

一、1/6 理财法

美国潜能训练公司董事长、超级大富豪哈维·艾克在他的著作《有钱人和你想的不一样》中认为,每个人心里都有一张"金钱蓝图",如果不修改这张蓝图,即使赚了大钱,这钱也不会留在身边太久。书中总结出了有钱人采用的"6 个账户理财法",或称"1/6 理财法"。

1/6 理财法的原理是:当你每个月领到工资或退休金后,都首先把它分成 6 份,分别按以下比例配置到 6 个不同的账户里去。这样做的好处是:不但兼顾到了聚焦生活、突出重点、量入为出三大方面,而且简便易行,非常人性化;不用天天记账,也能知道钱的去向。

(一)生活支出账户 50%

这笔钱专供平时日常生活开销之用。

(二)财务自由账户 10%

这笔钱只能用来进行投资或创造被动收入,直到退休时才能取出其中的盈利,但依然要保留本金用于投资理财。

(三)长期储蓄账户 10%

这笔钱专门用于长期的大额支出,如买房、买车、结婚、装修等。

(四)教育账户 10%

这笔钱专门用于学习知识、增强技能,给头脑"充电"。

(五)娱乐账户 10%

这笔钱要求每个月都花光,用来奖励自己的努力。当你在满足兴趣爱好、旅游度假,或者去进行平时不怎么做的娱乐活动并感觉很爽时,一定会有一种小小的心理罪恶感,从而激发你更有动力地去工作与生活。

(六)捐赠账户 10%

这笔钱专门用于捐赠、慈善事业,国人俗称"爱心基金"。我认为,我国目前更能普遍接受并简便易行的方式,前者可以是请客吃饭、朋友交际、联络感情;后者可以是购买体彩、福彩,客观上做慈善,主观上说不定也真的能发一笔意外之财。

艾克认为,上面 6 个账户的比例分配,能够让你思考生活的"需要"和"必需",是迈向富人思考的第一步,即"生活中绝对没有不必要的浪费"。一些富豪有时候看起来很小气,有时候用起钱来却很豪气,为什么?或许就是他们 6 个账户的余额不同。

需要提醒的是,每个家庭的情况不同,各账户的分配比例完全可以也应该进行调整,只是强调每个账户之间的钱不能挪用。如果某个账户的钱真的不够用了,明年重新调整各账户分配比例就行。

二、1/5 理财法

1/5 理财法是一种更加简单又不乏实用的家庭资产配置法——首先将家庭资产分成五等份去进行配置,然后再根据实际情况来调整比例。这样做是基于不同理财产品有其各自的优缺点,所以,当老年人完全不知道自己该怎么理财时,就可以考虑将家庭资产分成以下五个账户:

(一)现金账户

现金账户主要包括活期储蓄、微信中的零钱通、支付宝中的余额宝等。它们的共同特点是,用流动性锁住风险,优点是:(1)需要用钱时随时可取,灵活性强;不用钱时放在微信、支付宝中又可赚取相应利息。(2)利率也不低,一般会高于一年期储蓄利率。(3)账户额度,一般要保证全家3~6个月的生活费用;如果有房贷、车贷、民间借贷等还款需求,还需另外增加3~6个月的还贷额度。

(二)消费账户

消费账户主要是指信用卡。不是先存款、后消费的那种借记卡,而是具有透支功能的贷记卡或准贷记卡,区别是:贷记卡无须向银行交纳备用金,卡中余额不计利息,但可在规定的信用额度内享受最长60天的免息期;准贷记卡则要预先向银行交纳一定数量的备用金,如果支付时备用金不够,再在信用额度内透支,但没有免息期,并且透支利率要比一般银行贷款高得多。我们平时所说的信用卡,是指贷记卡。

本书认为,以信用卡为代表的透支账户主要适合年轻人,尤其是有工作收入的年轻人;并且建议,这些年轻人每人至少保留两张最有价值的信用卡,合计额度在10万元以上,以便遇到紧急情况时能够通过信用卡来解决短期融资。至于信用卡的透支取现额度,每家银行的规定不同,一般是信用额度的30%~100%,金额在3 000元至5万元不等。

生命周期理论认为,老年人的投资理财应以保守为主,所以**不建议老年人设立以信用卡为代表的消费账户**。

(三)保障账户

保障账户主要包括社会保险和商业保险,最大的特点是能起到"四两拨千斤"的作用。老年人退休后一般都有社会保险,城里多为职工医疗保险,农村多为居民医疗保险。但在我国现实条件下,这两种保障的水平都很低,保障范围相当有限(详见本书第11课"医疗保险选购")。

(四)风险账户

风险账户是指高风险投资账户,主要包括股票、基金、外汇、黄金、期货、收藏品、房产、股权、投资型保险等。它们的共同特点是,与政策红利和市场热点有关,运气好时会带来高额回报,甚至改变命运;运气不佳时会造成巨额的财产损失,甚至酿成个人和家庭悲剧。

所以,本书建议缺乏风险承受能力的老年人不碰为妙。并且,年龄越大,该账户在家庭资产配置中的比例应越小;如果年满 80 岁,就一律不要建立该账户了。

(五)安全账户

安全账户是指本金安全、投资回报有切实保障、风险很小或几乎没有、具有保值功能的资金账户,主要品种有银行储蓄、储蓄型保单、年金、固定收益类信托、房租收入、优质企业的优先股股权等。日常生活中,老年人在该账户里的钱越多,内心安全感会越强;缺点是,收益回报率不高。

以上五个账户之间的关系是,现金账户和消费账户都具有"创造现金"的功能。对老年人来说,去掉消费账户后实际上只剩下四个账户。这些账户都属于相同性质的金融产品,目的是有效进行资产配置,所以谈不上是遵守"不要把鸡蛋放在同一个篮子里"的原则(因为"不同篮子"实际上指的是"不同性质的金融产品")。

举例来说,20 万元金融资产,分成 5 份就是每份 4 万元。对老年人来说,去掉信用卡消费账户后,可以将这一份加到安全账户中去,这样一来就成了:现金账户(活期储蓄、微信、支付宝)4 万元,保障账户(保险)4 万元,风险账户(股票、基金)4 万元,安全账户(定期储蓄、储蓄型保单)8 万元。

容易发现,这种家庭资产配置方式既能获得较大收益,又可避免大的风险。当然,每个家庭的理财目标不一样,风险承受能力也不同,完全有必要在此基础上适当调整各品种的具体分配比例。

第三节　442 型和金字塔图

一、442 型家庭资产配置图

足球场上的常见阵型有 7 种,最常见的是 4+4+2 阵型。足球比赛每队共有11个队员,其中必须有1个守门员,所以全称是1＋4＋4＋2阵型。又因为传统的阵型表达方式是"后场—中场—前场",即用不同场区的人数来表示不同阵型,而守门员的位置特殊且固定,所以,平常在阵型表达上会直接从后卫球员算起,称为4＋4＋2阵型。

不用说,442型家庭资产配置图借鉴的正是足球场阵型原理(见图8－3)。为什么呢？因为4＋4＋2阵型自从1966年7月在英国世界杯国际足球赛上得到确认后,至今已流行近60年,依然进可攻、退可守,坚不可摧。

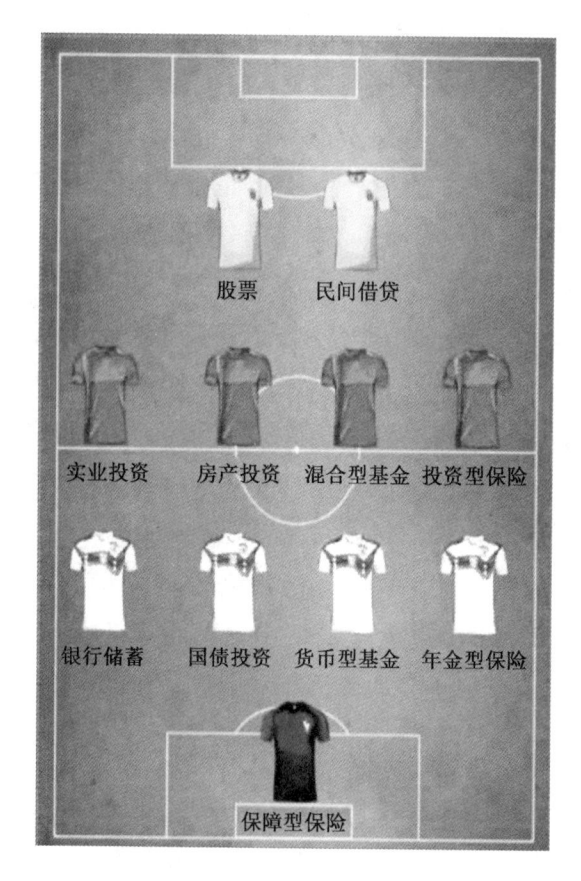

图8－3　442型家庭资产配置图

老年人家庭在进行资产配置时,借鉴这一阵型原理时,总的原则是:

随着年龄逐渐增大,配备在前锋、中锋、后卫、守门员上的投资比例要前轻后重。具体是:

(一)前锋

这里从进取性较强的投资工具如股票、期货、信托、民间借贷、收藏品投资等中,选择股票和民间借贷两项。其特点是:高收益伴随着高风险——股票投资需要花费大量的时间予以关注,操作得好,投资收益会很丰厚,风险主要体现在价格波动上,并且可能出现变现困难;民间借贷的利息收入比银行储蓄要高得多,借助于复利效应收益也会很可观,风险主要体现在借款人的信誉和还款实力。所以配置比例不宜过高,根据老年人家庭的实际情况,建议控制在10%~20%。

(二)中锋

这里选择进可攻退可守的投资工具,如实业投资、房产投资、混合型基金、投资型保险。其特点是:这些工具的风险、收益均为中等,具有一定的保值、增值功能。

(三)后卫

这里选择防御型理财工具银行储蓄、国债投资、货币型基金、年金型保险。其特点是:这些工具的投资风险较小;当然,收益也不高。主要目的是至少保住本金,保证未来的重要人生规划如老人养老、子女教育等经费得到保障。

(四)守门员

这里选择保障性保险,作为资产配置的最后一道防线。因为谁都避免不了衰老、疾病和意外,所以,决不能敞开后门任人攻击。

二、金字塔图家庭资产配置法

金字塔图家庭资产配置法,是从金字塔稳固的三角形结构上受到启发,按照不同的投资理财方式,将家庭资产分布在以下三个层次。

(一)基石层

基本职责是风险防范。主要功能是保障基本生活,这部分比例可占10%～30%,品种主要是银行储蓄、社会保障、商业保险三大部分,特点是流动性强、风险小、收益低。

(二)保值层

基本职责是家庭消费。主要功能是用于预防家庭财富贬值和对抗通货膨胀,这部分比例可占20%～90%,品种主要有企业债券、金融债券、各类基金、优先股等,特点是流动性低、风险中等、回报率一般。

(三)增值层

基本职责是风险投资。主要功能是追求更多财富以及高品质生活,这部分比例可占0～50%,品种主要有实业、股票、期货、外汇、房产、黄金、收藏品投资等,特点是回报率高、投资风险大。

如图8-4所示。

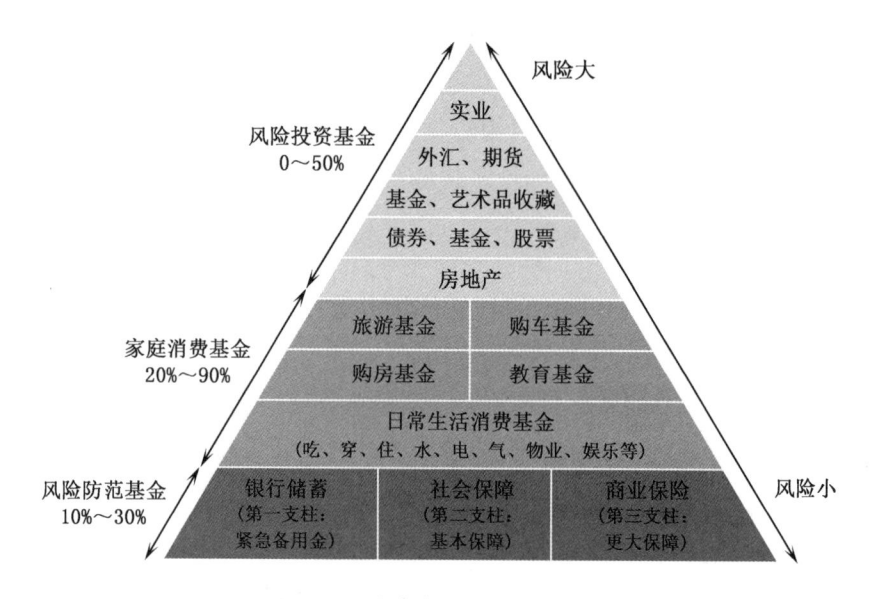

图8-4 家庭资产配置金字塔图

容易看出,金字塔图资产配置法的塔尖有多高、底边有多长,完全因人而异，与每个家庭的人员年龄、收入稳定性、财产规模、金融个性、风险偏好、预期投资年限、流动性需要、税务政策等因素有关。

总的原则是：如果外部环境处于经济上升期或高涨期，金字塔图结构可"上增下减"；相反，如果处于经济放缓期或低迷期，再加上家庭成员年龄增长，金字塔图结构可"上减下增"。

关于老年人的年龄，国家相关政策规定，原则上不得对70岁以上的老年人销售高风险金融产品。所以，**大体上可以80岁为界**——80岁以上的老年人对事物的判断标准会趋于模糊，因此建议80岁以上的老年人砍掉塔尖的增值层"风险投资基金"；80岁以下的老年人，越接近于80岁，塔尖的"风险投资基金"比例应越低。

第 9 课

养老规划制定

> 要想拥有独立、有尊严、有品质的晚年生活，就得构建"五个一"工程，即"一个老伴，一处老窝，一点老底，一批老友，一只老狗"。其核心是老窝和老底。

这里的养老规划，全称为退休养老规划，是指退休老人为保障拥有"独立、参与、照顾、自我充实、尊严"五原则[①]而制定的长远规划。

实施养老规划的目的，是维持良好的生活水准、健康的身体状态；规划项目包括财务规划、医疗保障等方面，重点是要远离财务困境。

那么，怎样才能做到这些呢？230多年前，被誉为"美国孔子"的本杰明·富兰克林形象地提出了"五个一"的说法。他认为，一个完整的人生，晚年要拥有这五样东西，才不会感到孤单和寂寞、才会有基本的生活质量——一个老伴，一处老窝，一点老底，一批老友，一只老狗（宠物）。

[①] 1991年12月16日，联合国大会通过《联合国老年人原则》，鼓励各国将上述五原则纳入本国方案；并将每年的10月1日定为"国际老人节"。

围绕投资理财,本章第二、第三节将专门讲讲"一处老窝"和"一点老底",这也是"五个一"中能够陪伴到最后的两个一。

第一节 养老规划的基本要求

一、养老规划的五大内容

养老规划的基本要求是,好好享受人生中唯一的"黄金年龄段"。

著名节目主持人白岩松说过:"人生百年,仅五个20年而已。第一个20年,1~20岁,求学为主;第二个20年,20~40岁,事业为主;第三个20年,40~60岁,是人生最为忙碌而艰难的时期,单位、家庭、老人、子女、社会、工作,无不需要兼顾。唯有第四个20年,60~80岁,才是无忧无虑、无牵无绊、享受人生的黄金时代。"[①]

这一年龄段的特点是:(1)人生已过最辛劳阶段,无须为升职或加薪奋力拼搏;(2)智力达到人生巅峰,面对突发事件更显从容不迫;(3)收入相对稳定,又没有太大的生活压力,可以做一些喜欢的事情;(4)体力尚佳,既可徜徉于山水之间,又能猎奇在市坊之中。

这一黄金年龄段是决定人生能否活得精彩的关键所在。为此,要做好以下五个方面的规划。

(一)养老金规划

养老金收入是保障老年生活的重要甚至唯一经济来源,它在很大程度上决定着老年生活的水准和品质。规划好养老金收入及其运用,不仅是为自己的养老做储备,同时也能协调、减轻子女的经济负担。

养老金收入来源,主要包括以下三个部分。

1. 退休金收入

衡量退休金水平的高低,除了每月领取多少钱的绝对数,更科学的标

[①] 《又出金句:60到80是最好的年龄!是你的黄金时代》,《齐鲁晚报》,2020年10月10日。

准是养老金替代率(与退休前工资收入水平相比)的相对数。

我国 2022 年的企业退休职工人均退休金为 3 107 元,养老金替代率仅有 40.3%。国际经验表明,替代率超过 80% 才能过上体面的退休生活,超过 70% 能基本维持退休前的生活,超过 60% 有望过上持续较好的生活,超过 50% 只能勉强维持基本生活,50% 以下(如果没有其他生活来源)则无法维持基本生活。1952 年,国际劳工组织制定的《社会保障最低标准公约(102 号)》(史称社保"国际宪法"),其中就将替代率警戒线定在 55%。我国的企业职工基本养老保险制度设计是,缴费满 35 年,目标替代率为 52%,实际比这要低得多。调查表明,我国退休老人普遍希望自己的替代率能在 75% 左右。

替代率 40.3% 是什么概念呢? 全球替代率低于 60% 的国家仅有 22%,40% 左右的只有 6 个,唯一低于 40% 的是西半球最穷的国家海地。[①]

退休金的高低,主要取决于三个因素:(1)缴纳养老保险的年限,年限越长退休金越高。(2)缴费金额档次,缴费档次越高退休金越高。(3)退休城市。这里是有筹划空间的,有条件的话,可在退休之前若干年将社保关系转至退休金水平较高的地区办理退休手续,这会抬高未来几十年的养老金收入水平。退休后在异地生活,什么都不影响。

2. 财产性净收入

部分老年人因为拥有资本、技术、管理等要素,所以每年能够获取相应的财产性净收入,如房屋出租收入,股票、基金投资收益,银行储蓄、国债利息,专利收入、版税收入等。

3. 经营性净收入/劳务性收入

从经营性净收入看,如果拥有企业、股权,就不会因为退休与否而影响其权益的获得(需要注意的是,任何经营都有风险,经营得好,收益会很丰厚;反之,则可能没有分红乃至造成损失)。

[①] 严行方:《教你看懂工资单》,北京:清华大学出版社 2017 年版,第 152 页。

从劳务性收入看,退休之后如果年龄不大、身体还好,又愿意找点事做,可以从事保安、环卫、保洁等岗位获取劳务性收入。如果拥有一技之长如咨询、策划、顾问等,收入会更可观。

(二)健康养老规划

健康养老规划主要包括三部分:(1)良好的生活习惯,如适量运动、均衡饮食、充足睡眠等。(2)健康卫生习惯,如定期体检、延缓衰老、及早发现并治疗慢性病、预防已有疾病的进一步恶化等。(3)购买商业保险,将经济风险转嫁给保险公司,从而减轻自身经济负担等。

(三)居住环境规划

人是环境的产物。居住环境与老年人的生活质量有莫大关系,这方面需要综合考虑经济、医疗、交通、购物、交友、探望子女等因素。

居住环境规划主要注意以下四点:

(1)善待自己,善待老伴。尽最大努力争取老伴更长久的陪伴,在老去的路上不孤独。

(2)树高千尺,叶落归根。人到晚年常常会念叨以往的经历,退休后是否要考虑回故乡养老?重新回归过去熟悉的环境和民风民俗,既有助于身心健康,也会降低生活成本。

(3)选择移民宜居之地。换种活法,无论是对吸收新鲜知识、焕发生命能量还是治疗慢性病都会有很大的帮助。

(4)居家养老或社区养老。这是绝大多数人的选择。出现行动不便后,可通过购买养老服务如钟点工、护工、在社区助老食堂就餐等创造生活便利。但目前的养老服务现状是:"独生子女顾不上,放心保姆很难找,护理人员流动大,专业护工数量少",即使花钱也难以如愿。未来的必然趋势是:大量采用智能养老设备、智慧养老服务。

(四)兴趣爱好和社交规划

人到老年,有大把的时间去发展兴趣爱好,拓宽社交圈子。抚今追昔,既可以排遣无聊和孤独,还能丰富精神生活。

这方面可做的事情有很多,如养花、种草、唱歌、跳舞、书法、绘画、摄影、旅游、打牌、下棋、写回忆录,参加各种社团和志愿者活动,线下结交新朋友(如参加老年大学学习)、网上参加朋友圈(如加入各种微信群)等。

总之,怎么开心怎么来。就像顺口溜所说的:"(退休前)高官不如高薪,(退休后)高寿不如高兴。"

(五)法律和财产规划

树老根多,人老事多,适当的法律依据和财产规划必不可少。

这方面主要涉及遗嘱问题、财产的继承和分配问题、医疗和养老问题,以免发生家庭财产和赡养服务纠纷。

具体到其中的每一项,如同样是财产继承,究竟是采取赠与、捐赠还是交易方式,最能维护自身权益、表达真实意愿、节约税收支出等,里面都大有文章可做。

二、单身老人的特殊养老

(一)"养儿防老"

单身老人尤其是到了行动不便时,现实背景下还得依靠子女。但要坚持两条原则:(1)自己的事尽量自己做,少麻烦他人。(2)公平。如果你有几个子女的话,彼此之间要尽量"一碗水端平"。

(二)不要拒绝"黄昏恋"

该来的爱情哪怕迟到也不会缺席。不过要注意的是,因为已经"夕阳下山"了,重组婚姻可能带来一系列的麻烦,所以不要盲目地结婚。

也就是说,不是不能结婚,但许多问题一定要考虑清楚,如双方养老、子女认可、房产归属、婚前财产公证、未来遗产继承问题等。

(三)一个人在世,孤独是难免的

要好好犒劳自己,享受这难得的孤独。但其前提是能行动自如;否则,就不要过于倔强,不要遗世独立、孤独终老。

（四）当家里穷得只剩下一套房子时

许多老年人并没有什么积蓄，简直可以用穷困潦倒来形容。虽说有套房子，可是又不敢卖，卖了住哪里呢；人死之后，房子只能留给子女。子女孝顺，房子留给他还心甘情愿，只是苦了晚年的自己；子女如果不孝，房子留给他根本就不是真实意愿，而不给他又能怎么办呢！

这时候，可考虑把房子卖了，将房款分成大小不等的三份：(1)一份分给子女。有钱给他们，都会说你的好。(2)一份用来在子女所在的小区或附近租房住。租房用不了太多的钱，剩下的余钱加上每月的退休金，供一个人生活、旅游休闲和看病之用应该绰绰有余。(3)一份作为备用金，既可用于投资理财，也可用于人情开销，还可以作为子女和孙辈今后来探望、照顾你的奖励。

这样安排的好处是：(1)个人生活独立。比在养老院里接地气，实际上属于家庭养老和社区养老的结合体。(2)子女照顾起来比较方便，又能避免住在一起容易产生的那些小矛盾。(3)经济独立。一般来说，足够衣食无忧了。如果子女工作忙，或者住一起过不惯，雇个保姆给自己烧个一日三餐，也够用了。(4)可避免"临终时身无分文、空有一套房子，不想留给子女，可是又不能不给"的郁闷心情。

第二节　金窝银窝，不如狗窝

俗话说，"(别人的)金窝银窝，不如(自家的)狗窝"。

人到老年，一定要有一处能够避寒挡雨的属于自己的家。这不但是指物质形态，真的有房子住；也是法律概念，就是房产证上要有你的名字。只有这样，才会有明确的归属感，心里才会感到踏实，才能确保没人能把你赶出去。请记住，**父母的家也许会永远是子女的家，但子女的家未必会永远是父母的家。**

当然，这并不是要你非得住在属于自己的那套房子里。但无论你在哪里养老，至少有张房产证上有你的名字，说话才会有底气。

这里插播一个小故事,来看看房产过早过户可能导致的后果。

上海浦东新区 86 岁的老金,几年前脑梗住院动手术后,儿子、儿媳不停地劝他将唯一的房产提前过户给孙子,免得以后有遗产税什么的太麻烦。尽管老伴一直在提示风险,但老金认为,这房子早晚都要给儿孙,所以私下签了一份名为买卖、实为赠与的假合同,约定产权归孙子,使用权属于老两口。为显诚意,儿子将新房产证交给了老金保管。老金术后爬楼不便,便将该房屋出租,用租金换租一处底层住房。

2023 年,儿子通知老金说,准备把房子卖掉,去买别墅。老金一听懵了,无论如何苦苦恳求,都无济于事。矛盾升级后,老两口拒绝交出房产证,但孙子又去补办了一张,并把租客赶了出去。老金得知租客已搬出,就赶紧住了回去。没想到,2024 年元旦过后门锁被换,儿子、儿媳手持房产证堵在门口,根本不让他们进屋。老金气得被送往医院抢救,老伴报警后在派出所里坐了一夜。之后,无家可归的老两口只能蜗居在招待所里,天天暗自流泪,身心受到巨大的伤害。[①]

一、没房的老人都想有个"家"

根据"有个老窝"的原则,老年人有套属于自己的住房,至少在某张房产证上"有名",是一种刚需。哪怕历经千辛万苦,也会这么做。

这里插播一个小故事,来看看中国老人在这方面的执着。

2023 年 10 月 14 日,河北涿州一位 75 岁的老太,在房屋中介全款买下一套 40 平方米的低楼层公寓,单价 4 500 元/平方米,总价 18 万元多,年末交房。据悉,这是一位十分豁达的独居

[①] 李晓明:《"房没了,家没了,亲情没了……"86 岁上海老伯房产过户孙子后,竟被赶出家门》,《新民晚报》,2024 年 1 月 20 日。

老人,儿子已"出家"多年。她的退休金虽然只有每月 4 000 元,但全部积攒下来以备购房。碰到灾难她会爽快地捐出 1 万元,日常开销一直靠捡卖废品维持,一日三餐吃饭店里的剩饭剩菜,独自租住在月租 100 元的老旧胡同里,从来不用手机。

消息传出后,舆论一致认为这是一位"前卫"的老太。殊不知,这更是一种无奈,原因是:(1)中国的老人普遍认为"房子和家"是同一概念,年纪越大,这种观念越强。你哪怕长期住在豪华酒店里,也只能称为"客"(旅客、房客、过客),酒店不是家。在这位老太心里,她想拥有的不仅是"房子",更是"家"。(2)别扯外国人喜欢租房的事。在我国,老年人几乎没有租房的概念,即使有,也很难实现。一是我国的住房结构对老年人并不友好,如有台阶、无电梯等,否则也不用大力推行"适老化"改造了。二是老年人身体机能下降,许多房东担心老人会摔倒、发病,尤其是担心一旦在房子里去世,会严重影响房屋的市场价值,所以只肯租给 40 岁以下的房客。三是真正能够承受每月几千元租金的老人并不多,即使有,他也更愿意用于买房而不是租房,因为买房更能维护自己在家庭中的尊严和存在感。[1]

调查表明,老年人购房群体比重约占 10%,其中主要是同城改善型购房,如从老旧小区换到有电梯、安静、离医院和菜场近的地段;至于房价,则有高有低,视各人经济状况而定。只有极少数人(约占购房群体比重的 1%),会专门去异地旅游城市买房养老。

需要注意的是,**老年人购房不宜选择楼层过高、设计复杂的户型,更不该背上沉重的还贷负担。**

顺便插一句,如果你买到烂尾楼,还要不要继续供房贷?最高人民法院 2020 年 12 月 3 日发布的《民事判决书(〈2019〉最高法民再 245 号)》的终审判例是:烂尾楼风险不应全由购房者承担——因为开发商烂尾导致房屋无法交付,致使预售合同、借款合同、抵押合同解除的,应由开发商将

---

[1] 曾思怡:《七旬老太全款买房背后:老人可租房源有限,多数认为"养老不如买房"》,《时代周报》,2023 年 10 月 19 日。

收取的购房贷款本金及利息返还担保权人(贷款银行)和买受人(购房者),买受人不负有返还义务。①

二、以房养老及其利弊

以房养老是最近10年来的热点话题。但是,因为云层中的"含水量"太少,所以只是一种"光打雷,不下雨"的干咳。

(一)以防养老的概念和形式

狭义的以房养老,称为"倒按揭"或"住房反向抵押贷款",是指老年人将自己的产权住房抵押出去,定期取得一定数额的养老金;产权人去世后,该房产归抵押权人处理,处置所得优先偿付相关费用,剩余部分依然归法定继承人所有。通俗地说就是,"你留下房子,我为你养老"。

在我国,全国性的以房养老政策最早出现在2013年9月6日国务院印发的《关于加快发展养老服务业的若干意见》中,明确提出要"开展老年人住房反向抵押养老保险试点"。容易看出,这里指的就是狭义的以房养老。自古以来,民间的养儿防老实际上也是以房养老——子女赡养老人,老人去世后房产归子女继承。

广义的以房养老目前至少有30种形式,表9－1中列示的是最常见的7种;而狭义的以房养老,仅指最典型也是最复杂的最后一种。

表9－1　　　　　　以房养老的主要形式及其比较

形式	性质	内　　容	特　点
1	家庭养老	子女养老,房产由子女继承	取决于子女的孝心和孝行
2	自助型养老	抚养人养老,房产由抚养人继承	交易成本高,具有诸多不确定性
3		租出大房、换住小房,用房租差价养老	
4		售出大房、换购小房,用房款差价养老	
5		出租或出售房产,改住老年公寓,用租金或售房款养老	
6		出售住房,再租入原住房,用售房款交纳房租和养老	

---

① 《最高法判决:烂尾楼的风险不应全由购房者承担(案例版)》,《经理人》,2022年7月。

续表

形式	性质	内　容	特　点
7	倒按揭	将房屋抵押给有资质的银行、保险公司等,每月领取贷款用于养老。产权人继续居住,去世后用该住房归还贷款	社会机构提供养老服务,相对规范、便捷

(二)我国以房养老的现状

现在 10 多年过去了,倒按揭在我国应者寥寥,主要原因如下:

1. 观念

房子是国人心目中最大的家业,有子女的老人把房子拱手让给"外人"而非子女,会被人戳脊梁骨。事实上,倒按揭在国外也是小众市场。

2. 估值

房产市场价格波动太大,双方连眼下的房价都无法谈妥,就更别提未来的估值了。

3. 产权

能够用于抵押的住房必须拥有完全产权,并且是独立空间。

4. 家境

家境好的老人用不着以房养老,条件差的不是无房可抵就是房屋价值太低,可谓高不成、低不就。一般来说,地段好、房价上涨快的住房才能既增值又容易变现,从而被银行、保险机构看中。

5. 身份

最适合倒按揭的对象具有以下共同特征:城市居民,收入不高,拥有独立产权,没有直接继承人。而最后一条会困住许多人。

6. 现实问题

没有直接继承人的老年人,如何才能保障其合法权益,而不是任人欺凌,目前并不乐观。老年人最担心的是"鸡飞蛋打":一旦签订协议就会失去房产所有权,钱拿不到,房也没了。

7. 诈骗陷阱

总有不法分子打着"以房养老"的旗号,诱骗老年人抵押房产,去购买所谓的"理财产品"。而他们一旦跑路,老年人不仅无法收回本金,还会面临房产被强制拍卖的风险,吃亏的总是老年人。

这里插播一个小故事,来看看一则著名的以房养老案例。

这是目前为止全球最长寿纪录的保持者[①]詹妮·路易·卡门,法国女性。出生证书证明,她1875年2月21日出生,身高1.50米,体重45千克,生性幽默,从不大喜大悲。她生于长寿世家,父亲去世时88岁,母亲去世时86岁(当时法国人的平均预期寿命是50岁),所以她在世时就有信心打破当时的吉尼斯世界长寿纪录(120岁)。她1934年失去独生女,1942年失去丈夫,1963年失去独生孙子,成为孤寡老人。

1965年她90岁时,一位47岁的律师主动与她签订了一份以房养老协议,律师每月付给她500美元的生活费,直至终老;她死后公寓(当时价值9.4万美元)归律师合法继承。

对律师来说,这是一笔很合算的买卖。毕竟90岁的人了,还能活几天呢?然而没想到的是,他遇到的是一位世界长寿冠军——当这位律师30年后去世时,这位老太太还活得好好的,而这时的赡养费已累计高达18万美元;没办法,只好由律师的妻子继续赡养她。

卡门的经历相当丰富:25岁时目睹法国埃菲尔铁塔完工,65岁退休,85岁时学击剑,100岁时还在骑自行车,110岁时从公寓搬进养老院,117岁戒烟。她一生送走了17位法国总统,目

[①] 虽然现代人的寿命理论值可达150岁,历史上记载的长寿老人也不少见,但即使有死亡证明,也拿不出出生证明来,因而存疑。

在国外,最长寿的记载是犹太《圣经·创世记》中神的儿子玛土撒拉,活了969岁;可是《创世记》中又说,上帝规定人的最高寿命只能是120岁,这就自相矛盾了。

在我国,剔除夭折和战争因素,古代正常人的寿命并不短。但最长寿的记载是钱铿,中华人文始祖黄帝的第8代传人,据说活到803岁(一说当时的纪元以60天为一年,相当于现在的132岁)。钱铿擅长食疗养生,尧帝在位时领导各部落治水,积劳成疾、奄奄一息,钱铿炖了木果籽野鸡汤给他喝,身体很快就恢复了。为表感恩,尧帝把彭城(今江苏徐州)赐封给他。钱铿以封地为姓氏,创建大彭国,后世称他为"彭祖"。过生日吃长寿面的习俗,就与彭祖有关。

睹苏联的诞生和解体,经历过两次世界大战,甚至还知道香港回归。她 121 岁时双目失明,但精神饱满、头脑清晰,依然在音乐背景下回忆往事,灌制了一张名为"时间主妇"的唱片。1997 年 8 月 4 日,卡门在养老院去世,享年 122 岁 164 天。[1]

第三节　爹有娘有,不如自有

俗话说,"爹有娘有,不如自己有;两口子有,还隔着只手""爹有娘有,不如自己有;父亲母亲,不及钱财亲"。

这显然是对年轻人而言的。对老年人来说,把这里的"爹""娘"改成"儿""女"同样成立。意思是:一个人手里一定要有点真正属于自己、可以随意支配的积蓄;不到最后断气时,老底不能随便交出去。

一、为什么身边必须有点钱

(一)维护尊严和地位的需要

"老、幼、病、残"作为弱势群体,在各国都会受到特别照顾和保护。《中华人民共和国刑法》第 261 条规定:"对于年老、年幼、患病或者其他没有独立生活能力的人,负有扶养[2]义务而拒绝扶养,情节恶劣的,处五年以下有期徒刑、拘役或者管制。"

退休金不高、身边又没几个钱的老人,很可能不但会遭旁人鄙视,而

---

[1] 严行方:《每天学点长寿经》,北京:清华大学出版社 2015 年版,第 5 页。
[2] 赡养、抚养、扶养之间的关系:
赡养的着重点在于丰富满足,特指对长辈的经济供养、生活照料和精神慰藉。赡养期限一般至老人去世为止。
抚养的着重点在于抚育教养,特指对晚辈(主要是未成年人)的教育和保护。抚养期限一般至成年或具有独立生活能力为止。广义的抚养包括赡养。
扶养的着重点在于扶助照顾,特指对平辈(主要是亲属如夫妻双方兄弟姐妹等中的弱者)的经济供养和生活扶助,但需具备以下条件:(1)未成年,或不能独立生活;(2)一起生活;(3)内容包括物质、精神、生活上的照料和管护。扶养期限一般不少于三年。广义的扶养包括赡养、抚养。

且会被家人嫌弃、当作累赘。

这里插播一个小故事,来看看身边没钱的老人是如何的凄凉。

2008年,武汉大学教师刘燕舞率领40名师生在湖北、山东等11个省调查老年人非正常死亡现象时发现,农村老人的自杀现象"已经严重到触目惊心的地步",于是他开展了为时6年的后续调查。

刘燕舞举例说,在湖北某县,老年人自杀在当地被当作一件"十分正常甚至合理"的事,许多人向他反映"我们这里就没有老年人正常死亡的"。为什么呢?重要原因之一就是"经济价值"。不少人是这样算账的:"假如花3万元治好病,老人能活10年,一年做农活收入3 000元,那治病就是划算的;要是活个七八年,也不太亏本;但要是治好病也活不了几年,就不值得去治。"而老年人自己也认可这种"算法",自杀老人中年龄70岁以上的超过60%,他们因为不能赚钱了,所以"不想变成子女的累赘"。① 相反,试想,香港首富李嘉诚就永远不用担心会因为年纪大而受人歧视,或被人当作包袱。

这种扭曲的价值观对老年人极不公平。老年人已经为社会和家庭贡献了一切,尤其是20世纪20—40年代出生的人,历经战乱、饥荒、短缺经济,过去严重营养不良,极度操劳、受尽磨难,现在则是普遍带病生存,患有三四种疾病最普遍不过。可是,等到年老体衰了就被当作累赘,把人当作"一般经济动物"来看待,这种典型的"卸磨杀驴"思维,与现代社会文明格格不入。

作为老年人来说,既然退休后收入增量上不去了,那么努力维持存量就成为一种必需,是应对功利社会的必然选择,否则前景凄凉。正如俗话所说,"如果手上没有一把米,唤鸡都不来"。

---

① 宣金学:《农村老人自杀的平静与惨烈》,《中国青年报》,2014年7月30日。

(二)自有自便当

在货币的五大职能中,之二是"流通手段",即俗话所说的"有钱可以买甜的、咸的吃",并且是想什么时候买就可以什么时候买。如果手头没点钱,购买力上失去自主权,就再也无法如此任性了。

老年人大多以节俭为美德。可是,如果节俭过了头,就会"捡了芝麻,丢了西瓜",为省下的小钱买更大的单。所以,对"省"要辩证地看,该省则省,不该省的坚决不省;"省"也并非专指节衣缩食,更重要的是要把钱用在刀刃上,提高性价比。

这里插播一个小故事,来看看省钱和用钱该怎么算账。

上海有位退休女教师桑老师,住院时女儿每天都会带几只猕猴桃来给她补补营养,而且是那种果肉呈黄色的金果猕猴桃。桑老师嫌贵,说,吃其他水果不也一样有维生素C吗?女儿给她算了笔账:每天住在这里的费用至少可以买100只猕猴桃,省这个钱干嘛呢!桑老师惊讶之余想了想,像她这样"当花不花"的老年人确实有不少。

例如,人老了腿脚不便,但出门总是首选公交,偶尔打车就会心疼得要命。从来没想过,万一有个闪失,叫个急救车起步费就是150元,足够坐15次出租车的了(起步价)。

人老了腿脚不便,需要有双跟脚的鞋。万一摔了一跤断了股骨,安个进口钢板要好几万元,想想够买多少双高档鞋子了?

人老了胃口不好,家里有剩菜剩饭总是舍不得倒掉,第二天热热再吃。吃坏了上吐下泻去医院,受折磨不说,光是医药费和交通费加起来不知道就够买多少新鲜肉菜的了。

人老了抵抗力差,空调却一定要等儿女下班回家后才舍得开,热出病来、冷出病来的并不少见。留院观察或住院治疗,必须有儿女请假陪着。原本不想麻烦儿女的,现在倒好,省了几块钱空调费,却害得儿女要扣好几天的工资和奖金。[①]

所有这些,错就错在因小失大。老年人活了大半辈子,接下来怎么过,应该想明白了,该省则省,不该省的坚决不省。

请一定记住这样几句话:"有权不要狠,有才不要蠢;有钱不要省,有情不要冷;有病不要忍,有福不要等。"健康生活每一天,快乐才是硬道理——如果你对自己的健康一毛不拔,医院会帮你拔得一毛不剩;人不会把钱带进棺材,但省钱却可能把人带进棺材;不怕待遇低,就怕命归西,不怕退休金少,就怕走得比别人早。

二、抓住机会,少量配置风险资产

养老规划中的钱,一靠"省",二靠"赚"。

这里的"赚",不是要你七八十岁了还出去打工补贴家用,而是指可以通过学习投资理财,创造被动收入,提高回报率。

首先是理财,即先把家里的资产经营好,获得细水长流的收入,抵御通货膨胀;然后,在此基础上,将少量资产追求风险收益,争取抓住或至少能抓住一两次大的财富机会。抓住一两次机会,就不至于落伍;抓住两三次机会,就能跑赢大市。

(一)改革开放以来的暴富机会

我国自 1978 年实行"改革开放"政策以来的 45 年间,共出现 42 次全民财富机会,平均每年一次。但是,只有极少数"先知先觉"者及时抓住了机会,实现了个人富裕,甚至成为暴富一族。

平心而论,这些人的智商可能也不出众,但财商、胆商一定比常人高,并且在家庭资产配置中恰当安排了这部分资金,果断出手了。

这里插播一个小故事,来看看普通家庭如何"搭顺风车"。

上海市中心有位普通工人顾阿姨,一生勤俭持家,2003 年

[①] 桑胜月:《一天一百只猕猴桃》,《新民晚报》,2016 年 11 月 1 日。

第 9 课　养老规划制定

时有了 20 万元积蓄。别人看报纸喜欢看社会新闻,她则喜欢看各种广告。

有一次,她看到土地拍卖公告上说,规则是竞价拍卖、价高者得,马上就意识到房价要涨了。因为虽然地价这么高,但开发商总得还要赚钱吧,房价不涨他怎么赚呢(看看,这就是财商思维的体现)。

于是,她不顾家人反对,贷了点款,共投入 32 万元,买了一套三室二厅。2014 年孙子出生,儿媳妇说想换个学区房,于是 2015 年卖了 160 多万元,同时小夫妻俩又贷了 100 万元,换购了一套 260 多万元的房子。2023 年该房产市值已达 700 万元,相当于 20 年间涨了 4 倍,对普通百姓来说,这就算是准确地抓住了一次暴富机会。因为其他任何投资项目,都不可能高达一连 20 年复利率为 8.4%!

这 42 次全民财富机会依次是:

(1) 1979—1993 年的"价格双轨制"。

(2) 20 世纪 80 年代的"投机倒把""个体户"。

(3) 1985—1995 年的"乡镇企业"。

(4) 1988—1990 年的异地倒卖"国库券"。

(5) 90 年代初的"股票认购证"。

(6) 1990 年 12 月—1992 年 5 月的"股市牛市"。

(7) 1992 年 11 月—1993 年 2 月的"股市牛市"。

(8) 1992—1998 年的"期货交易"。

(9) 1994 年 8—9 月的"股市牛市"。

(10) 1995 年 5 月三个交易日的"股市牛市"。

(11) 1996 年 1 月—1997 年 5 月的"股市牛市"。

(12) 90 年代末的"国(国有产权交易出让)退民进"。

(13) 90 年代末到 2002 年的"风险投资"。

(14)1999年5月—2001年6月的"股市牛市"。

(15)2000—2002年的"互联网机遇"。

(16)2000—2005年的"WTO机遇"。

(17)2001年之后的"楼市上涨"。

(18)2003—2007年的"非流通股解禁"。

(19)2004—2008年的"开矿热"。

(20)2004年之后的"电子商务"。

(21)2005年5月—2007年10月的"股市牛市"。

(22)2008年全球金融危机下的"债券基金行情"。

(23)2008年11月—2009年7月的"股市牛市"。

(24)2008—2012年的"4万亿投资刺激计划"。

(25)2009年推出的"新浪微博"。

(26)2009—2010年的"农产品价格炒作"。

(27)2010年的"黄金投资"。

(28)2010年7月—2010年11月的"股市牛市"。

(29)2010—2013年的"海外代购"。

(30)2011年的"艺术品投资"。

(31)2011年之后的"跨境电商"。

(32)2012年推出的"微信公众号"。

(33)2013年之后"余额宝"等存款的高利息。

(34)2013—2014年的"比特币"。

(35)2014—2015年的"融资融券"。

(36)2014年7月—2015年6月的"股市牛市"。

(37)2015年微信朋友圈的"微商"。

(38)2016年上线的"抖音"。

(39)2016年开始的"大国博弈"。

(40)2017年的"第三方支付"。

(41)2018年之后的"预制菜"。

(42)2023年开始的"人工智能(AI)"。

(二)老年人熟悉的两大机会

俗话说,"三年不开张,开张吃三年"。这原本是指有些传统产业属于暴利行业,只要做成一笔稍大一点的生意,之后很长时间没有生意也不愁。这样的传统行业主要有三个,分别是珠宝、古董、当铺。

而在上面提到的财富机会中,简直可以放大10倍,用"三十年不开张,开张吃三十年"来形容。这样的投资渠道也主要有三个,分别是股市牛市、房价暴涨、市场重组。下面以前两个为例。

1. 股市牛市

在这42次机会中共出现12次,比例高达28.6%。其中的每一次牛市,都会让幸运者大赚一笔。

涨幅最大的一次出现在1990年12月至1992年5月,持续17个月,上证综合指数从96点上涨到1 429点,涨幅高达13.89倍,折算成年涨幅为5.73倍。开始时,因为只有8只股票,并且涨跌停板为1%(后来缩小为0.5%),所以经常出现8只股票同时涨停的奇观。1992年5月21日取消了仅有的15只股票的涨跌停板限制,并且实行"T+0"交易后,当天从前日收盘617点报收于1 266点,日涨幅高达105%。

涨幅第二的一次出现在2005年5月至2007年10月,持续19个月,上证综合指数从998点飙升至6 124点,涨幅高达5.14倍,折算成年涨幅为2.15倍。

需要指出的是,"股市有风险,入市需谨慎"。股市有牛市,就有熊市;有大牛,就有大熊。因此,股市投资的风险显而易见,既能一夜暴富,也能一夜破产,本书第17页"三杨"的故事就是明证。

老年人如果参与股市,仓位一定要与自身年龄和风险承受能力相匹配,即遵循本书第98页的"80法则"。

2. 房价暴涨

据国家统计局的数据,我国商品房平均售价为2000年2 112元/平方米,2022年9 991元/平方米。22年间上涨3.73倍,年均上涨7.32%;

其中:住宅商品房平均售价2000年1 948元/平方米,2022年10 375元/平方米,累计上涨4.33倍,年均上涨7.90%。在这22年中,有20年是上涨的,只有2008年、2022年略有回调,商品房均价分别下跌1.63%、1.46%,住宅商品房均价分别下跌1.90%、0.20%(不用说,任何数据只要一平均,就会与切身感受相差太大,所以这里只能做个参考[①])。

可以说,**这些机会开始时都是"投机"(风险未知),过后看才是"投资"(几乎没有风险)**,最终获利颇丰,靠的主要是"胆商"。

曾经的中国首富王健林放言:"清华北大,不如胆大。"关于这句话,可以分别从房地产商和购房者个人两个角度来看。

从房地产商角度看,过去20年我国房地产商发家的第一秘诀就是胆大,资金杠杆都是几十上百倍。王健林正是房地产商,所以对此深有体会。究其原因,是由以下两大政策特点决定的:(1)预售制。如果一亩地里刚撒下青菜种子,就按将来亩产青菜2 500千克,按每千克×元预售,会被允许吗?绝无可能,因为这是期货交易,属于金融范畴,但商品房预售就能这么做。(2)公摊面积。如果你去超市买猪肉,称下来分量明明是1千克,现在却被要求按"公摊重量"1.4千克付费,你会愿意吗?全世界都找不到有这种做法!

从购房者个人角度看,过去20年房价暴涨是购房者最大的财富机会,但既不可能人人参与,更不可能人人能参与。参与者需要同时具备以下三大条件:(1)有前瞻眼光,能看准时机,且果断出手;(2)有一定的资金存量,但只会安排部分资金用于"风险投资";(3)年龄相对较轻、收入相对较高,能借到房贷。

根据投资理财纪律,**老年人理财要以稳健为主,不建议去从事超出自身能力范围的"搏傻"**,所以许多暴富机会只能旁观。

更进一步地,80岁以上的老年人就连股票、R_3以上等级的理财产品都不建议参与;或者说,参与后要严格控制仓位。

---

① 严行方:《民生数据的真相》,北京:中国社会出版社2012年版,第41页。

第 10 课

银行储蓄妙招

> 储蓄的本质是信用行为,当然需要"货比三家"。储户的血汗钱需要存放在信用好、收益高的机构;机构需要像爱护眼珠一样维护储户权益,更不该鸡鸣狗盗。

第一节 老年人储蓄现状

一、比例高,增速快,收益率低

(一)金融资产中银行储蓄比例过高

一份调查表明,我国老年人家庭中的金融资产分布如表10—1所示。

表 10-1　　　　　　　　　老年人家庭金融资产分布

主要金融资产		其他金融资产	
储蓄 58.79%	合计占比 87.7%，资产配置尤其是储蓄比例明显过高	基金 4%	合计占比 12.3%，配置比例明显过低
理财产品 12.63%		债券	
借出款 8.15%		黄金	
股票 8.13%		现金	

从上表容易看出两大特点：

(1)家庭资产结构虽然在朝多元化方向发展，但传统的储蓄方式(包括活期储蓄和定期储蓄)比例仍然过高，明显高于中年家庭的 49.60%、青年家庭的 47.05%。这表明，老年人家庭的金融市场参与度仍然偏低，资产投资意识弱，市场参与度明显低于中青年家庭。

(2)老年人家庭的金融资产中，股票、基金、债券、借出款、理财产品等风险型资产已占一席之地，说明已在积极参与金融投资，寻求财富保值增值；但这些资产的风险和收益不可能有统一标准，尤其是其中的借出款配置比例过高，显然并非主观愿望，并且借出款的风险和收益同样难以衡量。[1]

(二)银行储蓄增速过快

表 10-2 是 2011 年以来我国居民储蓄的规模和变动情况。容易看出，2018 年是拐点，此后储蓄增速加速并呈长期化趋势。2022 年储蓄增量高达 17.93 万亿元，增幅 17.37%，创下 10 多年来的新高。2023 年人均储蓄 11.86 万元(按 15 岁以上人口数 11.62 亿计)，创下历史新高。

表 10-2　　　　　　　　　居民储蓄规模及变动

年份	居民储蓄(万亿元)	环比增加(万亿元)	环比增长(%)
2011	35.28	—	
2012	41.14	5.86	16.61

---

[1] 观财道：《目前在老年家庭金融资产配置中，还存在着哪些问题》，百度，2022 年 12 月 17 日。

续表

年份	居民储蓄(万亿元)	环比增加(万亿元)	环比增长(%)
2013	46.70	5.56	13.51
2014	50.89	4.19	8.97
2015	55.21	4.32	8.49
2016	60.35	5.14	9.31
2017	64.93	4.58	7.59
2018	72.17	7.24	11.15
2019	81.92	9.75	13.51
2020	93.30	11.38	13.89
2021	103.24	9.94	10.65
2022	121.17	17.93	17.37
2023	137.86	16.69	13.77

资料来源：中国人民银行官网。

这一情形出现在三年"新冠"疫情防控结束之后，经济面临巨大下行压力、居民收入增长趋缓、大众就业预期并不乐观的背景下，既匪夷所思，又猝不及防。中国人民大学陈彦斌教授将此称为"超额储蓄"现象，认为其重要原因是，对未来经济走势的预期转弱、收入不确定性增加，导致"预防性储蓄"上升。[①]

(三)银行储蓄收益率偏低

上述调查显示，老年人家庭中的储蓄比例接近3/5，而储蓄是一种典型的低风险、低收益率资产，并不利于资产增值。

先回顾一下过去34年间银行一年期定期储蓄利率走势，如图10-1所示。

容易看出，长期来看利率行情总体是下行的，2015年以来已处于平底，以后的趋势大概率不会上翘，相反，很可能继续走低。

[①] 张均斌、袁洁：《"节俭"也超额了?》，《中国青年报》，2023年2月27日。

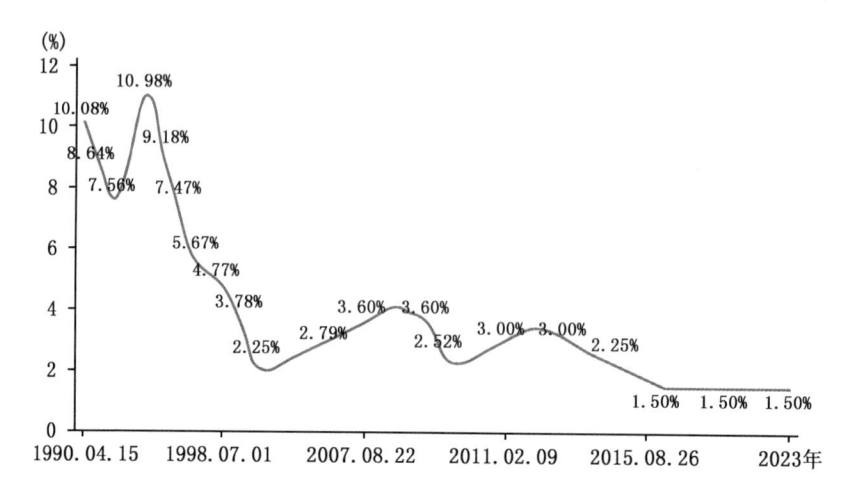

图 10－1　银行一年期定期储蓄利率变化图

不仅储蓄收益率低，而且利率极值过于悬殊，管理难度也大，会进一步拉大家庭贫富差距。

这说明，我国老年人的投资偏好相对保守，对金融市场和金融产品的认知度远远不够；同时，也反映出金融知识普及度不够，相应提高了非系统性风险。事实上，不仅是老年人家庭，银行储蓄比例结构不合理及收益率过低，是中国家庭理财的普遍特征。

二、储蓄比例高的成因分析

储蓄是家庭金融资产配置的主体。总体来看，老年人家庭金融资产配置的有效性，主要取决于个人的基本特征和家庭特征，具体包括以下六大因素。

（一）财富规模

老年人处于生命周期的右端，收入水平下降，可支配收入增速减缓，基于金融稳定性的考虑，对配置风险性金融资产、追求财富保值增值的愿望并不高，所以更偏向于储蓄决策。也就是说，老年人的储蓄比重比中青年高，有其正常且合理的一面。

(二)家庭规模

老年人家庭规模普遍较小,多是两人户或一人户。2020年第七次人口普查结果显示,独居老人和空巢家庭合计比例超过41%。这表明,他们的集体决策力低,通俗地说就是,遇到事情连可以商量的人都没有。在这种情况下,投资行为容易出现非理性,从而大大降低了资产配置投资组合的有效性。

(三)风险意识

风险意识是影响每个家庭资产组合比例的唯一因素。老年人从理财收益的稳定性和安全性出发,会更倾向于选择风险较低的资产配置组合,银行储蓄正是他们的理想选择。

(四)主观幸福感

主观幸福感强的家庭更愿意维持现状,会自觉不自觉地减少风险性资产的投入;相反,幸福指数低的家庭会更乐于投资风险性资产,试图获取超额收益,实现"弯道超车"。

(五)知识素养

老年人的理财知识越完备、金融素养越高,越能察觉到投资风险的存在,越能提高资产配置的能力和有效性,也会越倾向于配置风险性金融资产。以股票投资为例,他们会更倾向于长线价值投资,平均持股时间更长。

(六)理财环境

与上述五大因素不同的是,理财环境属于外部原因,非投资者能掌控,却又能在一定程度上制约投资行为。这主要是指:绝大部分金融产品在准入条件、最低投资额等方面门槛过高,再加上交易成本、信息获取成本、时间成本、风险承受能力等隐性门槛,等于已经变相地将老年人排除在外。

所以,2021年10月11日发布的《安联全球财富报告》中国部分认为,2020年我国家庭金融资产比上年增长13.6%,其中储蓄增长13.0%。报告特别指出,大多数家庭攒钱只是留着以后使用,实际上并非真正的储蓄,这些银行账户上的闲置资金白白浪费了获利机会。[①]

第二节　九条储蓄小技巧

面对越来越低的利率,老年人可以借助以下九条储蓄小技巧,尽可能抬高利息收益:

一、跨行储蓄

所谓跨行储蓄,是指将到期储蓄或现有储蓄从利率低的银行转向利率高的银行,以求更高的利息收入。

一般规律是:银行规模越小,给出的利率水平越高;反之则反是,即:

国有银行＜全国股份制银行＜城市商业银行＜村镇银行

这也符合"店大欺客,客大欺店"的市场规则。假如你有一笔上百万元的储蓄,那么可以找银行客户经理单独聊聊,以争取更高的利率水平。

这一点许多老年人已经做过或正在做,但也有人无动于衷或浑然不知,他们习惯于存在离家最近的银行,而且要求必须是"中国"开头的银行。这谈不上对与错,取决于每个家庭的实际需求。

这些老年人除了对利率高低不敏感,还有可能是没用智能手机,或虽有智能手机但没有绑定银行卡,或虽绑定了银行卡但不敢独自操作,又不想让子女知道自己有多少钱,所以就这样耽搁了下来。

实际上,从经济获益角度看,跨行储蓄、货比三家很有必要。例如2023年12月末,一年期定期储蓄利率普遍是1.75%,但手机银行上公开的有3.9%,不公开的有7.2%(起存金额60万元,以"定向融资产品认购"名义推出,普通人不一定能买得到)。但只要是有心人,就可能遇到各

[①] 于泳:《2021安联全球财富报告显示:中国家庭金融资产总额增长13.6%》,《经济日报》,2021年10月11日。

种机会,最关键的是要能辨别真伪。

俗话说,"选择大于努力"。换个利率高的银行,利息就能增加两三倍,何乐而不为呢!所以,有报道说,某人要从银行里取出5万元未到期款,银行按规定要他填写取款用途,他理直气壮地写道:"存到隔壁的银行去。"柜员不解,问为什么不转账?答曰,我还没去开户呢!

顺便一提的是,货比三家时,如果你发现能用较低的利率贷到贷款,转而购买高收益理财产品,从中获取"利差",建议别去冒险。这种套利行为不但在套利空间、成本覆盖、期限匹配方面操作难度很大,而且是违法的。2018年4月27日发布的《关于规范金融机构资产管理业务的指导意见》(银发〔2018〕106号)明确指出:"投资者不得使用贷款、发行债券等筹集的非自有资金投资资产管理产品。"一旦查出,轻则被勒令立刻还贷,重则会对个人征信产生影响。

二、跨城储蓄

所谓跨城储蓄,是指利用各城市之间储蓄利率的高低差异,将本地储蓄转移至外地银行,以求更高的利息收入。

2023年,我国在"360行"之外冒出一个新行当,被人戏称为"储蓄特种兵"。意思是,哪里的储蓄利率高,就把储蓄往那里搬。这支队伍以中老年人为主,但也有不少是年轻人。

2023年秋,"4%"在社交平台上一度成为神奇的数字,因为这是储蓄特种兵们向往的指标和目标。为了能将手中的储蓄存上4%的高利率,他们不惜花费时间和精力,通过各种渠道在全国范围内打探消息,包括银行官网、媒体报道及其他储蓄者的分享。然后,从银行信誉、规模、存款保险、便利性、开户要求和利率等方面综合考虑,一经确认便会连夜出发,以免被人抢了先、没了额度。

这里插播一个小故事,来看看储蓄特种兵们如何"算账"。

2023年10月,在一年期利率普遍只有1.75%的背景下,一位杭州市民专门坐高铁去上海,只为把手上的那50万元储蓄"安心"地存上三年期3.9%的利率,此外还可免费领取一袋大米和两支护手霜。

简单算算就知道:成本是两张往返高铁票,合计不到150元,就可多挣利息3.2万元,这是一次多么合算的"出差"呀!至于说"浪费"了一天的时间,就权当是出去旅游散心了。

刚开始时,这样的美事还少有人知道,但消息传开后就出现闻风而动、额度要靠抢了。所以,建议要么早点去,要么就是工作日去,否则往往还会排不上队。

三、跨境储蓄

当你的跨城储蓄地点变成香港地区,就成了跨境储蓄。

别以为跨境储蓄是天方夜谭,事实上已经活生生地出现在我们的生活中。道理很简单,因为资本本身是"全球公民"。

2023年6月初,"四大行"五年期储蓄利率下调至2.5%,9月初继续降至2.25%。与此同时,香港地区因为实行的是紧盯美元的联系汇率制度,所以储蓄基本利率已于2022年从0.5%调至5.75%,达到2007年以来的最高水平,一些银行更是推出了7%以上的高利率。

如此夸张的利差,吸引了大批内地储户去香港地区存钱,以至于2023年国庆期间,还掀起了一股内地人去香港地区的"国庆开户游"。虽说当天去当天回,但开个储蓄账户常常要排几个小时的队。

需要提醒的是,多数人能拿到的基本利率是4%多一点,只有额度达到一定条件才能享受更高的利率。7%以上的利率,主要是一种营销手段,即只有开户第1个月才能享受。但即使如此,这也要比内地高多了,从而使这种跨境储蓄有利可图;只是因为资本流动管制的原因,并不是谁想去就能去的。①

---

① 邓新华:《存款大战,从香港席卷到内地……》,凤凰网,2023年10月7日。

四、换汇储蓄

所谓换汇储蓄,是指中国籍居民除了人民币储蓄外,也可以从事外币储蓄。由于不同币种之间的储蓄利率不同,有时会相差好几倍,所以换汇储蓄往往有利可图。

例如,2023 年 12 月某内资银行预约存款的利率是:美元一年期存款利率 5.4%,起存金额 1 万美元。具体办法是,先凭身份证去该网点开户,每周五 10 点后预约购买(将钱存入该账户并冻结,可在手机上操作),下周一 10 点后系统自动转存,没有额度限制。如果账上没有美元,可当场购汇,并可一次性享受人民币 300 元左右的优惠。

2007 年国家外汇管理局印发的《个人外汇管理办法实施细则》第 2 条规定:"对个人结汇和境内个人购汇实行年度总额管理。年度总额分别为每人每年等值 5 万美元。"也就是说,每个具有中国国籍的自然人,每年均可购汇 5 万美元(具有外国国籍的不受此限)。2023 年 12 月末,如果按汇率 1∶7.1000 计算,5 万美元相当于 35.5 万元人民币,基本能够满足普通家庭的储蓄额度需求了。如果还不够,夫妻两人的额度加起来可达 71 万元人民币,而且每年都是可以购汇的。

需要注意的是,人民币与外币之间存在汇率波动,所以如果能够踏准波动节奏,将会取得最佳换汇储蓄效益。但当形势变得不利于外币储蓄而更有利于人民币储蓄时,也要及时调整过来。所以,老年人换汇储蓄的期限不宜过长;事实上,各银行为规避汇率波动风险,推出的存期一般都以季度为单位,最短一个月,最长为一年。

五、跨期储蓄

所谓跨期储蓄,是指把一笔资金故意分成若干长短不一的存期,以便将来要用钱时能随时取出,同时还能把利息损失降到最低。

最常见的做法是,将本金分为 4 份、7 份、12 份,分别对应季度、星期、月份。每份的金额可以相等,也可以不等。这样做的依据是,预期这笔钱短期内将要派用场；可是，具体的用钱金额和时间又不能确定，所以，用这种方法来灵活应对。

举例来说，如果有一笔10万元的资金，本来可以只存一笔的，但现在分成4份即分别为1万、2万、3万、4万元。1万元的存3个月，到期后转成一年期的；2万元的存6个月，到期后转成一年期的；3万元的存3个月，到期后转成6个月，再到期后转成一年期的；4万元的直接存一年期的。这样，每个季度就都会有一张存单到期。什么时候要用钱了，对照金额，挑利息损失最小的那张取出来派用场就是，其他储蓄则不受影响；如果一张不够，追加另一张。

如果是分成7份，对应的是每周7天，也就是说，不管今天是星期几，都有一笔到期的储蓄可以派上用场，完全没有利息损失。银行的通常规则是：(1)50元起存，当天起息。(2)按存入时约定的付息周期及利率计息，每个周期结束后的第2天，利息会自动到账，最长存期五年。(3)可随时提取，并可部分提前提取；未满付息周期的部分按活期利率计息，提前支取时已获利息不会被扣回。

如果是分成12份，对应的是每年12个月。每个月领取退休金后，可马上把余钱转存一年期的；每个月都这样做，那么每个月除了退休金之外，就都会有另一笔储蓄到账。等到要用钱的时候，按照利息损失从小到大地去取出即可。

上面这样的操作烦不烦？在手机上操作会特别简单。每天凌晨3:00至晚上10:30之间均可存入，直接购买"周期付息"产品，选择对应的"每7天付息""每30天付息""每60天付息""每180天付息"等即可。

六、阶梯储蓄

所谓阶梯储蓄，是指无论储蓄金额还是储蓄期限都呈阶梯状，这样在突然需要用钱时就能降低利息损失。

例如，30万元资金可分成3份，分别为5万、10万、15万元；存期分别为一年、两年、三年定期。一年期的 5 万元、两年期的 10 万元到期后都转成三年期,这样两年后的这 3 张存单就全都变成了三年期定期储蓄,并且每年都有一笔到期。

七、交替储蓄

所谓交替储蓄,是指将储蓄本金一分为二、交替存储,以争取资金流动性。

例如,原本有 20 万元资金想存一年期,现在分成两笔就是各 10 万元,先将一笔 10 万元存一年期定期,并自动转存;然后,将另一笔 10 万元存 6 个月,到期后再将本息转存为一年期,并自动转存。这样的话,就等于每隔半年就有一笔储蓄本息到账,应急使用时可以把利息损失降到最低。

八、多网点储蓄

多网点储蓄分为两种。

(1)有些老年人担心银行尤其是小银行容易倒闭,所以故意将资金分散储蓄在多家银行,以降低风险。尤其是将少部分资金存在离家较近、利率并不一定是最高的银行,以方便存取;其他大部分资金则根据利率高低来选择储蓄银行。

(2)首先货比三家,根据利率高低、离家远近,将所有目标银行排序。同样是因为担心银行倒闭的原因,在每家银行只存 50 万元。也有的是,在利率最高的银行存入 50 万元后,将剩余的资金以他人的名字如老伴、儿女的身份进行储蓄,以分散投资风险。

以上两种方式都是可以的,因为每个人的储蓄目标和策略不同,资金规模和风险承受能力也不一样,但目的都是为了追求较高的利息和安全性。总体来看,如果没有开通手机银行,第(1)种储蓄方式比较方便;如果开通了手机银行并能熟练使用,第(2)种储蓄方式更为方便。

九、窗口期储蓄

无论是政府宏观层面,还是每家银行的具体层面,储蓄利率都会经常变动,而且常常搞"突然袭击"(在当天银行柜台营业结束后再宣布消息,或者根本不宣布消息)。

要想抓住这样的调整窗口期,一有消息便闻风而动,最大限度地提高资金效益,需要具备三个条件:(1)对金融市场和银行动态时刻保持敏感,具有警觉性;(2)有已经到期的资金可供使用,或能及时调集到资金,包括临时借贷、稍后归还;(3)开通手机银行,进行手机操作。

为什么要开通手机银行?因为信息发布时银行已经下班了,去柜台办理显然不可能,但手机银行可以全天候操作,没有节假日,全年无休;每天凌晨 3:00 至晚上 10:30 之间均可随时存取款,当天起息、结息,并瞬间到账。

顺便一提的是:储蓄利率为什么会有高有低呢?原因主要有三条:(1)不同地区的市场利率自律定价机制不同,引致它们所商定的利率浮动区间不同;(2)不同地区的客户投资偏好和储蓄习惯不同,会引致储蓄市场供求关系不同,从而影响利率定价;(3)同一家银行不同分支机构的资产负债状况不同,市场竞争策略存在差异,对储蓄的需求和定价也会不一样。

另外,以下三种储蓄要警惕:

1. 结构性储蓄

结构性储蓄虽然也称为"储蓄",但其实质是理财产品。

钱存入银行后,银行将其中的一部分存为定期储蓄,另一部分用于投资理财,主要是购买那些金融衍生产品如外汇、黄金、期货等,用于追求高收益。但是,高收益的背后一定潜伏着高风险;也就是说,银行购买的这部分理财产品的收益是不确定的,一旦投资失利,就会连累到给你的利息。所以,结构性储蓄是浮动利率,如果承受不了这种不确定性,就不要去碰。

2. 自动转存

所谓自动转存,是指储蓄到期后无须办理操作,银行会自动将定期储蓄按照过去的利率和存期,续存到下一个储蓄周期。

对储户尤其是老年人储户来说,自动转存非常方便。但上面提到,储蓄利率会经常调整,自动转存时如果原有利率低于新的利率,那么这种自动转存就会造成利息损失。

所以,自动转存并非不可,但最好能留个心眼,就是当上期储蓄到期需要转成下期时,关注一下最新的利率行情,包括该银行的最新利率标准、其他银行的同期与不同期利率标准、其他币种的同期与不同期利率标准,以及是否有其他更优的投资渠道可选,从而作出获益更高的投资决策。

3. 分段计息

所谓分段计息,是指这种银行储蓄的利息会随着储蓄年限的延长而调整,一般是前三年利息较低,之后逐年升高。

容易看出,银行推出这类产品的目的是,希望你能存更长的时间,以便它能从容地将这些资金去进行投资获利。如果你的资金闲置时间预期较长,这样的产品无疑很合适,后两年可以拿到一笔额外的利息奖励。但俗话说"世事无常",投资期限越长,未来的未知风险也越多。如果想提前取出,就可能被要求按照最低利率甚至活期利率来计息,这样就会因小失大,很不合算。

所以,具体办理储蓄时要看清这是否属于分段计息产品,再衡量是否在整个储蓄期内不必动用这笔资金,以求存期与利率相匹配。

第三节　相关法规解读

一、大额交易管控规定

所谓大额交易管控,是指金融部门为防止洗钱和金融诈骗行为等,对特定领域、特定人群、特定时期的大额现金流通方向及其规律所进行的监控行为。

现金交易管控措施以前一直都有,目前与老年人关系密切的主要是以下两条规定。

(一)对非银行支付机构的大额交易管控规定

2018年7月13日,中国人民银行印发《关于非银行支付机构开展大额交易报告工作有关要求的通知》(银发〔2018〕163号),要求非银行支付机构(网上交易如微信、支付宝、财付通等)监测并报告下列大额交易,并在大额交易完成之日起5个工作日内提交监测报告,见表10—3。

表10—3　　　　　非银行支付机构的交易管控金额起点

对象		当日单边收支单笔或累计金额起点(均含本数)
自然人	现金	人民币5万元、外币等值1万美元
	境内转账	人民币50万元、外币等值10万美元
	跨境转账	人民币20万元、外币等值1万美元
非自然人	转账	人民币200万元、外币等值20万美元

(二)对金融机构的大额交易管控规定

2020年5月13日,中国人民银行印发《关于开展大额现金管理试点的通知》(银发〔2020〕105号),决定用两年时间,先在河北省开展大额现金管理试点,然后推广到浙江省、深圳市。大额现金管理金额起点为对公账户50万元,对私账户河北省10万元、浙江省30万元、深圳市20万元,包括银行柜台和自助存取款机;凡是单笔或多笔累计超过起点金额的交易,均须进行登记和预约,发现问题及时提交可疑交易报告。

2022年1月19日,中国人民银行、中国银行保险监督管理委员会、中国证券监督管理委员会联合印发《金融机构客户尽职调查和客户身份资料及交易记录保存管理办法》,要求从3月1日起,所有从事金融业务的金融机构包括银行、证券、保险、信托、理财公司等,在为客户办理以下金融业务时,应当识别并核实客户身份,了解并登记资金的来源或用途(2022年2月21日通知"暂缓施行"),见表10—4。

表 10—4　　　　　　　金融机构的交易管控金额起点

办理机构		当日单边收支单笔或累计金额起点(均含本数)
银行、证券公司	现金	人民币 5 万元、外币等值 1 万美元
	跨境转账	人民币 5 000 元、外币等值 1 000 美元
保险公司	保费缴纳、保险理赔	人民币 5 万元、外币等值 1 万美元
	解除保单、减少保险,保单贷款	人民币 1 万元、外币等值 1 000 美元
	人寿险、投资险理赔,签订养老保障合同	0
非银行支付机构	开户,购买预付卡	购买记名预付卡,一次性不记名预付卡人民币 1 万元
	签约,绑卡	一次性单笔人民币 1 万元、外币等值 1 000 美元,或 30 天内双边累计人民币 5 万元、外币等值 1 万美元
信托公司	设立信托,客户受益权转让	0

以上规定通俗地说是:当你与银行、证券、保险、信托公司等金融机构发生大额现金交易时,对方会主动"关照"你,让你登记身份信息,说明资金来源或取款用途。

按照规定,这些资料及记录至少保存五年。

二、《存款保险条例》内容规定

2015 年 2 月 17 日,国务院发布《存款保险条例》(2015 年 5 月 1 日起施行),主要精神如下:

第 2 条,在我国境内设立的商业银行、农村合作银行、农村信用合作社等吸收存款的银行业金融机构(以下统称"投保机构"),应当投保存款保险,但这些投保机构的分支机构除外。

第 3 条,存款保险是指投保机构向存款保险基金管理机构缴纳保费,形成存款保险基金,存款保险基金管理机构依照规定向存款人偿付被保险存款,并采取必要措施维护存款以及存款保险基金安全。

第4条,被保险存款包括投保机构吸收的人民币存款和外币存款。

第5条,存款保险实行限额偿付,最高偿付限额为人民币50万元。同一存款人在同一家投保机构所有被保险存款账户的存款本金和利息合并计算的资金数额在最高偿付限额以内的,实行全额偿付;超出最高偿付限额的部分,依法从投保机构清算财产中受偿。

第18条,存款保险基金管理机构可以选择下列方式使用存款保险基金,保护存款人利益:(一)在本条例规定的限额内直接偿付被保险存款;(二)委托其他合格投保机构在本条例规定的限额内代为偿付被保险存款;(三)为其他合格投保机构提供担保、损失分摊或者资金支持,以促成其收购或者承担被接管、被撤销或者申请破产的投保机构的全部或者部分业务、资产、负债。存款保险基金管理机构在拟订存款保险基金使用方案选择前款规定方式时,应当遵循基金使用成本最小的原则。

《存款保险条例》精神举例:

在我国,储蓄是安全的,基本不用担心银行倒闭的事。所以,我国早在1993年就研究该条例了,但直到2015年才正式发布。在全球110多个国家和地区已经实施该条例的背景下,这是在法律层面为储户(包括个人和企业、单位等)增加一道保险,有利于储户树立信心。

储户最关心的有两条,尤其是后一条:(1)在我国设立的商业银行包括外资银行,有可能破产倒闭;(2)破产倒闭后的商业银行,对储户的本金和利息保证额度是50万元。

所以,普通百姓尤其是老年人关心《存款保险条例》精神,主要聚焦在对50万元额度的理解上。

例如:如果夫妻两人A和B在同一家银行储蓄,每人各开一个储蓄账户,两个账户的本金分别是50万元和48万元,万一遇到该银行破产倒闭,他们各自能拿回多少资金?

根据《存款保险条例》规定,存款保险基金会首先支持其他银行(合格的投保机构)对有问题的这家银行进行"接盘",这样,该夫妻俩的储蓄就会转移到接盘的银行,继续得到全面保障;只有实在找不到其他银行收购、承接时，才会按照条例第 5 条规定的最高偿付限额来处理。在这种情况下，因为他们存在该银行的本金都没有超过 50 万元，所以本金都能获得全额赔偿；而储蓄利息，则要等到该银行破产后，由接管该银行的金融机构对其进行破产清算完毕之后，再对该行所有储蓄的利息按照一定的比例进行赔付。

由于 50 万元赔付上限额度指的是储户所有储蓄的本息和，这里的储户当然指的是"个人"而不是"家庭"，所以赔付时 A 和 B 会分别计算。A 的本金就是 50 万元，所以加上利息一定会超过 50 万元；而 B 的本金是 48 万元，加上利息后总额有可能超过 50 万元，也可能不到 50 万元，具体要看 B 的存期长短、利率高低、利息总额是多少。

最终处理结果如表 10－5 所示。

表 10－5　　　　　　　　　　存款保险偿付额

	本金	利息	最高赔付额
丈夫 A	50 万元	＞0	50 万元
妻子 B	48 万元	＞2 万元	50 万元
		≤2 万元	48＋≤2 万元

容易看出，如果该家庭的储蓄总额不超过 100 万元，完全可以用夫妻两人的身份，在利率最高的同一家银行各开一个账户进行储蓄。如果总额超过 100 万元，又担心该银行会破产，可以去选择第二家银行进行储蓄（不过，既然已经预见该银行会破产了，还会继续把钱存在该银行吗？这是个问题）。

另外，**记住两个小窍门，可以给资金安全加道保险**：(1)确保办理的是储蓄业务，而不是被忽悠成购买理财产品或保险产品。因为如果银行不幸倒闭，存款保险条例只负责赔付"存款"产品，其他的银行业务均不属于赔付范围。(2)在每家银行的储蓄本金与利息之和均控制在 50 万元以内，以便能受到存款条例的保护。

这里插播一个小故事，来看看银行会如何移花接木。

安徽亳州 69 岁的农民老马,把靠种地和捡破烂积攒起来的 18 万元存在镇上的一家银行,留作以后的养老钱。2022 年 6 月,老马突然生病,需要动手术,便准备先取 6 万元出来去看病。

银行柜员接过存单一看,不耐烦地说,存折上一毛钱都没有,这空存折可以扔垃圾桶了。老马一听急坏了,明明存了 18 万元,怎么会一分都没呢? 一连查了几遍,余额都是 0,银行硬说他已经把钱取走了。老马要求打印对账单,但银行称后面还有很多人在排队,打印账单太麻烦,所以只是一味强调银行的电脑系统不会错。

走投无路之际,老马只好请电视台介入。调解员质问道,这存单上明明有存款记录、没有取款记录,钱怎么会就没有了呢? 银行这才说出实话,这 18 万元早已被银行私自转买了两笔终身养老保险,一次 12 万元,一次 6 万元,是两个不同险种,但强调是经过老马同意的。但老马夫妇俩都是文盲,根本不知道保险,又怎么会同意买保险呢? 银行这才承认说,两笔钱其实都在,但至少要等五年保险期满后才能取出来。

老马急等着看病,怎么可能等得了五年呢? 银行说,那笔 12 万元保险如果现在取出来会违反保险合同,所以只能到手 7.5 万元。老马这下又急了,12 万元存了好几年不但没利息还要倒贴 4.5 万元,真是岂有此理!

调解员郑重指出,《民法典》第 543 条规定:"当事人协商一致,可以变更合同。"而现在老马把钱存在该行,双方已经形成储蓄合同关系;银行单方面改买保险,擅自变更合同内容,对老马不具备法律约束力,应该按合同约定支付全部本金和利息。后来,双方最终同意各退一步:老马取回全部本金,但放弃利息。[1]

---

[1] 《老人存了 18 万养老钱,几年后生病想取 6 万看病,银行称存折是空的》,网易,2023 年 2 月 21 日。

第 11 课

医疗保险选购

> 保险在物质上要能转嫁经济负担,心理上要有安全保障。所以有些保险必须买,有些保险无须买。建议组合:基本医保＋普惠型惠民保或福村宝＋商业性医保。

第一节 购买保险的原则

老年人需要三类医疗保险,按实用性和重要性排序分别为:(1)基本医疗保险。包括针对劳动者的城镇职工基本医疗保险、针对非劳动者的城乡居民基本医疗保险。前者简称"医疗保险""医保",是社会保障组成部分的"五险"或"三险"之一,职工退休后据此享受应有的退休医保待遇;后者简称"居民医保",主要针对非劳动者,如农民、失业者、未成年人等。两类保险性质相近,待遇悬殊,但定性均为"基本"两字。(2)普惠性医疗保险。包括主要针对城镇居民的"定制型商业医疗保险"、主要针对农村居民的"村民医疗互助方式"。前者俗称"惠民保",后者俗称"福村宝"。

(3)商业性医疗保险。包括个人自愿向保险公司购买的各类医疗保险,种类繁多,鱼龙混杂,但可以作为基本医疗保险和普惠性医疗保险的有力补充。

商业医疗保险属于一种商品或服务,要想达成"愿买愿卖",就必须了解老年人最担心(最需要)的是什么?调查表明,排在前三位的依次是:跌倒(这是我国65岁以上老年人意外死亡的头号杀手)、生病住院(尤其是得癌症)、养老金不够花。由此,答案也就很明确了,那就是坚持"三要三不要"原则。

一、"三要"原则

老年人尤其是65岁以上的老年人,应优先考虑购买以下三种商业医疗保险。

(一)意外险

所谓意外险,全称是"人身意外伤害保险"或"意外伤害保险",指对外来的、突发的、非疾病的、非本意的客观事件造成的死亡或伤残提供保障的一种保险。

意外险功能十分丰富,几乎只要是意外发生的事故,都可以获得一定保障。现实生活中,"谁知道明天和意外,哪一个先来!"[①]2022年,我国总人口141 175万人,当年死亡人口1 041万人(平均每天有2.85万人去世),其中非正常死亡320多万人,比例超过30%。

所以,任何年龄段都应当购买意外险,任何年龄段也可以购买意外险。老年人身体素质差、反应速度慢,比中青年更容易发生意外;并且,年龄越大发生意外事故的风险越高,发生事故后对身体的伤害也越大。例如,老年人普遍患有骨质疏松症,一次普通的摔跤,就可能要花掉好几万元医药费,这还没包括必不可少的人员陪护开支在内。因此,老年人更应

---

① 原句是日本作家野坂昭如在《萤火虫之墓》中的"珍惜今天,珍惜现在,谁知道明天和意外,哪一个先来!"

当把购买意外险放在首要地位,让它有效兜底家庭负担。

另外,由于意外险保障的是意外风险,所以购买时并不需要健康告知。而随着年龄逐渐增长,老年人的身体状况会越来越差,被拒保比例越来越高,能够购买的保险品种越来越少。突然发现,投保意外险并没有这方面的禁忌,这就把意外险自然而然地推到了老年人"必备险种"的地位。

不过,也因如此,老年人购买的意外险保额不会特别高;即使有,保费也会特别贵。所以相对而言,老年人购买意外险的性价比并不是很高,买它的主要目的在于看重它的附加意外医疗险。

这里插播一个小故事,来看看意外险赔偿的真实案例。

2019年3月6日,老周在家里摔倒,被送往县卫生院救治,因缺少医疗设备,建议转院去县医院。老周自觉无大碍,便直接回了家。3月10日,老周在家上厕所时再次摔倒,被送往县第三人民医院,因抢救无效死亡。"居民死亡医学证明(推断)书"中载明"I.(a)直接死亡原因为脑桥出血,(b)引起(a)的疾病或情况为外伤……"

家属在土葬老周后发现其生前购买的一份意外险保单,保费500元,于是向保险公司申请理赔。保险公司以"材料不齐全或证明力度不足致无法核定保险责任"为由拒赔,理由是没能在合理时间(死亡后48小时)内申请理赔,死亡原因是疾病还是意外所致不明。

2020年5月27日,法院判决认为:(1)家属并不知其购买保险,整理遗物时才发现保单,所以未能在48小时内通知保险公司不能认为是出于故意或系重大过失。(2)老周的病历中虽然显示有高血压病史,但该病并非导致死亡的直接原因。两次在家中摔倒均系意外事件,可以认定为意外导致死亡。综上,判决保险公司赔偿40万元身故保险金。

(二)医疗险

所谓医疗险,全称是"医疗费用保险",是指为被保险人接受诊疗期间的医疗费用支出提供保障的保险。

医疗险的承保条件比大病险要苛刻得多。老年人容易生病与发生各种事故,糖尿病、高血压、心脏病等已很普遍,所以投保条件苛刻一些也好理解。但如果经济条件允许,健康条件也符合,购买一份医疗险还是非常值得的。

例如百万医疗险,医保报销之后几乎可以100%地报销免赔额(一般是1万元)以上的医疗费用;有些保险品种甚至连外购药、CRT(心脏再同步化治疗,俗称"心脏起搏器")等费用也能报,并且保额往往高达数百万元,而个人只需承担免赔额之内的万把元费用,这样一来经济压力就小多了。不过要注意的是,这类高额保险的健康告知通常也很严格,很多老年人会因为有基础疾病而被拒保。

对已经或准备购买意外险的老年人来说,可以在购买意外险的同时附加一份意外医疗险,手续既简单,还能节省费用。

所谓意外医疗险,是指因保险合同约定的意外事故产生了合理且必要的医疗费用,保险公司会在约定的保障范围与保障金额内,承担相应的保险金给付责任。它有以下三大特点:(1)属于附加险,即必须是意外伤害事故连带造成的,否则不算(例如夏天的中暑)。(2)理赔时对医疗机构、用药范围有限定。例如,在保险公司指定的医院或医保定点医院就诊(一般是公立二级医院及以上)可以报销,否则不能报;在医保用药范围内用药可以报销,否则不能报,进口药物不能报销等。(3)提供部分医疗垫付保障功能。

(三)防癌险

所谓防癌险,全称是"防癌疾病保险""恶性肿瘤疾病保险"等。顾名思义,它是专门为治疗癌症所提供的一种医疗保障。

本书下面会提到,一般不建议老年人购买重大疾病险,即使可以投保,也需要支付高额的保费。但不用说,重大疾病的典型代表便是癌症。老年人既然不能购买大病保险,通过不了百万医疗险的健康告知,那么改为购买防癌险就无不可。两者的功能差不多,只是报销范围仅仅局限于癌症治疗而已。但一旦确诊患上癌症,就可将赔付的这笔钱用在早期诊断、化疗、手术费用等支出上,及时控制或延缓病情。

并且,老年人购买防癌险的价格并不高,保障内容虽然简单,然而健康告知也很宽松,包括糖尿病、"三高"、类风湿等疾病患者均可购买,这就非常适合身体状况差的老年人了。归根到底,目前的癌症发病率居高不下,而且几乎是所有疾病支出中最大的项目,这性价比就凸显出来了。

二、"三不要"原则

以下三种商业医疗保险老年人可以不买,至少不是最急迫的。

(一)重疾险

所谓重疾险,全称"重大疾病保险",针对的主要是恶性肿瘤、心肌梗死、脑出血等病种。

"得了大病后可以获得相应理赔",乍一听很好,但"理想很丰满,现实很骨感"。基于以下三点理由,一般不建议老年人购买重疾险:

(1)重疾险的本质是收入补偿险。年轻人购买重疾险是为了避免万一得了重病、无法工作了,还能通过保险理赔来安心养病,弥补部分收入损失;老年人一般不再工作、赚钱了,即使患病也不会造成收入损失,每个月的退休金一分不少,所以购买重疾险的意义不大。一般而言,重疾险适合50岁以下的人购买。

(2)老年人的重疾险选择范围小、价格贵,并且经常出现保费倒挂现象。通俗地说就是,缴得多、赔得少,费用上不合算。

(3)老年人的健康风险主要是医疗费用问题。从性价比看,保费昂贵的重疾险,不如百万医疗险或防癌险更合适。

(二)定期寿险

所谓定期寿险,全称是"定期死亡保险",保险期限有10年、15年、20年等。它的最大特点是"保死不保生":被保险人如果在保险期内死亡或全残,可以按照约定获得保险金;否则,保险合同自然终止,并且无须退回保险费。

定期寿险的购买对象应是家庭经济支柱,主要是保障这根支柱倒下后家庭经济不受连累。所以,该保险可以称为家庭支柱必备险种,但通常的保障年龄只能到60岁或70岁。

一方面,老年人的年龄动辄已经六七十岁,已经不能购买;另一方面,老年人一般不会是家里的主要经济来源。所以,老年人购买定期寿险就没什么必要性了。

(三)返回型保险

所谓返回型保险,俗称储蓄型保险,主要有返回型意外保险、返回型医疗保险、返回型理财保险等。其共同特点是,保险期满后会返回所缴保费或合同载明的保险金额。

多数老年人对返回型保险存在认识误区。以返回型医疗保险为例,有人想想都觉得挺美:这世上还有"有病治病,没病返钱"的好事。但实际上,老年人能够购买的返回型医疗保险品种很少,此外更有以下两个"大坑",决定了绝大多数老年人不适合购买返回型保险。

(1)返回型保险比消费型保险的价格要高出许多,可是返回的并不多。如果把每年多交的几千元保费存银行定期,可能会得到更多。所以,购买返回型健康险的人的共同点是:具有一定的经济实力和风险承受能力,主要是以投资而不是保障角度为出发点。

(2)你的想象是既能理赔又能返钱,两全其美;而事实上不可能让你两面沾光,只要生病理赔了,就不会再返钱了,这每年多交的几千元就算是做贡献了。

归纳一下上面几种主要险种的关系,如图11-1所示。

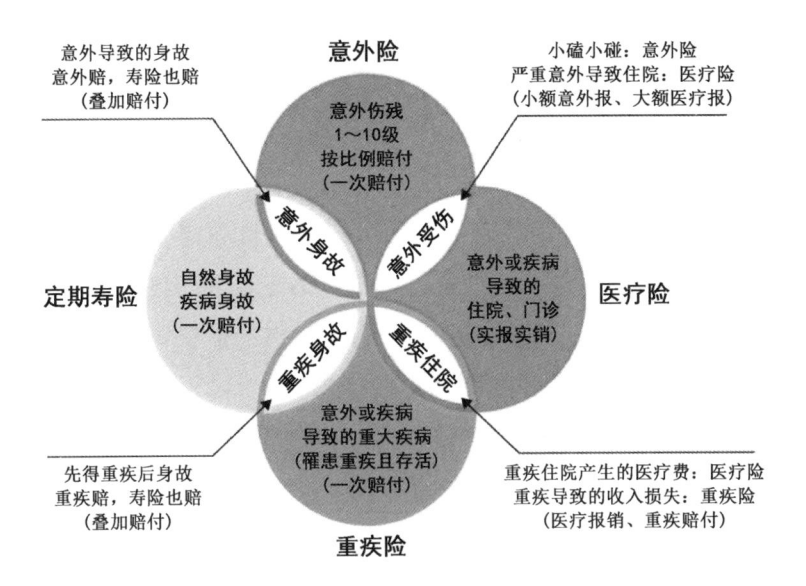

图 11-1 主要险种关系

第二节 普惠性医疗保险

一、城镇居民可首选惠民保作为补充保障

2020 年以来,我国多个城市纷纷推出了一种普惠性医疗保险——地方定制型补充医疗险。它由政府及相关部门指导、与基本医保衔接、保险公司商业运作,可作为城市老人购买商业医疗保险的首选。

它的主流模式是政府主导、医保个人账户支付、集中统一运营,具有普惠性,所以名称中多有一个"惠"字。基本名称为"惠民保"或"医惠保",但具体到各地又有地方特色,如北京叫"北京普惠健康宝",上海叫"沪惠保",天津叫"天津惠民保",重庆叫"重庆渝快保";江苏叫"江苏医惠保1号",江苏各市又有不同的叫法,如无锡叫"医惠锡城",苏州叫"苏惠宝",南京叫"南京宁惠宝"等。截至 2023 年 12 月 31 日,已上线省份 28 个,城市 355 个,产品 206 款(在线销售 19 款),参保人数 2 175 万人次。[1]

"惠民保"叠加基本医疗保险,具有以下三大特点:(1)门槛低。几乎没有投保限制,既不限年龄、职业、户籍等,也不限健康状况如既往病症,无需健康告知。(2)保额高。保障责任一般为"社保范围内的住院医疗费用扣除由统筹和大病医疗等支付后剩余的个人自理部分,再加上十几种重特大疾病特药",保额可达几百万元,最低的也普遍超过 100 万元,符合老年人的心理预期。(3)价格亲民。不分年龄、性别,统一费率,年保费在 100~300 多元,65 岁之前基本上是同一价格。

"惠民保"特别适合那些 65 岁以上、身体状况较差、收入偏低的老年人投保。当不能投保百万医疗险、防癌险等险种时,"惠民保"几乎是一种最理想的选择。它的报销比例虽然达不到 100%,但其保障范围要优于防癌险。基本上可保证续保,而且即使有既往病史也能报销 60% 左右,福利性质十分明显。

老年人可以同时购买防癌险和惠民保,两者组合性价比更高——先由防癌险来最大限度地报销掉巨额的癌症治疗费用,然后让"惠民保"按比例报销超过免赔额以上的部分,从而达到有效减轻医疗负担的目的。

"惠民保"保障内容举例。

"惠民保"在各地的名称、做法大同小异,但仍然是有区别的。这里以江苏无锡推出的专属普惠型商业补充医疗保险"医惠锡城"为例做一简单介绍,读者请关注自己当地的惠民保最新政策。

"医惠锡城"由无锡市医疗保障局、无锡市卫生健康委员会指导,国联人寿保险股份有限公司主承保、多家保险公司分支机构联合承保。2021 年上线,截至 2023 年末累计参保 300 多万人次,累计赔付 1.2 亿多元,平均结案时间 2.3 天。2023 年赔付额 6 298.36 万元,获赔 7 131 人次;案均赔付 8 832 元,单人最高获赔 47.13 万元;获赔者年龄最大 96 岁、最小 3

---

[1] 数据来源:https://www.huize.com/hmb。

个月(其中 61 周岁及以上占比 47.82%)。

"医惠锡城 2024"版的具体内容是：

(1)参保对象：无锡市(含宜兴、江阴,下同)基本医保(含城镇职工基本医保、城乡居民基本医保,下同)参保人员,或在无锡市生活、工作的外地基本医保参保人员。

(2)两大类型：分普惠版和升级版两种。普惠版年费 99 元,实际投保人数比例约占 1/3,累计最高保额 420 万元,免赔额 1.6 万元；升级版年费 158 元,实际投保人数比例约占 2/3,累计最高保额 520 万元,免赔额 1.6 万元(特定肿瘤 0 免赔),医保内外全覆盖。

(3)保费缴纳：可在本人及参保了无锡市基本医保的配偶、父母、子女医保个人账户余额中支付,也可在支付宝、微信账户中支付。

(4)参保日期：2023 年 10 月 18 日至 12 月 29 日。

(5)保障期限：2024 年 1 月 1 日 0 时至 12 月 31 日 24 时。

(6)参保办法：打开"医惠锡城"App,或上支付宝、微信搜索"医惠锡城",或在医惠锡城承保单位工作人员协助下现场操作。

(7)保障内容：详见表 11-1。

(8)理赔途径：办理出院手续、结算医疗费用后,如果达到赔付标准,可选择以下两种途径之一进行理赔：

①线上理赔。关注"医惠锡城"或"医惠锡城微服务",选择下方菜单栏"服务中心""理赔服务""住院医疗费用申请",登录后根据页面指引,选择相应的理赔服务内容,并上传相关材料。

②线下理赔。可就近前往无锡、宜兴、江阴的理赔网点,在工作人员指引下,办理申请理赔过程。通过快速理赔系统,只需简单的几步操作,不用提交复杂的医疗材料,即可完成理赔申请,系统会自动完成金额核算。从实践中看,快速理赔用户比例超过 90%。

表 11-1　　　　　　　　　"医惠锡城 2024"保障内容

责任		普惠版	升级版
保费		99 元	158 元
个人住院自费医疗费用（目录外）	保额	100 万元	
	免赔额	1. 免赔额 1.8 万元	
		2. 已参加"医惠锡城 2023"且参保期间未发生赔付的无重大疾病既往症参保人群，免赔额 1.6 万元	
		3. 本保险期内首次确诊 13 种特定恶性肿瘤的人群，免赔额 0 元	
	赔付比例	无重大疾病既往症人群 70%、重大疾病既往症人群 20%	
个人住院自费医疗费用（目录内）	保额	100 万元	
	免赔额	1. 免赔额 1.8 万元	
		2. 已参加"医惠锡城 2023"且参保期间未发生赔付的无重大疾病既往症参保人群，免赔额 1.6 万元	
		3. 本保险期内首次确诊 13 种特定恶性肿瘤的人群，免赔额 0 元	
	赔付比例	无重大疾病既往症人群 70%、重大疾病既往症人群 20%	
质子重离子治疗费用	保额	30 万元	
	免赔额	与个人住院自费医疗费用共用免赔额	
	赔付比例	无恶性肿瘤既往症人群 70%、恶性肿瘤既往症人群 20%	
恶性肿瘤自费药品费用	保额	100 万元	
	免赔额	1.8 万元	
	赔付比例	无恶性肿瘤既往症人群 70%、恶性肿瘤既往症人群 20%	
罕见病自费药品费用	保额	100 万元	
	免赔额	1.8 万元	
	赔付比例	无罕见病既往症人群 70%、罕见病既往症人群 20%	

续表

责任		普惠版	升级版
海外特定药品费用	保额		30万元
	免赔额		1.8万元
	赔付比例		无海外特定药品既往症人群70%、海外特定药品既往症人群20%
CAR-T治疗药品费用	保额		无CAR-T治疗既往症人群赔付60万元、CAR-T治疗既往症人群赔付30万元
健康增值服务			国内特定药品服务、海外特定药品服务、诊疗服务、健康管理服务、康复服务(院内护理、居家护理、上门随访)等
13种特定恶性肿瘤			肺癌、胃癌、结直肠癌、前列腺癌、食管癌、肝癌、膀胱癌、胰腺癌、淋巴癌、肾癌、乳腺癌、子宫颈癌、子宫体癌
等待期			无
参保年龄			无年龄限制

本书补充解释：

(1)质子重离子治疗：是放射治疗手段中的一种，主要目的是控制肿瘤细胞的扩散。

(2)罕见病：指发病率极低的疾病。罕见病多数是先天性疾病，常常会危及生命，尚无特效药，目前全球有10多个大类，约7 000种，如白化病、线粒体病、特发性肺动脉高压病等。2021年9月11日发布的《中国罕见病定义研究报告2021》规定：在我国，符合以下三项条件之一的即为罕见病：新生儿发病率低于万分之一；患病率低于万分之一；患病人数低于14万。截至2022年2月，我国有罕见病患者2 000多万，每年新增20多万。2018年5月、2023年9月我国先后两次发布《罕见病目录》，共列入病种207种。

(3)特定药品：指主要针对罕见病、癌症等特定疾病的用药，其特点是"两高"：治疗费用高，保险费用高。

(4)CAR-T：一种治疗肿瘤的新型精准靶向疗法。目前总体上还处于临床试验阶段,但在部分肿瘤治疗上已经取得良好效果。

二、农村村民可首选"福村宝"作为补充保障

2017年以来,我国农村纷纷推出一种普惠性医疗互助合作方式——地方定制型"乡村医疗互助"项目(简称"福村宝"),被称为乡镇政府办的"第二农保",同样可作为农村老年人购买商业医疗保险的首选。2023年,福村宝推出"新型职工医疗互助"一站式服务,从此走向城市。

"福村宝"的主流模式是"乡镇政府引导、村委居委组织、村民自愿参与",通过"村民个人、社会赞助、集体补贴"等融资渠道,将资金统一存放在乡镇财政账上组成医保基金,专款专用、封闭运行,如有结余结转下年使用,主要目的在于有效降低"因病返贫致贫率"。所以,"福村宝"深受农民欢迎,参保家庭比例高达70%。2021年2月,被中共中央、国务院授予"全国脱贫攻坚先进集体"称号。截至2024年2月15日,全国共有15个省、209个县区通过"福村宝"平台报销费用累计191.19万人次,累计报销金额16.25亿元,平均每人次报销费用850元。

特别指出的是,由于"福村宝"医疗互助是在每个乡镇(街道)范围内进行,所以虽然政策大同小异,但报销金额必然存在差异,具体保障内容请以当地政府每年新发布的条例为准。

"福村宝"保障内容举例。

表11-2是江苏宜兴××镇政府2023年10月推出的"福村宝"医疗互助方案,仅供参考。

表11-2 ××镇2023年度"福村宝"保障内容

项 目	保障内容解读
参保对象	本镇户籍村民均可参保,不限年龄、健康状况,但要以家庭为单位
参保金额	参保个人每人每年出资30元,村镇集体补贴每人每年50元
参保时间	2023年10月25日至11月30日
参保方式	只能在"福村宝"App上为全家参保

续表

项　目	保障内容解读
资金管理	全部放在乡镇财政账上,全部报销给村民,余额结转
保障内容	按病种报销,全镇统一标准。无论在哪家医院看病,也无论看了多少钱,每个病种都有固定的报销金额,一样的病种报一样的钱
	病种认定按照国家卫健委 CN-DRGs 应用版标准(覆盖 1 539 个病种,包含所有住院病种)
	下列情况不能报销:(1)非住院治疗;(2)农保、社保不能报的"福村宝"也不能报,如工伤、违法犯罪、第三方全责导致的意外伤害等住院;(3)非定点医院住院;(4)在国外、港澳台地区医院住院治疗的
报销办法	住院一次报销一次,不限次数;每次报销金额最低 300 元,最高 5 万元,年度累计最高 10 万元
	"2023 年度福村宝"参保村民在 2023 年 12 月 1 日至 2024 年 11 月 30 日期间入院后,先由农保或社保报销,单次住院符合以下条件之一的由"福村宝"再报一次(申请报销的截止日期为 2025 年 1 月 31 日):(1)农保报销后个人支付金额≥4 000 元;(2)社保报销后个人支付金额≥2 500 元;(3)未参加农保或社保的人员、中断医保人员,住院总费用≥8 000 元(需先到村里办理申请手续)
	出院后,在福村宝 App 上"报销"栏目,拍照、上传三项资料,即出院记录、入院费用清单、农保或社保报销单
	提交三项资料后,5 个工作日内手机会收到报销多少金额的短信;报销款会由政府定期转至病人本人的宜兴农村商业银行卡

容易看出,"惠民保"和"福村宝"确实有共同的地方,例如参保对象均不论年龄、职业、性别、病史,投保零门槛,具有一定的公益性;但差别也是显而易见的,不宜进行简单比较,例如:

(1)参保性质:"惠民保"是为市民打造的普惠性商业医疗保险;但"福村宝"并非商业保险,而是一种村民医疗互助方式。

(2)报销比例:"惠民保"的免赔额度高,报销比例低,但保额可达几百万元;"福村宝"的免赔额度低,报销金额是由病种决定的"一刀切",但最高保额只有 10 万元。

(3)参保对象:"惠民保"的参保对象范围广,所有市民包括农村居民、新市民都能参加;而"福村宝"的参保对象范围小,仅限于开展"福村宝"的本镇(街道)户籍人口参加,并且要以家庭为单位参保。

第三节　商业性医疗保险

一、购买商业医疗保险的必要性

"保险"的本意是"稳妥""可靠""保障",后来才延伸为一种机制。买保险,更侧重于购买一种安全保障心理。

马斯洛需要理论(美国社会心理学家亚伯拉罕·马斯洛1943年在《人类激励理论》中首次提出)认为,人的需要从低到高分为五个层次,即生理需要、安全需要、社交需要、尊重需要、自我实现需要。层次越低,力量越大,潜力也越大。保险需要属于其中第二层次安全需要中的基本安全需要,目的是为未来的不确定性提供财务保障。

老年人体弱多病,医疗支出费用高,由于以下三点原因,仅靠基本医疗和"惠民保"已无法满足安全需求,更谈不上满足高端医疗需求了。

(一)现有药品报销比例太低

根据《国家基本医疗保险、工伤保险和生育保险药品目录(2023年)》,我国2024年的基本医疗保险可报销药品范围为3 088种,其中西药1 698种、中成药1 390种。

这是一种什么概念呢?2020年我国基本医疗保险可报销药品范围为2 800种,同期市场上的药品总数为152 874种,有人据此认为报销比例只有1.83%。这其实是不准确的,因为前者的种类是中文通用名,后者的种类是药品注册批件名,两者口径不同;如果统一口径的话,前者应是59 480种,这样算来报销比例应该是39%。[①] 不过,那也只是1/3多一点;更主要的是,几乎所有医院都不可能配齐医保范围内的所有药品,基层医院、二级公立医院、三级公立医院的基本药物配备品种比例分别为90%、80%和60%。

[①] 《辟谣!医保目录药品只占全部药品2%?大错特错》,中国医疗保险网,2021年12月1日。

这说明，仅有基本医疗保险以及叠加在基本医疗保险之上的惠民保和福村宝，根本无法有效覆盖疾病风险，这既是去医院看病所需用药不是这个缺货就是那个没有的原因，也是老年人会用大量现金储备来应付就医风险的根源。换个角度看，如果能有效配置商业医疗保险，则可以大大减少这笔额外准备的储蓄。

（二）现有医保报销额度太低

无论是职工医保还是居民医保，都有起付线和封顶线。无论是起付线、封顶线，还是两者之间的报销比例，各地的标准并不统一，而且会根据医院级别区别对待，每年调整一次。而其共同点是，报销额度太低，离"免费医疗"差距甚远，这是出现"因病返贫"现象的根本原因。

以江苏无锡为例，2024年退休职工基本医保待遇政策如表11-3所示。

表11-3　　　　　　2024年无锡市退休职工基本医保待遇

就医类型		医疗机构类型	退休医保待遇
门诊统筹	起付线	—	300元
	基金支付比例	三级机构、定点药店、定点门诊部所	70%
		一、二级机构	85%
		社区	90%
	最高支付限额	全年12 000元（包括在定点药店、门诊发生的合规医疗费用中各类基金支付的最高限额2 000元）	
门诊特殊病	起付线	需约定机构	0
	基金支付比例		98.5%
	最高支付限额		与住院共用限额
住院	起付线（年内第二次住院按50%、第三次起按25%计）	三级机构	900元
		二级机构	600元
		一级机构、社区	300元
	基金支付比例	三级机构	95%
		二级机构	97%
		一级机构（含护理院）、社区	98%
	最高支付限额	50万元（超出部分由大额医疗基金再补助95%）	

(三)现有商业医疗险购买比重太小

虽然已有不少老年人意识到了购买商业医疗险的必要性,但实际生活中,老年人买保险的投入很少,只是象征性地"表示一下意思";等到真正发生风险时,至多只能起到杯水车薪的作用,起不到本书前面所提到的"442阵型"中的守门员作用。

那么,从实际出发,老年人购买商业医疗险的比重要达到多少才算合理呢?一般情况下,可参考"双10定律":(1)家庭总保费支出应占家庭年收入的10%,支出过高可能会超出收入能力承受范围,过低则无法确保保障能力;(2)全家购买的保险额度不要超过家庭年收入的10倍,额度过高可能表明所选保险产品结构不合理。容易看出,这里的保障杠杆实际上达到了100倍。

例如,夫妻俩合计年收入10万元,那么恰当的保险购买金额是每年10%即1万元(这一比例,与标普图中家庭资产配置比例的10%是吻合的);商业保险保障总额度在100万元左右,这样才能起到应有的保障作用。

对高净值人群来说,还可以另外配置高端医疗险,因为该险种涵盖范围包括很多合资医院、外资医院,许多外资医疗机构遍及全球,这就相当于可在全球范围内享受优质医疗资源了。

二、老年人商业医疗险举例

本书以2023年某保险公司专门针对中老年人推出的医疗保险为例加以说明(**免责声明:本内容仅为知识介绍,而非产品推荐**),见表11-4。

本款"××中老年人医疗保险",主要保障意外事故、运动摔伤、新发疾病、银行卡盗刷等12项日常生活责任。具体内容是:

(1)适用人群:50~80周岁。

(2)保险期限:1年。

(3)销售范围:中国大陆(港澳台地区除外)。

(4)保单形式:电子保单、纸质保单。

(5)保费金额:75元起。

(6)保险责任:具体包括以下表中12个保障项目(请特别留意条款中的"责任免除"和"释义"部分)。

表11—4　　　　　　××中老年人医疗保险保障项目

保障计划	保障项目	保额	保障解读
意外保障	意外伤害身故、残疾	5万~30万元	因遭受意外伤害事故导致身故、残疾的,赔偿意外身故保险金或意外残疾保险金
	意外伤害医疗(含门诊及住院)	0.5万~1万元	因遭受意外伤害事故需门诊或住院治疗,事故发生之日起180天内实际支出的按照当地社会医疗保险主管部门规定可报销的、必要的、合理的医疗费用超过人民币100元的部分按90%的比例给付医疗保险金
医疗保障	疾病身故或全残	5万~20万元	保险合同生效30天后(续保者自续保生效后)因疾病导致身故或造成主保险合同所附《人身保险伤残评定标准及代码》所列伤残程度第一级之一者,按保单中载明的保险金额一次性给付保险金
	意外和疾病住院	0.1万~1万元	因意外或自保险生效30天等待期后因疾病需要住院治疗,按照当地社会医疗保险主管部门规定可报销的、必要的、合理的医疗费给付住院医疗保险金——有社保的,扣除社保报销部分后,按免赔额100元、赔付比例90%给付住院医疗保险金;无社保的,按免赔额500元、赔付比例70%给付住院医疗保险金
	意外住院津贴	50~200元/天	遭受意外伤害事故,并自事故发生之日起180天内因该事故进行住院治疗,按照条款和保险单载明的意外住院津贴日额给付保险金,累计给付180天为限
其他保障	火车意外身故、残疾	0~100万元	以乘客身份乘坐商业运营的火车、高铁、地铁、轻轨期间因意外伤害事故导致身故、残疾的,按"火车意外伤害保险金额"给付保险金
	汽车意外身故、残疾	0~30万元	以乘客身份乘坐商业运营的汽车(包括公共汽车、出租车等)期间因意外伤害事故导致身故、残疾的,按"汽车意外伤害保险金额"给付保险金
	燃气意外身故、残疾	0~30万元	遭受燃气意外伤害导致身故、残疾的,按"燃气意外伤害保险金额"给付保险金

续表

保障计划	保障项目	保额	保障解读
其他保障	救护车费用报销	0～0.2万元	遭受意外伤害事故后,对被保险人因该事故实际支付的救护车车费,将在救护车车费保险金额范围内给付"救护车车费保险金"
	银行卡盗刷损失	0～10万元	银行卡被他人盗刷、盗用、复制,对被保险人为此遭受的资金损失予以赔偿。银行卡包括:被保险人名下的借记卡、信用卡主卡及与其关联的附属卡、存折、网银账户和以被保险人为持卡人的信用卡附属卡
医疗服务	家庭医生	专享	对被保险人在服务生效期间遇到的各种伤、病相关的医疗健康问题提供解答和建议,包括但不仅限于:(1)各种身体不适的咨询与指导;(2)就医后,针对伤病情提供医疗解读与分析;(3)突发流行性疾病知识普及和指导
	住院垫付	专享	当被保险人发生保险条款约定的保险事故时,救援公司可以:(1)协助安排住院:向被保险人推荐当地尽可能符合治疗要求的、经救援公司审查认证或与救援公司有合作关系的医疗机构,供被保险人选择就医,并指导办理住院手续。(2)住院医疗费用担保/垫付:被保险人发生保险条款约定的保险事故时,暂未有足够费用支付医院救治费用的,可为被保险人提供住院期间医疗费用的担保/垫付服务。垫付结束后,由救援公司代被保险人申请理赔(担保垫付金额需在保险方案规定的保障额度内)

重要说明:

(1)保单承保次日起有10天犹豫期,其间解除保险合同可退还全部保费。

(2)"社会医疗保险"包括城镇职工基本医疗保险、城镇居民基本医疗保险、新型农村合作医疗、医疗救助等政府举办的基本医疗保障项目。

(3)就诊医院为所有二级及以上公立医院(但不包括主要作为诊所、康复、护理、休养、静养、戒酒、戒毒等或类似的医疗机构)。

(4)保费高低与投保年龄相关。

第 12 课

遗产规划设计

> 生不带来，死不带去。每个人的最后都会有一段或长或短的失能、失智时期，提前处理好个人资产和负债，安排好自己、配偶和子女的生活，越来越成为一种刚需。

第一节　遗产规划的重要性

所谓遗产规划，是指提前对个人财产、丧葬、继承事宜等，做出合法、有效、全面的计划。它包括两层含义：(1)高效率地管理遗产，将财产最大限度地保留下来；(2)顺利地移交遗产，通过合法有效的方式将财产留给受益人。

中国传统文化中，对死亡的最好期许是寿终正寝。寿终是指人的寿命到达终点，自然死亡；正寝是指在家中正房举行葬礼，安然离去。

俗话说，"天有不测风云，人有旦夕祸福"。虽然国人很忌讳"死"这个字，本人提起会被视为不吉，子女提起会被认为不孝，但疾病、事故、地震、疫情、灾难等意外层出不穷,想寿终正寝并非一件易事。

尤其是随着经济社会的发展,人际交往、思想观念潜移默化,私有财产急剧增加,财产纠纷和遗产继承问题趋于复杂化。过去的继承人身份相对简单、明确,现在说不定就会突然冒出个"×奶""情人""私生子"来争夺遗产,甚至对簿公堂。所以,全社会的遗产规划意识也在同步提高。

一、每个人都需要遗产规划

任何人都不可能长生不老,任何人死后都会有或多或少的遗产。活着的时候常常会对子女说:"为来为去,还不都是为你们!"那么,临终时就真正到了兑现这一承诺的时刻。

遗产规划的必要性在于:

(一)理顺财务关系,避免遗产纠纷

通过全面梳理个人及家庭资产和债务,既可以让家人了解彼此的财务状况,制止相互猜疑;又能防止与第三方发生债权债务纠纷,不至于死后还被人骂;还能避免将债务留给家人,尽可能减少家族成员之间的经济纷争,更不至于因为争夺遗产而发生群殴。许多家庭就是因为遗产处置不当,导致整个家庭分崩离析的。

(二)实现个人意愿,处理好家庭关系

遗产规划可以确保按照自身意愿合理分配和使用遗产,包括为被扶养人如子女、父母、兄弟姐妹及其他指定人员,提供生活、教育及工作方面的保障;合理安排并延续自己的爱好和公益事业,确保家族老、幼、病、残都能得到合理的照顾。

所以,遗产规划的基本要求是,尽量通过遗嘱而不是法定继承的方式来安排遗产,这样才能最符合被继承人的意愿。

尤其是在以下三种情况下,遗产规划特别是立遗嘱会成为一种刚需:(1)财产种类较多、规模较大、作价困难,凭自身能力无法厘清。(2)财产虽然种类不多、规模不大,但晚辈中有居心不良者,预计身后可能会引发

遗产纷争,恶人多占,善人被欺。(3)按照法定继承分配遗产并不符合意愿,如想给财产的人不在法定继承范围内;法定继承范围内的人并不都是想给遗产的人,即便是,也希望能厚此薄彼或有所取舍,如只给其中的一两个人;等等。

(三)减少税费支出,合情、合理、合法

遗产,本义是指自然人死亡时遗留的合法财产,包括动产、不动产及一切具有财产价值的权利。科学进行遗产规划,既能为子孙后代保留更多的财富和福祉,又能减免继承税负担,还能在法律、税务上避免可能出现的后遗症。

俗话说,"生不带来,死不带去"。无论是谁,去世前都会有一段或长或短的失能、失智时期,所以,有必要提前处理所拥有或控制的各项资产和负债,提前安排好自己、配偶和子女的生活……遗产规划,正可以妥善处理这些问题。

二、遗产规划可避免许多纠纷

俗话说,"人为财死,鸟为食亡"。在一个物欲横流的社会里,见钱眼开的人太多了。面对遗产尤其是巨额遗产,能顺利通过"视金钱如粪土"的人性考验的人,凤毛麟角。所以,通过遗产规划来预防可能发生的财产纠纷,非常明智。

确定是否属于遗产,首先要确认个人财产。

《民法典》第1062条、第1063条规定,下列财产为夫妻共同财产,夫妻拥有平等处理权:(1)工资、奖金、劳务报酬;(2)生产、经营、投资的收益;(3)知识产权的收益;(4)继承或受赠的财产(遗嘱或赠与合同中确定只归一方的除外);(5)其他应当归共同所有的财产。

《民法典》第1063条规定,下列财产为夫妻一方个人财产:(1)一方的婚前财产;(2)一方因受到人身损害获得的赔偿或补偿;(3)遗嘱或赠与合同中确定只归一方的财产;(4)一方专用的生活用品;(5)其他应当归一方的财产。

《民法典》第1064条规定,下列债务为夫妻共同债务,双方应当共同归还:(1)夫妻双方共同签名或夫妻一方事后追认等共同意思表示所负的债务;(2)夫妻一方在婚姻关系存续期间以个人名义为家庭日常生活需要所负的债务。超出家庭日常生活需要所负债务不属于共同债务,但债权人能够证明该债务用于夫妻共同生活、共同生产经营或基于夫妻双方共同意思表示的除外。

《民法典》第1065条规定,夫妻双方可以约定婚姻期间所得财产及婚前财产,归各自所有、共同所有,或部分各自所有、部分共同所有,这种约定受法律保护,但应当采用书面形式。如果约定婚姻期间所得财产归各自所有,一方对外所负债务应由个人财产清偿。

《民法典》第1066条规定,婚姻期间出现下列情形的,夫妻一方可以向法院请求分割共同财产:(1)一方有隐藏、转移、变卖、毁损、挥霍夫妻共同财产或伪造夫妻共同债务等严重损害夫妻共同财产利益的行为;(2)一方负有法定扶养义务的人患重大疾病需要医治,另一方不同意支付相关医疗费用。

这里插播一个小故事,来看看夫妻共同财产界限及其归属。

上海某外资企业行政主管康小姐,28岁,家庭条件十分优渥,但在感情经历上还是一张白纸。面对王先生历时半年多的猛烈追求,两人结为夫妻,婚前婚后恩爱无比。可是,天有不测风云。婚后不久,康女士的父母就在一次旅游途中发生车祸双双去世,在上海留下的9套房产和商铺以及1 000多万元银行储蓄和理财产品共计约2亿元人民币,自然就留给独生女儿康女士了。

2022年3月,康女士处理完父母的丧事后不久,在结婚还未满一周年之际,突然收到法院寄来的传票,那是她心目中的完美丈夫以性格不合提出的离婚诉讼。康女士惊愕之余,连忙给丈夫打电话,但手机怎么也打不通了;回家一看,丈夫已搬离

第 12 课
遗产规划设计

婚房。

悲愤交加的康女士,在朋友的建议下去咨询律师。律师解释说,由于康女士的父母生前没有留下遗嘱,所以遗产只能按照法定继承;而康女士的祖父母、外祖父母均已去世,所以康女士作为唯一继承人继承这 2 亿元遗产是合法的。无论根据过去的《婚姻法》还是现在的《民法典》,这 2 亿元遗产都属于夫妻共同财产,如果离婚,丈夫可以分走一半。康女士听后非常震惊,表示从来没听说过还有这种"不公平"的规则,更不敢想象父母辛辛苦苦挣下的巨额财产为什么会有"外人"的份!但法律就是这样无情,不懂法律要吃亏。

果然,康女士不久就收到另一张要求分割继承父母遗产的补充诉讼。开庭前,她终于见到昔日恩爱无比、今朝突然翻脸的丈夫,质问他"如果我的父母没有这么多遗产,你还会跟我离婚吗?我父母的遗产为什么要分给你一半?"对方一字一句地回答道:"凭什么?凭我们的结婚证啊!"

律师提醒说:现在的独生子女比比皆是,许多人也许会想到今后的遗产第一顺序继承人是父母、配偶、子女,却往往会忽略很重要的另一点——**如果独生子女已婚,按照法定继承,这遗产就属于夫妻共同财产;离婚时,对方有权分割!**如果想避免发生在康女士身上的这种悲剧,父母应当及早进行遗产规划,在遗嘱中注明遗产仅由子女一人继承。

这不是对另一半放心不放心的问题,而是人性实在经不住考验。

康女士婚前婚后如胶似漆,感情算是深了吧!但对贪财的人来说,只要离婚马上就能分到 1 个亿,也只有离婚才能马上到手 1 个亿,用脚趾头想想都会猜到,他可能怎么做!

这与在房产证上加名字是一样的性质。

本案例中,如果这 9 套房产和商铺都是康女士的婚前财产,男方一无所有。婚后男方提出,这些房产证上都必须加上他的名字,才能证明对他的爱,甚至放言"爱人不可靠,财产才可靠",社会舆论会怎么看?很可能会普遍同情弱者,认为都已经成夫妻了,房产证上加个名字有何不可?但事实可能适得其反——当丈夫得知只要离婚马上就能分走这1个亿财产(那可是他永远都不可能赚到的天文数字)时,很难保证这段婚姻不会马上分崩离析!

第二节 怎样制定遗产规划

一、遗产规划工具

我国目前常用的遗产规划工具有六种,见表12-1。

表12-1 常用遗产规划工具

工具	概要	优点	缺点
遗嘱	生前所做的身后财产安排,死后发生效力	简单、直接、粗暴,受普遍认可	公证遗嘱流程较长,其他类型的遗嘱容易因不规范而失去法律效力
人寿保险	向指定受益人提供财务补偿,可实现遗嘱的部分功能	不用缴纳遗产税,无需公证和支付遗嘱执行费用	流动性差;难以实现更多功能如抚养子女、事业传承等
家族信托	实质是财产所有权转移	财产规划、风险隔离、资产配置、子女教育、家族治理、公益事业	需要过户,涉及税务、法律、投资等,交易成本高(功能越复杂收费越高);只能设立不能买,没有杠杆功能
赠与	实质是财产所有权转移	一定限额内可免缴赠与税	赠与后就失去了控制权。在已开征赠与税的国家(我国尚未开征),免征额对富人来说杯水车薪
基金会	利用捐赠的财产从事公益事业	不用缴税,无期限限制;但须符合监管要求	不能用于家族代际间传承财富;缺乏流动性和灵活性
家族办公室	主要解决"富不过三代"的问题	专为超级富豪家庭提供全方位的财富管理	服务费超过100万美元,国内服务对象的净资产规模均在1亿美元以上

其中最常用的遗产规划是前三种,下面逐一重点介绍。

(一)遗嘱

详见本书第 13 课。

(二)人寿保险

人寿保险以人的寿命为保障对象,它在遗产规划中的作用主要是应对突发风险,因为保险的功能本来就是应对未来的不确定性。

人寿保险的大额保单是财富规划与传承的优秀工具,它指定的受益人的保险金属于受益人个人财产,不属于遗产。所以,人寿保险在投保时指定受益人,便能起到遗嘱的部分功能。

总体来看,人寿保险的功能主要体现为以下四个"保"。

1. 保障功能

保障是指它不仅与国债、储蓄一样可以确保资金安全,而且还能提供风险转移和防范机制,更能节税。

《个人所得税法》第 4 条:"保险赔款"免征个人所得税。

2. 保证功能

保证是指它不仅具有利率保证、额外分红功能,可以锁住长期投资回报率;而且寿险公司不会突然倒闭或跑路。

《保险法》第 89 条:"经营有人寿保险业务的保险公司,除因分立、合并或者被依法撤销外,不得解散。"

3. 保全功能

保全是指它能在家庭财产与企业财产之间构筑一道"防火墙",哪怕你的私营企业破产倒闭,人寿保险金都不必用于偿还债务。

《保险法》第 23 条:"任何单位和个人不得非法干预保险人履行赔偿或者给付保险金的义务,也不得限制被保险人或者受益人取得保险金的权利。"

4. 保持功能

保持是指保单不仅具有转移、传承财富的功能,通过将家人设为受益人,成为极少数能够体现对家人关爱的金融资产;而且具有"利益直达"功能。

例如,购买保险时如果将身故受益人设为其孙子,那么他便可在投保人身故后直接去保险公司领取,无须征求他人同意,且没有时间限制,比遗嘱更直接、更有效。

总之,保险的主要功能是用现在的"确定"应对未来的各种"不确定",即不仅现在要过得好,而且要预期将来过得更好、更踏实。

这里插播一个小故事,来看看人寿保险如何实现保全功能。

有位39岁的私营企业老板孙老板,身价3 000万元,全家住在一套价值1 200万元、有按揭贷款的别墅里,妻子在家全职照看两个孩子。从常人来看,孙老板绝对是成功人士,"车子、房子、票子、妻子、孩子"五子登科。但天有不测风云,突然有一天,孙老板在车祸中死亡,于是家里和企业全都乱成了一锅粥:一方面,债主纷纷上门申请债权保护,公司资产被冻结,随后别墅也因为房贷逾期被银行催讨;另一方面,孙老板在外面的债务也缺人打理,企业和家庭经济面临崩溃的境地。

好在孙老板生前叠加购买了多份意外伤害险,年保费5 000多元,总保额500万元,指定妻子为受益人。根据法律规定,这500万元保险金完全归妻子所有,不属于孙老板的遗产,也不必(《保险法》的用词是"不得")用于企业债务追偿,这才终于让妻儿渡过难关。

(三)家族信托

家族信托被称为富人的避税游戏。信托财产与委托人、受托人、受益人资产相隔离,从而能起到债务隔离的效果,避免家族争产。

家族信托在我国出现得较晚,再加上其门槛高达1 000万元,所以具有一定的神秘性。但是,如果2001年实施《信托法》的时候1 000万元还算是笔巨款的话,现在能踏上这个门槛的普通人就越来越多了。

第 12 课
遗产规划设计

家族信托是指从金融和法律两个角度,为委托人提供所有财产的一揽子解决方案。家族信托财产虽然以现金为主,但包括债权债务、股权、不动产、保险、股票、收藏品、专利权等几乎所有金融资产。它能确保将财产按照委托人的意愿传承给信托受益人,这些受益人包括委托人在内的家庭成员,但不能只是委托人一个人。

我国的家族信托从 2013 年 5 月起步,但开始时并不为人所熟知。2017 年的热门电视剧《人民的名义》播出后,高小琴设立 2 亿元家族信托的故事情节起到一定的推广作用,2020 年开始进入快速成长期。2020 年初我国的家族信托规模是 1 138 亿元,之后平均每月增加 100 亿元。2023 年一季度末,共有 59 家信托公司开展家族信托业务,存续规模 4 976 亿元、信托个数 2.6 万个[①];2023 年末意向人数突破 60 万,意向装入资产人均 3 100 万元。

这里插播两个小故事,来看看家族信托所起的作用。

一是设立了家族信托的香港案例。

2008 年 2 月 19 日,63 岁的香港著名艺人沈殿霞(肥肥)因患肝癌去世。2006 年下半年,当她得知自己已到肝癌晚期后马上立下信托遗嘱,将价值约 6 000 万港元(合人民币 5 089 万元)的遗产存入银行,建立一个家族信托基金,此外还给女儿留下一套价值 3 000 万港元的豪宅。

沈殿霞去世后,从小缺少父爱、花钱大手大脚的 21 岁的女儿郑欣宜,一年内就把这套豪宅低价套现 1 500 万港元,最惨时兜里只有 26 港元。幸亏沈殿霞深谋远虑,在遗嘱中规定,郑欣宜需年满 35 岁才能完全继承这笔遗产,此前只能每个月领取 2 万港元(约人民币 1.7 万元)的生活费。直到 14 年后的 2022 年 5 月 30 日,郑欣宜在社交平台上发文晒照自己已满 35 岁,才意

---

① 钟源:《家族信托存续规模近 5 000 亿元,产品服务日益丰富》,《经济参考报》,2023 年 12 月 6 日。

味着她终于可以完全继承母亲的遗产了。①

在这里,就能充分看出沈殿霞的一片良苦用心——将遗产存为信托后,郑欣宜需要用钱时,必须经过所有监察人的审批同意,才能从受托银行领到这每月2万港元的"拨款",既能保障她的正常生活来源,又能防止巨额遗产被挥霍一空或被渣男所骗,还能帮助她提高理财能力,确保遗产保值增值。经过多年的增值,这6 000万港元早已上亿。

二是没有或不能设立家族信托的国内案例。

一对夫妻离婚后,留下5岁的儿子跟着爷爷奶奶过日子。这是一个典型的"四二一"家庭(四个老人,一对父母,一个孩子),在国人的观念中,可以说这三个家庭将来的所有财产都是留给这孩子的。所以,离婚时双方明确:房产留给孩子,并且再给孩子留40万元生活费,余下的再在夫妻之间进行分配。爷爷奶奶、外公外婆也各自有若干存款转移到孩子名下。并且,所有这些都办妥了法律手续,即孩子是这些财产的唯一继承人。5岁的孩子也知道这一点。

爷爷奶奶平时百般迁就孩子,要什么给什么。由于家庭条件不错,所以物质上常常超前消费。有一次,孩子拿着一张巨额存单到别人那里去要求抵押,以换取一大笔现金来用于零花。对方见这还是个小学生,就及时通报了他的监护人。爷爷奶奶对此感到很惊讶,便问:"你怎么会想到这样做呢?"孩子回答说:"你们不是一直说这些钱早晚都是我的吗?那我现在要用钱了,又有什么不可以呢!"②

看看,这位小小少年就成了法律意义上的"百万富翁",却没有家族信托这道栅栏帮助把关,所以就出现了一系列问题——孩子认为这些钱天

---

① 《郑欣宜可以继承母亲遗产了》,凤凰网,2022年5月30日。
② 严行方:《富孩子,穷孩子(白金版)》,上海:立信会计出版社2016年版,第34页。

第 12 课
遗产规划设计

经地义就是他的,他理所当然拥有支配权。这虽然不能说有错,但其做法确实令人头疼,因为它违背了所有长辈的初衷!

二、遗产规划流程

(一)评估财产状况,计算遗产价值

这方面可结合本书第 6 课《家庭财务分析》中介绍的"家庭资产负债表",来反映个人和家庭财产状况。通过统计遗产种类,计算各项遗产的市值,同时评估相应的税收支出。

需要注意的是,表中的净资产项目要扣除"临终医疗费用、丧葬费用、遗产处置费用、遗产处理的预期税收支出"等,才是可供继承的净遗产。

(二)确定遗产规划目标

遗产规划目标即为被继承人丧失行为能力或去世后,资产和债务安排效果最优化、遗产纳税额支出最小化。

(三)制订遗产规划步骤

通常步骤是:(1)确定遗嘱执行人;(2)确定遗产继承人和受益人名单,以及各自所得份额;(3)确定遗产转移方式;(4)降低遗产转移成本;(5)为遗产提供足够的流动性,以便用于偿还债务和慈善赠与;(6)保持遗产规划的可变性。

确定遗嘱执行人时,民间的通常做法是,在家族成员中请出年长者或地位较高者。在这种情况下,遗产规划的内容在家庭成员内部是公开的。相反,如果遗产种类繁多、遗产规模较大,遗嘱中指定律师或理财师作为遗嘱执行人时,遗产规划的内容会在被继承人死亡后公开。

值得一提的是,遗嘱内容是重大隐私,提前透露哪怕是只对个别人透露都会弊大于利(世上没有不透风的墙),往往会使家庭矛盾提前爆发,甚至让立遗嘱人横竖难做人。

2023 年 5 月 6 日,93 岁的巴菲特在伯克希尔公司股东大会上,针对遗产相关提问时就告诫说:过早向孩子宣读遗嘱中有关财产分配的内容

是错误的,这是犯了一个大错。而且,遗嘱如果过早公开,就很难再改。我觉得,至少75%的人做了这样的错事。你想要的是孩子们在财产分配上能够和平相处,但如果一旦得知财产规划,就各自去找自己的律师,就再也没办法和睦共处了。所以,不要以为草草地写份遗嘱就行了,你的行为、特质、价值才是他们最好的老师,遗嘱应能体现这样的价值和行为。曾经有个富豪,每年都会召集他的孩子们一起吃个饭,然后让他们签一份空白的财产证明。为什么要空白?就是因为他不想让孩子们知道自己究竟有多少钱、每个人到底能分到多少钱。

(四)咨询专家,订立遗嘱

通过咨询专业人士如律师、理财规划师、会计师等,确保遗产规划的科学性、合理性和合法性;同时,订立遗嘱,明确继承人和受益人,以及遗产分配的方式和时间。

(五)定期修订遗产规划

要及时根据财务状况和遗产规划目标的变动,定期修订计划,以确保遗产规划的可执行性。一般建议是,每年或每半年检查修订一次。

三、遗产继承的相关法律

(一)遗产的概念

《民法典》第1122条:"遗产是自然人死亡时遗留的个人合法财产。"

(二)继承开始的时间及死亡时间先后的推定

《民法典》第1121条:"继承从被继承人死亡时开始。相互有继承关系的数人在同一事件中死亡,难以确定死亡时间的,推定没有其他继承人的人先死亡。都有其他继承人,辈分不同的,推定长辈先死亡;辈分相同的,推定同时死亡,相互不发生继承。"

(三)遗产的继承和分配原则

1. 一般原则

(1)遗嘱优先于法定继承的原则。

留有有效遗嘱的,按照遗嘱进行分配;否则,按照法定继承分配。

(2)平均分配的原则。

将遗产平均分配,通常适用于遗产比较简单的情况。《民法典》第1130条:"同一顺序继承人继承遗产的份额,一般应当均等。"

(3)公平分配的原则。

根据年龄、性别、贡献等因素差异化分配,以体现公平的原则。

(4)男女平等的原则。

《民法典》第1126条:"继承权男女平等。"

(5)鼓励家庭成员及社会成员间的扶助的原则。

(6)代位继承的原则。

《民法典》第1128条:"被继承人的子女先于被继承人死亡的,由被继承人的子女的直系晚辈血亲代位继承。被继承人的兄弟姐妹先于被继承人死亡的,由被继承人的兄弟姐妹的子女代位继承。代位继承人一般只能继承被代位继承人有权继承的遗产份额。"

2. 具体原则

遗产继承尤其是法定继承时,是很需要讲点"政治"的。

所谓政治,孙中山认为,"政是众人之事……治是管理众人之事……"[①]无论"政"或"治",其核心都是分配,即基于个体贡献、需求、地位等因素,瓜分一定数量的资源或利益。

当代社会的核心分配规则是:上层按权力,中层按资本,下层按劳动。而在遗产继承中,需要遵照《民法典》的精神突出以下原则:

(1)弱者优先的原则。

《民法典》第1130条:"对生活有特殊困难又缺乏劳动能力的继承人,分配遗产时,应当予以照顾。"

(2)权责对等的原则。

---

① 《孙中山全集》第9卷,北京:中华书局1986年版,第345页。

《民法典》第1130条:"对被继承人尽了主要扶养义务或者与被继承人共同生活的继承人,分配遗产时,可以多分。有扶养能力和有扶养条件的继承人,不尽扶养义务的,分配遗产时,应当不分或者少分。"

(3)适当倾斜的原则。

《民法典》第1131条:"对继承人以外的依靠被继承人扶养的人,或者继承人以外的对被继承人扶养较多的人,可以分给适当的遗产。"第1159条:"应当为缺乏劳动能力又没有生活来源的继承人保留必要的遗产。"

四、法定继承范围及顺序

所谓法定继承,是指在被继承人没有遗嘱的情况下,全体继承人按照《民法典》规定的继承人范围、顺序、遗产分配原则等继承遗产。

《民法典》第1127条、第1129条规定的"法定继承人的范围及继承顺序"是:

(一)第一顺序:配偶、子女、父母、尽了主要赡养义务的丧偶儿媳/丧偶女婿

有第一顺序继承人时,第二顺序继承人不继承。这里的"子女"包括婚生子女、非婚生子女、养子女、有扶养关系的继子女;"父母"包括生父母、养父母、有扶养关系的继父母。

(二)第二顺序:兄弟姐妹、祖父母、外祖父母

没有第一顺序继承人的,由第二顺序继承人继承。这里的"兄弟姐妹"包括同父母的兄弟姐妹、同父异母或同母异父的兄弟姐妹、养兄弟姐妹、有扶养关系的继兄弟姐妹。

但《民法典》第1125条又同时规定下列情形丧失继承权:

表12-2　　　　　　　　丧失继承权的五种情形

情　形	权　利
(1)故意杀害被继承人	丧失继承权和受遗赠权
(2)为争夺遗产而杀害其他继承人	丧失继承权

续表

情　形	权　利
(3)遗弃或虐待被继承人,情节严重的	丧失继承权(确有悔改表现,被继承人表示宽恕或事后在遗嘱中将其列为继承人的除外)
(4)伪造、篡改、隐匿或销毁遗嘱,情节严重的	
(5)以欺诈、胁迫手段迫使或妨碍被继承人设立、变更或撤回遗嘱,情节严重的	

五、遗嘱继承

详见本书第 13 课。

第三节　生前财产传承设计

一、生前财产传承方案举例

家庭财产传承,包括身后的遗产传承和生前的财产移交两部分,它们在物质传递的同时,凝聚着更多的责任和信任,包含着对过去的总结和对未来的期许。所以必须"两手抓":既要确保家庭资产能够得到合理和有效的管理,又要考虑到家庭成员之间的情感和血缘关系。

(一)遗产利他动机

老年人通常会以财产赠与的方式,展现对下一代或隔代亲属的福利贡献和生活关怀。

这种遗产利他动机受以下因素的影响:(1)传统观念。认为父母的遗产当然是留给子女的。(2)子女数量。独生子女无须通过竞争即可独享父母遗产,多子女家庭这种关系就复杂了。(3)后代的收入水平。晚辈的家庭收入越低,越容易激发长辈的遗产利他动机。

(二)生前财产传承步骤

1. 建立"特别基金"

拿出部分财产或资金来建立特别基金,主要用途是,在晚辈亲属中,暗中资助你认为需要特别照顾的人,理由主要有两点。

(1)他需要你的补贴。如经济条件差、收入低(甚至一直失业在家)、开销大(如买房买车、体弱多病、上学费用大)等。

(2)你愿意补贴给他。如他特别聪明、对你特别照顾等。如果他年龄还小,可以专门为他留一笔钱,作为以后上学、创业、结婚的专项资助。注意,不要搞平均主义,每人有份不如不给。

2. 将剩下的钱有几个子女就分成几份

(1)明确告诉他们,所有的钱都在这里,每人一份,都有份。与其等去世后他们去翻箱倒柜,或者去各个银行查询名下有没有储蓄,既太累,又容易产生猜疑,甚至会闹得全家鸡犬不宁。现在直接把话说到位了,这些问题就都没了。

(2)只说每人有份,但不告知具体金额,并且强调要在丧事完成后才能去兑现。这样,就能确保生前平安无事。至于将来各人会不会嫌多嫌少,有矛盾,或者有看法,已是身后之事,想管也管不到了!

(三)隔代遗赠办法

俗话说,"人老隔辈亲,爷奶疼小孙"。许多老年人对孙子、外孙的感情比对自己的儿女还深,希望把遗产直接留给孙辈。具体途径有:

1. 购房时直接将房产登记在孙子名下

好处有两条:(1)这套房子已经成为孙子的婚前财产,不用担心结婚后被配偶分割。(2)因为这本身就是孙子的房子,不是你的,所以将来不用办理遗产继承,能够节省一些税费,更与遗产税无关。

缺点也有两条:(1)这套房子将来如果要出售或转让的话,要等孙子年满18岁之后经其同意才能处理;18岁之前要处理的话,处置权在其监护人即父母手里。虽然这购房款是你出的,但房子与你无关。(2)万一孙子在你之前去世,法定继承时你并非遗产继承人,所以房子不但没有你的份,而且如果父母再婚,还会落到继父/继母手里。

2. 通过遗嘱将房子留给孙子

法定继承时,孙子既不属于第一顺序,也不属于第二顺序继承人,不是法定继承人;遗嘱中将财产留给孙子,孙子的身份是受遗赠人。

《民法典》第 1124 条:"受遗赠人应当在知道受遗赠后 60 日内,作出接受或者放弃受遗赠的表示;到期没有表示的,视为放弃受遗赠。"即,如果孙子在知道爷爷奶奶身故后的 60 天内,没有明确表示接受遗赠,这套房产便会进入法定继承程序,分配给其他法定继承人,完全没有孙子的份。也就是说,即使立了遗嘱将财产留给他,仍然需要他明确作出接受的表示,否则会失效。

3. 购买大额终身寿险,指定孙子为身故受益人

这样,爷爷奶奶去世后,孙子就可以直接去保险公司领取这笔身故金,不管他同不同意,都是他的,也无须征求别人意见,且没有时间限制。需要注意的是,如果保单上没有指定身故受益人,那么这笔身故金就会作为遗产进入法定继承程序,无论如何都与孙子无关。

二、如何进行房产过户

遗产规划中要考虑的问题很多,仅仅是房产过户,就涉及继承、赠与、买卖这三种方式。

这里插播一个小故事,来看看这三种过户方式的不同。

> 老王年事已高,身体一天不如一天,名下值钱的财产主要是一套房子。他虽说有个独生子,但这孩子喜欢折腾,不是经常搞所谓的"创业",就是孤注一掷地炒股、买彩票,结局总是希望越大、失望越大。老王担心的是,如果这房子留给儿子,早晚要败光,不如直接留给孙子好。
>
> 但怎么给孙子才好呢? 老王咨询过一些人,结果越听越糊涂。恰好有一次,他得知同事的儿子是律师,于是专门去他那里做了咨询。
>
> 律师的观点是,房产过户确实有继承、赠与、买卖这三种方

式,但其税收的开征和税率的确定都会经过反复论证,所以不会出现哪种方式特别好、特别有漏洞可钻的情形,需要具体问题具体分析。

(一)从过户时需要缴纳的税费看

(1)继承方式只需缴纳个人所得税、印花税、契税(1%或1.5%)。

(2)赠与方式需要缴纳评估费、印花税、契税(3%)。

(3)买卖方式需缴纳个人所得税(所得部分20%)、契税、印花税。

归纳起来看,应首选继承,其次赠与,后选买卖。

(二)从今后的房产用途看

(1)如果这房子孙子只是住的,采用继承方式的总费用最少。因为不是买卖关系,不涉及个人所得税,那就安安分分地等遗嘱继承吧。

(2)如果这房子以后要卖出去,现在采用买卖方式过户的总费用最少。虽然以后交易时也要缴纳个人所得税,但价格需要扣除现在老王卖给孙子时的基数,这样要缴的税费就少了。相反,如果采用继承和赠与的方式,将来交易时是需要按原价缴纳税费的。

当然,这里也有一个问题,那就是爷爷将房子卖给孙子,国人在观念上接受不了;如果是这样,那就采用遗嘱继承吧,赠与方式是下策。

归纳起来看,应首选买卖,其次继承,后选赠与。

(三)从办理手续的繁简程度看

(1)买卖方式的手续最简单,凭合同、产权证书、身份证、纳税凭证就可办理过户。

(2)赠与方式的手续也很简单,但略多于买卖方式。

(3)继承方式的手续最复杂,主要有三点:①如果子女较多,并且存在法律上必须留给财产的情况,遗嘱中就无法排除这些人的继承权;②如果处分的财产是夫妻共同财产,那么该部分遗嘱是无效的,因为夫妻一方只能处分共同财产里属于自己的份额;③另外就是时间问题,至少要等老王去世后继承行为才会正式开始。

归纳起来看,应首选买卖,其次赠与,后选继承。

至于**所有权人生前安置房(安居房)的过户**,通常的规定是,首先必须补缴土地出让金,过户方式可选买卖(须补缴契税和个人所得税)或赠与(须补缴契税,直系亲属可打八折)。如果觉得土地出让金太高,或暂时不想缴,也可通过遗嘱继承或公告继承的方式过户,这样即可免缴土地出让金,但需所有法定继承人到场签字同意。

第 13 课

遗嘱应知应会

> 遗嘱是遗产规划的核心。当家庭关系复杂、财产种类较多,或有居心不良者,或法定继承不合意愿时,遗嘱几乎是必需的。遗嘱订立条件苛刻,稍有不慎便会无效。

第一节 遗嘱继承优先原则

所谓遗嘱继承,是指根据遗嘱人生前所立的合法、有效的遗嘱来分配遗产。

遗嘱继承与法定继承相对,是对法定继承的排斥。也就是说,如果立有合法有效的遗嘱,就需要按照遗嘱来执行;只有没立遗嘱或者遗嘱无效的,才能按照法定继承来执行(《民法典》第1123条)。

遗嘱继承由两大法律事实构成:(1)遗嘱人已经死亡;(2)遗嘱人生前立有合法、有效的遗嘱(其标志是:立遗嘱是遗嘱人独立的民事行为,且能直接体现遗嘱人的真实想法)。

第 13 课
遗嘱应知应会

一、遗嘱的方式

(一)遗嘱的订立方式

法律规定遗嘱共有六种方式,其他方式均无法律效力,见表 13—1。

表 13—1　　　　　　　　　遗嘱的六种法定方式

方式	概　要	特　点
公证遗嘱	经过公证机关公证的遗嘱	只能由公证处办理
自书遗嘱	亲笔书写、签名、注明年月日的遗嘱	简单易行,内容真实
代书遗嘱	他人代笔的书面遗嘱。有两个以上见证人在场见证,其中一人代书,注明年月日,并由代书人、其他见证人和遗嘱人签名	适合自己不能或不愿意书写的情形
打印遗嘱	应有两个以上见证人在场见证。遗嘱人和见证人应当在遗嘱的每一页签名,并注明年月日	适合自己不能或不愿意书写的情形
录音录像遗嘱	以录音录像方式录制的口述遗嘱,应有两个以上见证人在场见证。遗嘱人和见证人应在录音录像中记录姓名、肖像及年月日	比口头遗嘱可靠,且取证方便
口头遗嘱	只是口头表述,应有两个以上见证人见证。通常是在危急情况下所立,并须转述	危急情况消除后失效

这六种遗嘱之间的关系是:(1)以最后一份遗嘱为准;(2)如果最后的那份遗嘱无效,以有效遗嘱中的最后一份为准;(3)如果所有遗嘱都无效,按法定继承执行;(4)公证遗嘱不再具有优先效力,如果与法律法规相抵触,或程序不规范,同样无效,或者会被撤销。

这里插播一个小故事,来看看遗嘱方式的效力。

2021 年 7 月 16 日,上海的老赵因病自觉不久于人世,于是在家族微信群里发了一条"遗嘱":自己离异多年,只有一个独生女儿,看病的钱都是女儿掏的,所以身后遗产全部归女儿继承。

老赵去世后,留下的房产、汽车、股份、存款等都掌握在母亲(女儿的外婆)手里。外婆住在外地的儿子家,拒绝配合外孙女办理继承事宜。外婆(实际上是外婆的儿子、女儿的舅舅)指出,遗嘱发在微信群里是无效的；而外孙女认为，遗嘱是母亲真实意思的表达。

法院判决认为，微信遗嘱并非六种法定遗嘱形式之一，所以属于无效遗嘱，应按法定继承来处理。法院在审理中发现，外婆与外孙女之间的关系其实很不错，矛盾的症结点主要在舅舅那里。经法院调解，双方最终达成协议：外婆放弃继承，遗产和债务均归外孙女继承。

（二）遗嘱对见证人的要求

代书遗嘱、打印遗嘱、录音录像遗嘱、口头遗嘱都需要两个以上的见证人（不能以组织的名义）在场见证，法律在这方面有严格规定。

《民法典》第1140条："下列人员不能作为遗嘱见证人：（一）无民事行为能力人、限制民事行为能力人以及其他不具有见证能力的人；（二）继承人、受遗赠人；（三）与继承人、受遗赠人有利害关系的人。"《最高人民法院关于适用〈中华人民共和国民法典〉继承编的解释（一）》（法释〔2020〕23号）第24条："继承人、受遗赠人的债权人、债务人，共同经营的合伙人，也应当视为与继承人、受遗赠人有利害关系，不能作为遗嘱的见证人。"

这样一来，遗嘱人就会陷入一种两难境地，并很可能导致遗嘱无效——愿意见证的，多是有利害关系的人；完全没有利害关系的人往往不愿意见证（多一事不如少一事嘛）。所以，除非万不得已，否则，自书遗嘱更保险、更省事，也更省钱。

这方面的诀窍有两点：(1)不要因为担心泄密，就去随便找两个陌生人做见证。这不但因为他们是否可靠你不了解，更在于以后遗嘱发生争议、需要见证人出庭作证时，很可能会无法联系或不肯出面。(2)见证人人选可优先考虑居委会（村）干部、派出所民警、教师、医生等。他们的职业特点自带一定公信力，又有相应的见证能力，发生争议后也便于联系。只是年纪要比你轻，以便继承发生时见证人还在世。

这里插播一个小故事，来看看见证人条件之苛刻。

89岁的老丁有一儿一女，日常生活由在本地的女儿照顾了近30年，与在外地工作的儿子几乎没有来往。老丁去世时立有一份打印遗嘱，见证人是好友兼邻居老汤和小汤。遗嘱规定，所有约600万元的遗产全部留给女儿。老丁去世后，儿子坚决不认可这份遗嘱，即使上面有两个见证人的签名，依然向法院提起了诉讼。

法院审理后查明，立遗嘱日期之前，见证人之一的老汤曾经向老丁借款2万元用于临时周转，老丁身边没钱，于是让女儿借给了她，并写有借条。这本是多年前女儿的一个善举，帮助老汤暂时渡过了难关，可是老汤却因此成了"利害关系人"，失去了见证人资格，法院判决该遗嘱无效。只是因为考虑女儿在老丁生前尽到了主要赡养义务，所以分得75％的遗产，另外25％约150万元遗产归儿子所有。

二、遗嘱的订立和内容

遗嘱是遗产规划的主体，所以订立遗嘱时，一定要遵循法律的规定和程序，确保其有效性和合法性；同时，遗嘱内容要清晰明确，避免产生任何歧义和纠纷。

在这方面，除了参照上面六种方式自立遗嘱，还可寻求"遗嘱库"等专业人士的帮助，一站式地解决有关遗嘱起草、见证、保管、继承等方面的困扰，省事也省力；当然，需要支付一定的费用。

遗嘱的主要内容包括以下三部分：(1)指定继承人、受遗赠人；(2)指定遗产分配的办法或份额；(3)可对遗嘱继承人或受遗赠人附加义务，即遗托。

所谓遗托，是指遗嘱中对继承人或受遗赠人附加提出的某种必须履行的义务。履行了该项义务，才能接受遗产或遗赠，反之则否。

但必须指出的是，无论是遗嘱、遗赠还是遗托，都不能违反法律和公序良俗,否则这部分内容便不具备法律效力。

这里插播一个小故事,来看看什么是无效的遗托。

> 浙江杭州的老王患癌症后立下遗嘱,将名下的一幢四层楼房留给妻子老卢和儿子小王各两层,但附加义务是:老卢以后不得再婚,小王将来必须赡养老卢,否则各自便要放弃继承属于自己的这两层房产、归对方所有。
>
> 小王去外地上大学后,老卢独自生活了多年。2023年小王大学毕业,老卢觉得他有独立生活能力了,便准备与同一小区的老张再婚,遭到小王的极力反对。小王告上法庭,要求老卢根据遗托放弃房屋继承;几个要好的小姊妹也纷纷劝她"不要被爱情冲昏头脑",谁知道对方安的是什么心哪!但事情到了这一步,老卢的态度异常坚决:追求自己的幸福并没错,"这婚我还非结不可了"![1]

不用说,"遗孀不得再嫁"的遗托并不具备法律效力。

三、遗嘱的效力

遗嘱按照有无法律效力,分为有效遗嘱和无效遗嘱两大类,见表13—2。

表13—2　　　　　　有效遗嘱与无效遗嘱

有效遗嘱	无效遗嘱
立遗嘱时具有民事行为能力	立遗嘱时无民事行为能力,或是限制民事行为能力人
真实意思的表达	受胁迫、欺诈所立
内容合法	内容伪造或遭篡改

---

[1] 刘颖:《丧偶多年打算再婚的卢女士,不能继承先夫的房产了?》,《都市快报》,2024年1月17日。

续表

有效遗嘱	无效遗嘱
形式符合法律规定	形式非六种法定方式之一;或内容有缺漏,如没有为缺乏劳动能力又无生活来源的继承人保留必要份额时,对应保留份额的处分无效

例如,以下几种遗嘱都是无效的:

(1)自书遗嘱要求全文手写(包括每一个字),签名要签全名、不能省略,年月日要写全、不能只写年月不写日,任何一点做不到都是无效的(《民法典》第1134条)。

(2)遗嘱是夫妻一方亲笔书写,并且注明了年月日,但签名是两个人一起签的。这份遗嘱对没有亲笔书写的那一方来说是无效的。

(3)有证据证明立遗嘱时处于"痴呆、神志不清、不记得刚才发生过什么事"的状态,表明遗嘱人不具备完全民事行为能力。

(4)遗嘱内容表达不清、语法错误、逻辑混乱,通篇口头语。

(5)遗嘱中处分了自己无权处分的财产,如夫妻共同财产、国家集体或他人财产等,那无权处分的部分是无效的。

(6)遗嘱生效时,遗嘱人已经去世,如果有人质疑遗嘱的真实性,就需进行笔迹鉴定。笔迹鉴定对样本材料有要求,样本材料较少或与立遗嘱时间相隔太久,鉴定就会难以开展,从而影响遗嘱效力。如果遗嘱提供方拒绝笔迹鉴定,一般都会判决遗嘱无效。

四、遗嘱的执行

遗嘱执行人也称遗产管理人,是负责遗嘱执行、遗产处理的关键人物。遗嘱中如果没有指定遗产管理人,应当由继承人及时推选;没有推选的,由所有继承人共同担任遗产管理人(《民法典》第1145条)。

遗产管理人的职责是:(1)清理遗产并制作遗产清单;(2)向继承人报告遗产情况;(3)采取必要措施防止遗产毁损、灭失;(4)处理被继承人的债权债务;(5)按照遗嘱或依照法律规定分割遗产;(6)实施与管理遗产有关的其他必要行为(《民法典》第 1147 条)。

遗产管理人应当依法履行职责,因故意或重大过失造成继承人、受遗赠人、债权人损害的,应承担民事责任(《民法典》第 1148 条)。遗产管理人可以依照法律规定或约定获得报酬(《民法典》第 1149 条)。

五、自书遗嘱模板

自书遗嘱模板目前共有 20 多种,本书设计参考样式如下(免责声明:仅为知识介绍,如果据此自书导致无效,本书不承担任何责任)。

自书遗嘱

　　立遗嘱人＿＿＿＿,性别＿＿,出生日期＿＿＿＿,住址＿＿＿＿,公民身份证号码＿＿＿＿,手机号＿＿＿＿。

　　我与＿＿＿＿(公民身份证号码＿＿＿＿)是夫妻关系,共有＿＿个子女,分别为＿＿＿＿(公民身份证号码＿＿＿＿)。我年岁已高,为避免因遗产继承问题发生争议,特立遗嘱如下:

　　一、关于本遗嘱

　　1. 订立本遗嘱时,我身体状况良好、精神状况正常,具有完全民事行为能力。

　　2. 本遗嘱所有内容均为我的真实想法,未受到胁迫、欺骗。

　　3. 在本遗嘱订立前,我未对本遗嘱所涉财产与他人签订遗赠抚养协议或赠与合同,也未订立过其他遗嘱。

　　二、遗嘱内容

　　1. 我的个人财产清单如下

　　(以下列举所有财产的名称、数额、价值:房产要列明坐落、面积、产权证号;车辆要列明车型、外观颜色、车牌号;储蓄要列明银行卡户名、卡号、余额;股票、基金、保险、股权、债权、债务等要列明账户名称和账号,对方单位和账号、明细金额;等等)

　　2. 财产处理办法

> (1)我的全部个人财产包括但不限于房产、现金、股票、基金、保险、专利权等,全部遗赠给我的配偶_____。
>
> (2)如果我的配偶在我之前去世或与我一同遇难,我的全部个人财产按照以下顺序进行分配(均作为子女个人财产,而非夫妻共同财产):
>
> ……,……
>
> 3.其他
>
> ……,……
>
> 立遗嘱人_____
>
> ____年____月____日

本书说明:

(1)遗嘱中是否要指定遗嘱执行人(遗产处理人),是否一定要有见证人、按手印,法律上没有明确要求。如要指定遗嘱执行人,可写在最后部分"其他"中。

(2)不要以为自己文化水平不高,或者嫌麻烦,就"随便写写"。"长话短说"当然可以,但一定要语义完整、表达清楚。

这里插播一个小故事,来看看有歧义的遗嘱会如何添乱。

> 曾经有份遗嘱的内容只有一句话:"本人百年之后,所有财产由长子处理。"结果,长子认为,父亲把所有的遗产都留给了他,让他"处理";而其他两个儿子则认为,这只是让长子"负责"处理,即充当遗产管理人。官司打到法院,法院认为,这遗嘱形式虽然合法,但内容表达不清,所以认定无效,改按法定继承。

这样的遗嘱还不如不写,写了反而让三个儿子反目成仇。

(3)《论语》中说,"人之将死,其言也善"。遗嘱中是没有什么不能交代的,包括隐私,再不说就真的没机会了。例如,对一些具有个人癖好包括有纪念意义的物品如何处理,葬礼、骨灰、墓地安排设想等;类似"请尊重死者的尊严和生者的权利,我生前与多位女性之间的私人关系就不要再刨根究底了""我的未竟作品如有机会可整理出版,书信及日记切勿发表"等告诫,都可以写在遗嘱中。

(4)要将遗嘱送达到每一位继承人手里,是一件十分困难的事。这方面最简单、有效的办法是:通过 EMS 邮政速递或邮政挂号信(不能是邮政快递包裹)寄出,对方的签收日就是默认收到日,60 天内没有提起异议便自动生效;将来如有纠纷,邮局的寄递资料(邮戳、寄递局、收据)是国家级信誉证明,全国法院都认可。最高人民法院《关于以法院专递方式邮寄送达民事诉讼文书的若干规定》(法释〔2004〕13 号):"第一条 人民法院直接送达诉讼文书有困难的,可以交由国家邮政机构以法院专递方式邮寄送达""第二条 以法院专递方式邮寄送达民事诉讼文书的,其送达与人民法院送达具有同等法律效力",这便是重要文件如政府公文、法院传票、律师函、启封使用前的高考试卷、高考录取通知书等全都是由邮政寄送的原因。

第二节　订立时间尽早原则

一、目前我国立遗嘱年龄的现状

在国外,遗产规划通常会聘请律师、理财师或专门机构来进行。在我国,由于以下三条原因,遗产规划比较简单,最常见的是立个遗嘱来"交代后事",目的是防止家庭纷争:(1)遗产数量不多、种类较少,不足挂齿;(2)国人特别忌讳与"死"有关的一切事物(有时即使偶尔提到,也会连忙说"呸呸呸"来表示吐在地上了,不算数),更谈不上遗产规划意识;(3)相应法律不完备,缺乏高额的遗产税和赠与税(有了这两样,没人会不重视的)。

所以能看到,目前我国立遗嘱的人年龄多在 75 岁以上。一般是老人在病重或发生意外事故后,自觉不久于人世时,才会召集子女和亲戚,交代一下对葬礼、老伴余生和个人财产如何安排等,这其实就是一种简单的遗产规划。也有的是老伴去世了,财产分配问题开始露出水面,甚至已经闹得不可开交,于是另一半突然觉得必须立遗嘱了。

相反,60多岁的初老人群普遍处于"不服老"状态,觉得立遗嘱这件事情离自己还远。

六七十岁的人中当然也有想立遗嘱的,但多数是因为家庭关系复杂,想通过立遗嘱的方式把身后事提前规划好。这种复杂性主要体现在两个方面:(1)家庭成员较多或关系复杂。如子女较多,有收养、继父母关系或有私生子等。(2)财产关系复杂。如家中有共有房产、共同置业、公司股份,尤其是在家族企业中相互参股等。

二、律师的建议

(一)立遗嘱的最晚年龄段在70~80岁

这一年龄段的老人尚能保持头脑清醒,可以进行从容规划,不会被人质疑是否具备完全民事行为能力;又能兼顾到国人的心理,毕竟如此高龄了,对死亡已不再那么忌讳和恐惧。

80岁以上的人虽然对生死看得更透,对遗嘱的认知程度更高,但往往会失去立遗嘱的必备条件:不少人已失去完全民事行为能力,如患有阿尔兹海默病;听说读写能力衰退;语言表达不连贯,无法清楚地表达真实意思;手抖得厉害,连签个名、写个日期都很难完成(即使好不容易"画"完了,笔迹鉴定也无法确认是不是他的亲笔)。

也有80岁以上的人依然精神矍铄、逻辑缜密,但受益人很难证明其具备完全民事行为能力,从而导致遗嘱无法得到执行。

(二)通常情况下,立遗嘱的时间越早越好

中青年想立遗嘱的比例在逐年上升,只是还缺少紧迫感。但早有早的好处:如果父母在子女恋爱前就立下遗嘱,指定各自财产将来由子女一人继承,不作为婚后共同财产,就会避免在子女恋爱、结婚后再立遗嘱那种似乎专门针对另一半的猜疑,避免影响到小两口的感情。

总的来说，70岁以下如果有立遗嘱的愿望，应抓紧完成，因为谁都不知道意外和明天哪一个先来。考虑到这个年龄立遗嘱后将来多要修改，遗嘱库一般都会提供一些优惠政策，如第一次修改免费、第二次5折收费、第三次7.5折、第四次才收全款等。

这里插播一个小故事，来看看没有立遗嘱会导致怎样的麻烦。

杨女士是独生女，父亲于2004年去世，母亲于2007年去世，两人都没有留下遗嘱。2023年，当杨女士去办理继承父母留下的一套房子的手续时，被告知这套房子一共牵涉到22位继承人，需要一同去签字才行。

先考察一下杨女士的亲属关系图，如图13－1所示。

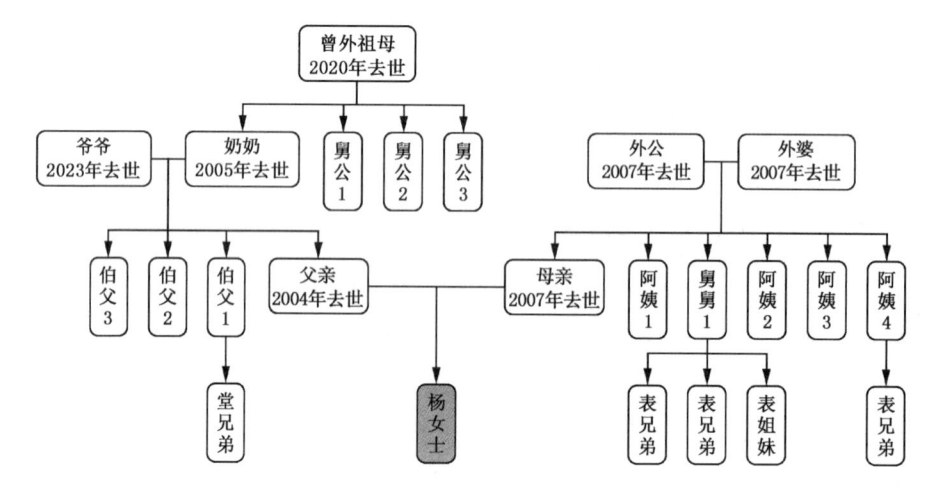

图13－1 杨女士的亲属关系图

这套房子无疑属于夫妻共同财产，杨女士的父母各占1/2。下面就按照法定继承程序，以去世先后为序来考察继承图。

父亲2004年去世时没有留下遗嘱，所以应按法定继承处理。父亲去世后的第一顺序继承人共有4位，他们各自的继承份额都是1/2的1/4即1/8，如图13－2所示。这时母亲共有5/8份额。

第 13 课
遗嘱应知应会

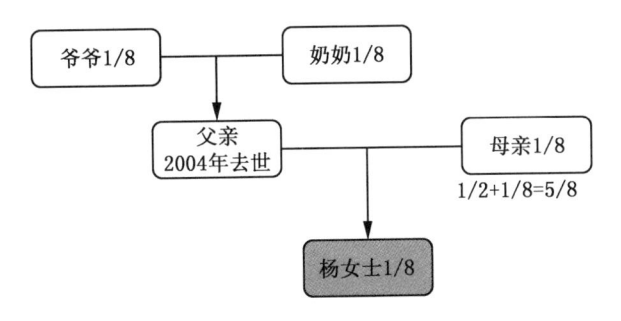

```
爷爷1/8 —— 奶奶1/8
         ↓
       父亲
     2004年去世 —— 母亲1/8
         ↓         1/2+1/8=5/8
       杨女士1/8
```

图 13-2　父亲去世后的继承关系

第 2 位去世的是奶奶，2005 年去世时也没有留下遗嘱。奶奶的第一顺序继承人共有 6 位，都可转继承这套房子 1/8 份额的 1/6 即 1/48，如图 13-3 所示。其中，因为父亲已经去世，所以父亲的份额由杨女士代位继承，这时杨女士共有份额 7/48，爷爷也是 7/48。

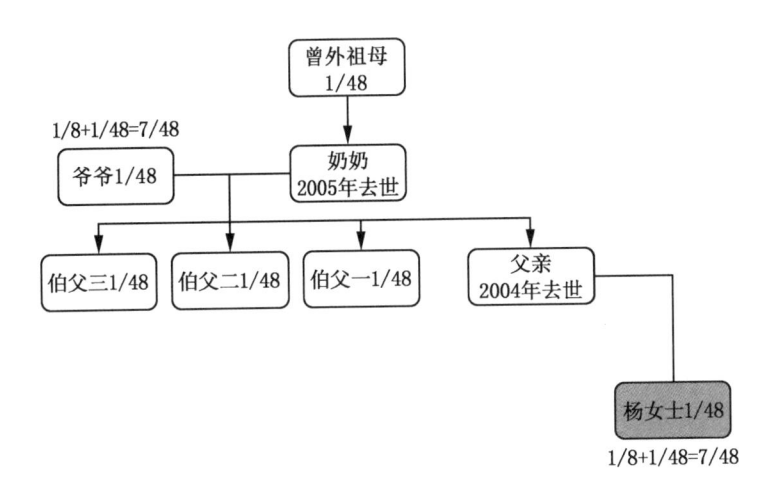

```
                曾外祖母
                 1/48
                   ↓
1/8+1/48=7/48   
   爷爷1/48 —— 奶奶
              2005年去世
       ↓    ↓    ↓    ↓
   伯父三1/48 伯父二1/48 伯父一1/48 父亲
                               2004年去世
                                   ↓
                               杨女士1/48
                              1/8+1/48=7/48
```

图 13-3　奶奶去世后的继承关系

第 3 位去世的是母亲，2007 年去世时没有留下遗嘱。母亲的第一顺序继承人共有 3 位，都可继承这套房子 5/8 份额的 1/3 即 5/24，如图 13-4 所示。这时杨女士共有份额 17/48。

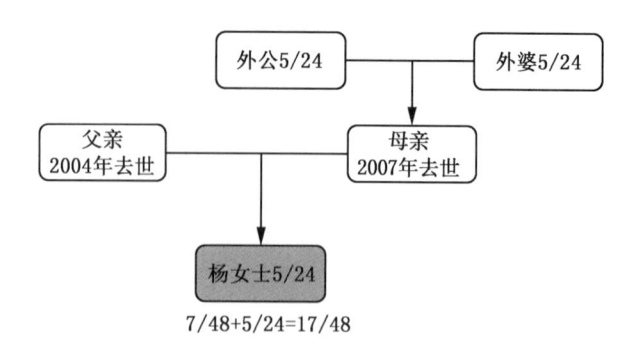

```
              外公5/24 ─────→ 外婆5/24
                              │
    父亲            母亲
   2004年去世 ───── 2007年去世
                    │
                  杨女士5/24
                7/48+5/24=17/48
```

图13—4 母亲去世后的继承关系

按照这样的法定继承方式,第4位是2007年去世的外公、第5位是2007年去世的外婆、第6位是2023年去世的爷爷,他们去世后的第一顺序继承人对这套房子都有继承权。直到杨女士2023年准备办理继承这套房产手续时,健在的21人均有份,包括杨女士在内共22人。[①]

随着时间的推移,这套房子的继承人会越来越多;一次又一次的代位继承和转继承关系纵横交错,办理继承的手续也会越来越复杂。许多堂兄弟可能根本就没联系,要求他们都来配合你办理过户手续是不现实的。并且,作为主继承人的杨女士,不但要算清自己的继承份额,还要算清其他每一位继承人的继承份额,并得到他们所有人的认同。

除非房子变现,每人或多或少能分个几万元、几十万元,否则要让大家一起去办继承手续的可能性微乎其微。即使所有人都同意,万一其中有人已经在国外定居多年回不来,或者瘫痪在床根本起不来呢!

如果房子不变现,就意味着杨女士要现掏几百万元归并费付给其他继承人,或者让他们一个个答应放弃继承权,她才有可能"买"下完全继承权。

另外,无论变现不变现,如何给这房产作价是一件十分头疼的事,几

[①] 雷春波、陈晓卓:《明明是独生女,父母去世后怎么牵扯出了22位继承人》,澎湃新闻网,2023年8月1日。

乎不可能确定一个让所有继承人都"满意"的价格。

对此，律师有两点建议：(1)即使你只有一个独生子女，最好也能及早订立遗嘱，让遗产继承关系变得简单明了，更重要的是符合遗嘱人的意愿；(2)一旦发生继承关系，要尽快办理继承手续，否则越到后面越复杂，甚至连一张完整的继承图都画不出来，就更别提其他了。

第三节　如何取出现金遗产

有的老年人省吃俭用，把辛辛苦苦挣来的钱全部存在银行里，想在适当的时候留给子女，不料发生意外。所以，他们虽然在遗嘱中规定了遗产分配办法，但其中有相当一部分甚至全部都在银行里。根据现行政策，要想及时取出还真有难度。更严重的是，有时家人对老人的钱存在哪里、存了多少、有没有到期一概不知，这时候麻烦就会更多。

以下对策可供参考。

一、如果户口簿、身份证尚未被注销

（一）知道取款密码时

1. 有银行卡的去自助取款机上取款

要注意的是，每天的取款限额为5万元，如果数额大的话，需要分几天才能取完。

这里的小窍门是：为了避免将来的麻烦，老年人在头脑清醒时要尽量把各种银行卡账号和密码透露给家人；如果不肯透露或不便透露，可写在遗嘱中，至少也要把它记在本子上，放在容易找到的地方。

2. 只有纸质存折的去银行柜台取款

所需证件：储户身份证、储蓄凭证、取款密码、代取人身份证。

3. 开通手机银行的在手机银行上转出

可直接通过手机银行，将账户上的余额全部转至继承人之一的账户上，然后再作为遗产进行分配。

（二）不知道取款密码时

那就只能凭储户身份证、储蓄凭证、代取人身份证去银行柜台取款了。只不过，如果银行得知储户已去世，会要求出具关系证明、储户死亡证明、公证书等材料，使得提取变得困难重重。

二、如果户口簿、身份证已经被注销

（一）知道取款密码时

这时可以去自助取款机上取款，或者通过手机银行转出。

（二）不知道取款密码时

1. "两手抓"

（1）找。即从遗物中去寻找有没有把取款密码记下来（多数老年人有这样的习惯）。

（2）猜。即根据平时对老人的了解，猜想可能会用什么样的密码，然后在手机银行或自助取款机上进行盲试（只是每天都有累计输错次数的限制，不要因超过次数而被吞卡）。

2. 去银行查询

根据2019年4月4日中国银行保险监督管理委员会办公厅、司法部办公厅联合发布的《关于简化查询已故存款人存款相关事项的通知》（银保监办发〔2019〕107号），已故存款人的配偶、父母、子女均可单独或共同向银行提交书面申请，查询储蓄业务；取消了过去必须提供公证机构"储蓄查询函"的规定，也不再需要兄弟姐妹同时到场。

（1）需提供材料

①已故存款人死亡证明。

②能够证明亲属关系的材料，如居民户口簿、证明夫妻关系的结婚证、证明亲子关系的出生证等。

③本人有效身份证件。

④如果是公证遗嘱指定的继承人或受遗赠人，还需另附公证遗嘱。

(2) 查询范围

包括储蓄余额、非储蓄类金融资产余额。

只要能通过形式审查要求，就可获得书面告知结果；如果购买了银行代销且无法确定金额的第三方产品，银行会告诉你去哪里查询。

三、提取已故存款人储蓄的依据和方式

（一）提取依据

2021年1月28日，中国银行保险监督管理委员会办公厅、中国人民银行办公厅联合发布《关于简化提取已故存款人小额存款相关事宜的通知》(银保监办发〔2021〕18号)，已故存款人同时符合以下条件的小额储蓄，可不经公证程序直接提取：(1)在同一法人银行的账户余额(包括该行发行的非储蓄类金融产品)合计不超过1万～5万元(具体限额标准由各银行自定)人民币或等值外币(不含未结利息)。(2)提取申请人为已故存款人的配偶、子女、父母，或公证遗嘱指定的继承人、受遗赠人。

2024年4月19日，国家金融监督管理总局、中国人民银行联合发布《关于优化已故存款人小额存款提取有关要求的通知》(金规〔2024〕6号)，要求从2024年6月1日起(农村中小银行最迟2026年1月1日起)，执行以下补充规定：(1)简化提取限额统一提高至5万元人民币或等值外币(不含未结利息)，简化提取范围扩大到黄金积存产品及代销的国债、理财产品。(2)第一顺序继承人如果提出申请，银行应提供已故存款人死亡前6个月内及死亡后的账户交易明细。(3)已故存款人账户汇入的丧葬费、抚恤金，可全额简化提取，不计入5万元的账户限额。

（二）提取方式

提取已故存款人小额储蓄时，需要提供以下材料：

(1)已故存款人的死亡证明。

(2)能够证明亲属关系的材料，如居民户口簿、证明夫妻关系的结婚证、证明亲子关系的出生证等。

(3)提取申请人的有效身份证、亲笔签名的承诺书(同意一次性提取本息,并在提取后销户)。

(4)如果是公证遗嘱指定的继承人或受遗赠人,还需另附公证遗嘱。

提取人单独或共同提取已故存款人小额储蓄时,不再需要像过去那样提交该储蓄已经经过公证的规定;提取储蓄后,继承人之间如果发生纠纷,与银行无关。

但是,如果储蓄数额超过上述限额,仍需要提供公证机构出具的"继承权证明书";并且,所有继承人须协商一致才能提取,无法协商一致的须提供法院的判决书才能提取。但即使如此,依然大概率是一件麻烦事。

这里插播两个小故事,来看看取出已故存款人的储蓄是何等之难。

河北张家口农民老许,结婚后就一直和母亲住在一起,一家其乐融融。老许夫妻俩挣的钱全都交给母亲刘老太保管,而刘老太则在省吃俭用后,有钱就去存在银行里。

2014年,81岁的刘老太去世,户口被注销。家中独子的老许在整理遗物时,发现了母亲的存折,出于对母亲的思念和"图省事"心态,之后依然继续用这张存折来存取款。

2021年7月,就在他前段时间还往里存了1万元的背景下,因为急需用钱,准备去银行取出这全部16万元储蓄。银行告知,该存折处于无法使用状态,如果要想取出,需要去公证处开具母子关系证明。

68岁的老许去公证处后,被告知需要提供一份社区开具的老许"没有任何兄弟姐妹、父亲已去世、母亲没有再婚、如果再婚有没有生子"的证明。但社区的答复是,2020年开始就不再出具任何关于证实亲属关系、独生子女等的证明了,建议去父亲或母亲生前的工作单位开。父亲的生前单位倒是没有为难他,出了一份"员工在职期间的个人信息及履历"证明信。再次来到公证处后被告知,他们只接受社区开具的证明;更不用说,这证明信上并无他父母的身份证号,无法一一对应;此外,还需出具公安机关的"公民死亡证明"。而等老许终于把父母的死亡证明都开来后,公证处却强调必须是死亡后一个月内开的证明。

老许夫妻俩跑前跑后忙了一个多月,一共开了 20 多份证明,但没有一份同时符合银行、公证处、社区的要求。2021 年 8 月末,走投无路的他只好向媒体曝光,很快引来当地电视台的采访,但因为无法证明"我妈是我妈",依然只能望"钱"兴叹。①

另一个故事是,以其人之道还治其人之身,想让银行证明"我爸是我爸"也是一件难事。

2023 年 2 月,浙江台州的老陈去世后,银行要求其家属偿还老陈生前的信用卡欠款 58 000 元。老陈的女儿要求银行先证明"我爸是我爸",否则一切免谈,随即挂断电话。银行随后向法院起诉,法院判决:因银行无法举证这 58 000 元是用于夫妻共同生活的,所以不属于夫妻共同债务,其家人无须归还欠款。②

---

① 《河北男子在亡母存折存 16 万取不出,银行:要证明户主是你妈》,网易网,2023 年 2 月 13 日。

② 《男子生前的信用卡欠款 58 000 元,银行向家属索赔被要求证明亲属关系》,九派新闻,2023 年 2 月 26 日。

第 14 课

亲友借钱策略

> 人活世上,谁没个困难的时候呢?但人是亲戚,钱不是。借钱好比试"金"石,借是情分,不借是本分。谈钱真的容易"伤"感情,借与不借都有"十原则"。

第一节 认清亲友关系现实

一、从人伦关系到人际关系

有人说,现在的人情味越来越淡了。真的吗?真的。正常吗?正常。在我看来,这既是当今社会利己主义泛滥的表现,也是从人伦关系向人际关系、从臣民社会向公民社会进化的关键,说明个人更追求独立、自由、民主了。

所谓人伦关系,是指人与人之间建立在道德基础上的亲疏关系,共有

"五伦",分别是君臣、父子、兄弟、夫妇、朋友(五伦不是每个人都有,每个人都有的只有"父子"一伦)。所谓人际关系,是指人与人之间建立在交往基础上的平等关系。举例来说,看到小区里有个陌生小孩,国人首先会问"这是谁家的孩子啊",这强调的就是亲子关系,是从人伦角度出发的;外国人则首先会问"小朋友,你叫什么名字啊",这强调的就是人与人之间的平等关系,是从人际角度出发的。

回过头来看现实。随着生活节奏变快、城市化进程加快、生活压力增大,人与人之间对家族和血脉的认同感正越来越低,哪怕与一二十年前相比,也已不可同日而语,有时简直可以用"血脉相连,亲情割裂"来形容。

过去只要一提到血缘和亲缘关系,马上就会浑身来劲,平添三分亲近感。即便是完全陌生的两个同姓,若是在异国他乡,也可能会在一句"五百年前是一家"后相互留下联络方式,从此建立联系。如果原本就有来往,那就更会时不时地聚一聚,增进一下感情。

20世纪80年代初,我在省内读大学时,每逢周日,流行挨个去同城高校参观、游览。所到之处,无需找人,只要开口说上几句方言,马上就会有同县老乡出来接待,忙着在校园里拍照留念、在食堂里请客吃饭,热情无比。进入21世纪20年代后,还能看到这一幕吗?

很正常,因为社会现实已经发生了根本性改变,参见表14-1。

表 14-1　　　　　　　　　　当代亲友关系现状

年龄	特征	现状	关系	成　因
70后	年轻时重视感情,中年后逐渐断亲	从群体主义走向个人主义	断亲	(1)绝大多数在城里打工,很少回老家,久而久之亲友关系自然就疏远了 (2)相互攀比、争斗的人多了,人性看透了,自然就对亲缘无感了 (3)生活节奏越来越快、压力越来越大,已经"没时间"联络感情了

续表

年龄	特征	现状	关系	成因
80后	基本上不知道自己有哪些亲戚	半群体主义,半个人主义	无亲	(1)自然现象。一代亲,两代表,三代全不晓。小辈自然难以认全同姓宗亲 (2)独生子女非常普遍,亲戚数量越来越少,亲情自然也就越来越淡 (3)在城里落户越久,与老家的联系就越少。工作太累,休息太少,过年基本上只发微信不探亲了
90后	连孩子都不愿意生了,亲缘关系走向尽头	完全的个人主义	无后	(1)城乡壁垒已破,无需靠亲友关系证明自己,更关心个人和小家庭 (2)生活压力太大,物质至上观念必然会实质性地冲击到亲友关系 (3)自己过得不好,就不再希望去祸害另一半、不再希望让后代来受苦,于是越来越多的人选择不婚不育

亲友的关键节点是人,包括存量和增量。

从存量来看。过年走亲戚,以前像是回娘家,吃了午饭吃晚饭,路远还要住下来;现在则像送快递,一圈跑下来,回家吃晚饭。2022年初的一份调查表明[1],年龄越小的人与亲戚之间的联系越少,绝大多数"90后""00后",如果没什么大事,与亲戚基本不联系,见表14—2。

表14—2　　　　　　　　亲友之间联系频度

	70前	70后	80后	90后	00后
联系频繁	25%	19%	15%	5%	0
经常联系	25%	67%	30%	20%	0
平时偶尔有联系	25%	14%	55%	55%	37%
没事基本不联系	25%	0	0	19%	63%

---

[1] 胡小武、韩天泽:《青年"断亲":何以发生? 何去何从?》,《中国青年研究》,2022年第5期。

第 14 课
亲友借钱策略

这种"断亲"①现象,对年轻人来说,虽会削弱家庭关系,但也能减少无效社交。对老年人来说,只要顺应社会潮流,就不会认为不向亲戚"勤汇报"、不给长辈拜年是什么"大逆不道",就会释然许多。例如,过去串门拜年,一是待客才有好吃的,二是必须上门才能见到面;而现在自家就有好吃的,要联系可以打电话、发视频。老年人主张传统社会的血浓于水,年轻人追求网络时代的同频共振,情况完全不一样了。

从增量来看。有人说,现在的年轻人都在忙着加班呢,哪里还有时间生娃带娃?国家统计局的数据表明,2023年我国企业员工每周平均工作时间49.0小时②,超时22.5%,创下历史最高水平,在全球167个公布数据的国家中位居前三(另外两国是不丹和阿联酋)。试想,年轻人如果连婚都不敢结了,婚后连孩子都不敢生了,传统的血缘亲情就要走向尽头。并且,这个尽头至少目前还看不到边。

从表14-3容易看出,我国人口出生率不断下滑,已经陷入"低生育率陷阱"。具体表现在:

(1)全国人口总数虽然从2022年才开始冲顶回落,但结婚人数尤其是与出生人数关系最为密切的初婚对数从2015年起就率先急剧萎缩,2022年仅为2015年的50%,七年间下跌一半。

(2)随之而来的是,2018年、2020年生育率连下两级大台阶,2023年仅为2016年的47%,七年间下跌一半多。2023年总和生育率仅有1.05,远远低于1.5的国际警戒线。

(3)死亡率稳中有升,出生率骤然下降,导致人口自然增长率迅速萎缩并从2022年起由正转负。老少比(65岁及以上人口数与14岁及以下人口数之比)稳步上升,2021年我国已正式进入深度老龄化社会(65岁及以上人口比例超过14%,实际高达14.20%;2023年已达15.38%)。

---

① 所谓断亲,是指以家庭为单位,懒于、疏于、不屑于同二代以内的亲戚互动和交往。通俗地说,除了婚丧、搬迁等大事外,基本不走亲戚了。
② 《平均工作时间为49小时》,财经网,2024年1月17日。

表 14-3　　　　　　　　2011 年以来我国人口基本数据

年份	人口总数（万人）	初婚人数（万对）	人口出生率（‰）	人口死亡率（‰）	人口自然增长率（‰）	老少比（%）
2011	134 916	1 154.94	13.27	7.14	6.13	55.15
2012	135 922	1 180.59	14.57	7.13	7.43	56.97
2013	136 726	1 192.98	13.03	7.13	5.90	59.14
2014	137 646	1 143.41	13.83	7.12	6.71	61.21
2015	138 326	1 054.49	11.99	7.07	4.93	63.63
2016	139 232	956.63	13.57	7.04	6.53	64.67
2017	140 011	873.17	12.64	7.06	5.58	67.86
2018	140 541	799.34	10.86	7.08	3.78	70.41
2019	141 008	699.36	10.41	7.09	3.32	75.00
2020	141 212	614.30	8.52	7.07	1.45	75.42
2021	141 260	578.90	7.52	7.18	0.34	81.27
2022	141 175	525.88	6.77	7.37	−0.60	87.74
2023	140 967	—	6.39	7.87	−1.48	87.44

数据来源：国家统计局网站。

表中数据表明，出生人口规模的迅速萎缩，必然会在社会、经济、家庭结构、人口构成等方面构成一系列的严峻挑战。2010 年我国平均初婚年龄为 24.89 岁，2020 年为 28.67 岁（男性 29.38 岁、女性 27.95 岁），已推迟 3.78 岁，平均每年推迟 4.5 个月。这表明，其中有相当一部分人的结婚意愿在减弱，说穿了有点"勉强结个婚，向父母、向社会交个差"的意味。

试想，自古以来，繁衍后代、延续基因就是所有生物最原始的本能，现在却有一种生物突然要自我革命了，亲缘关系还会再回到过去的那种状态吗？一句"血浓于水"已经不能概括所有。

俗话说，"否极泰来"。若干年后，国人一定会重新攀比子女的数量，再次认同"多子多福"，认为人才是这个世界上最宝贵的财富。

二、"人要断，钞票缠"

俗话说，"人要断，钞票缠"。意思是，亲朋好友之间如果涉及金钱关系，处理不好容易一刀两断，这就叫"谈钱，'伤'感情"。

人际关系的基本点在于平等。所以，如果在人际社会中依然沿用人伦关系来看待一切，**不顾实际地倡导"亲帮亲，邻帮邻"，不但属于"道德绑架"，而且注定缺乏说服力。**

在许多老年人看来，一个人从出生到死亡，"读最苦的书、上最累的班、买最贵的房子、结最势利的婚、生最难养的孩子、(给父母)买最贵的墓地"，不但理所当然，而且是孝子贤孙应有的模样。

可是年轻人不这么想，国人骨子里的那种天生的个人主义已被唤醒。说穿了就是，1840 年之前的中国历史只是一部改朝换代史，核心主轴是"权谋术"，最大的快感在于赢得生死予夺的权力，给别人制定规矩，自己却不愿意遵守别人制定的规矩。现在，当他们发现自己"努力工作一辈子也买不起房；即使运气好买得起房，一辈子也只有一套房"；与此同时，社会、父母、亲戚对他们却都寄予厚望(社会要他奉献、父母要他孝顺[①]、亲友要他帮忙)。不堪重负之下，自然就认为"为自己而活"才是最通透的。这就是现在集体"躺平"的趋势：干脆不买房了，也不恋爱、结婚了，结了婚也不生娃了，爱咋咋地。

这两种观念的打架，再加上借不借钱的纠结，必定会造成亲友之间关系紧张。所以，**最理想的状态是没有金钱来往。**

"玻璃大王"曹德旺在接受电视台采访时，说过这样一段看似冷漠、实则智慧的话："最好不要把钱借给别人，要么就送给他。你要是觉得他很可怜，就直接送给他。朋友之间不要借钱，不是朋友也不要借钱。借钱给他，你图什么？轻则不还钱，你损失了钱；借多了严重不还的时候，连命都

[①] 社会越文明，孝文化越淡。历代社会对"孝"的提倡，其实都是在推卸社会责任。为社会做过贡献的老人，理应由社会来供养、尽孝(提供相对公平的基本的社会保障)，而不是推给各自的子女。所以，我们可以孝，却不能要求子女也必须孝。

会丢掉……(所以,我)坚决不担保,也坚决不会借钱给你,要么送给你。因此,我就没有私人债务的纠纷和麻烦。"

曹德旺这里所说的"连命都会丢掉",并非危言耸听。2023年5月27日,浙江嵊州72岁的王某,就是因为去弟弟家借钱没借到,结果造成三死两伤,弟弟、弟媳被他亲手杀害。

说穿了,所有人际关系无非这三种:亲人、熟人、生人。很多人处理不好人与人之间的关系,就是因为没有把握好"亲人要生、熟人要亲、生人要熟"的原则;再加上钱的纠缠,把关系搞僵了。

亲人要生,是指俗话所说的"是亲三分客",即亲人之间要保持应有的客套。亲人之间不设防,无话不说,关系过于紧密,摩擦系数就会变大,就容易出问题。原子弹爆炸就是因为高度浓缩的原子核挤压得特别致密超过了临界点,所以破坏力极强。亲人之间掌握许多私密,一旦闹翻都是很激烈、很绝情的,连旁人都不如。所谓"清官难断家务事",就是指亲人之间的矛盾调解起来非常难,即使调解成功,好景也不长。

熟人要亲,是指熟人尤其是闺蜜之间掌握着对方太多的隐私,这些隐私都有根有据、有细节、有情节,一旦遇到适当的环境被撩出来,就会成为撒手锏,从而反目成仇。这种情况在女性之间更普遍。所以,熟人之间的亲要把握好一个合适的度。

生人要熟,是指彼此虽然陌生,不知姓甚名谁,但既然在茫茫人海中相遇,并且愿意打招呼,就说明在同一文化圈内。难能可贵的是,同生人聊天才能做到坦诚交流,不设防,且无风险,感觉特好。例如,在菜场上买菜时说,"丫头,给我称一斤虾",就属于这种情况;有时网友聊天时也有这种感觉,"放松"是网聊兴盛的原因之一。

第二节 借与不借的界限

毋庸置疑,人活在世上,都会与人有债务往来,这种债务发生在亲朋好友之间的比例更高,"谁还没个困难的时候呢"?可事实上,现在要想借钱的话,范围基本上缩小到了父母、兄弟姐妹之间,要想再扩大圈子恐怕就难了。

能不能一概而论现在的人"不够朋友"或"白眼狼"呢?恐怕没那么简单。因为还有另一种可能,就是你高估了彼此之间的关系。为什么你借钱他不肯,而如果换个人向他借,他就肯了呢?关键在于,在他心目中,你还没能达到那个人的"层次"。

一、什么样的关系适合借钱

理想状态是,"你情我愿,双向奔赴"——借方:"亲爱的,我现在有难了,需要你的帮助,我相信你会帮我的!"贷方:"亲爱的,谢谢你在有难的时候想到我,请放心,我一定会帮你渡过难关!"

怎样才能让双方都说"我愿意"呢?**关键要有"经过时间考验的友谊基础"**——过去,彼此有过不以利益、金钱为目的的情感和交往,共同经历过生命中的一段重要岁月,如从小的赤裸兄弟(同乡)、一起上过大学(同学)、一起进过部队(战友),甚至一起创过业(合伙人)、一起讨过饭(难友);现在,依然对两人的关系有着相对一致的认识和深度,并且或多或少有些联系和了解。

真正到了这个境界,你在有难的时候,恐怕无需开口,对方就会自动找上门来,扔给你一张银行卡,说,里面有××万元,你先拿着用,以后有钱了再还给他,或者就算他的入股。你两眼婆娑地看着他,啥都不用开口,彼此紧紧地握了握手、拍了拍肩膀。就这么简单。

明白了这一点,就知道**平时维护亲戚、朋友关系的重要性**。而不是平时根本没联系,难得见次面也是尬聊,开口就是要借钱,这就会让对方陷入"借"或"不借"的两难境地,下次恐怕都不敢见你了。

更有人只是一面之交,对方连你是谁都记不起来,也会开口向你借钱,这种情况下遭到拒绝几乎是必然的。

所以,千万不要简单地拿借钱一事来检验感情,十有八九会让你失望。这种烦恼不但是你自找的,而且一定是你的不是,因为你高估了彼此的关系,实际上根本还没到这个份上。

这里插播一个小故事,来看看什么叫自寻烦恼。

一次家庭聚会上,父亲对老大、老二两个儿子说,别看你们现在混得人模狗样的,等到哪天真的需要借钱时,那些所谓兄弟们啊一个个都会哭穷的。老大听后不信,马上就给三个朋友打电话各借1万元,说是"有急用",结果只有一个二话没说就把钱转了过来。老二依葫芦画瓢,给四个人打了电话,也是只有一个爽快地答应了。因为只是进行"情感测试",所以两人收到钱后又马上退了回去。测试结果怎么样呢?两人各自拉黑了2/3和3/4的朋友。

这是新版"天下本无事,庸人自扰之"。借钱涉及对人品、信誉、人性的考验,是透支人情,而人情是应该用在十万火急的事情上的。"烽火戏诸侯"式的测试要不得,事情没解决,连亲戚、朋友都做不成了!

二、借钱十原则

什么样的情况下容易借到钱呢?以下十条原则可供参考。

(一)恪守信用

金融(资金融通)的本质是信用。如果你把信用看得至高无上,比金钱甚至生命更重要,并且对方也相信你是这样的人,那就一定会借到钱,哪怕你已资不抵债。所谓"有借有还,再借不难"说的就是这个道理。

(二)心态要好

如果你借钱的用途光明正大,并且又能确保按时归还,这时候向人借钱就会有一颗平常心,不会有"不好意思开口"的想法。借到就借到,借不到就拉倒,不至于太憋屈。

(三)利息照付

资金是有时间价值的,所以向人借钱一定要主动提出利息照付。无论双方关系如何,也无论对方要不要,都要主动提出来。至于利率水平,可参照一般市场行情,并结合你的信誉度和承受能力做适当调节。

(四)主动解释

人是朋友,但钱不是。哪怕你们关系再好,对方的钱也不是大风刮来的。所以,你要主动说明借款用途、利息、还款期限和方式等,并取得信任。如果是用于经营,还有必要主动介绍盈利模式。

(五)化大为小

如果借钱数额过大,可以采取"化大为小"的方式多借几个人,每人分摊的借款数额小一些,这样更容易达成目标。毕竟,人的普遍心理总会对小额借款容易答应,也更能承受。

(六)借亲不借疏

关系亲近的人对你知根知底,知道你的难,不怕你不还。关系疏远的人,对你了解并不多,借钱给你就会有种种顾虑;并且,他会以为你关系近的人都借遍了或拒绝了你,才向他开口的,会增加拒绝概率。

(七)借用不借奢

借钱的用途应当是正当而合理的,有时甚至是必需的,才会得到别人的同情和支持。如果是用于奢靡享受,或是吃喝嫖赌,就很难借到钱。因为贪图享受的人往往不把钱当钱,还款不积极,甚至会有借无还。

(八)借急不借穷、借困不借懒

如果是出于一时之急向人借钱,别人不用担心你的偿还能力,这时候比较容易借到钱。相反,如果一直穷困潦倒、好吃懒做,有借无还,那还是免开尊口为好;否则不但无法如愿,还会自取其辱。

(九)瞄准闲钱而不是索求回报

在有选择的情况下,要首先考虑向有闲钱的人借钱,不但容易成功,而且利率也会较低。相反,如果向搞投资、做生意的人借钱,他们的投资渠道很多,自己都周转不过来,即使肯借给你,要价也不低。

现实生活中"索取回报"式的借款较多。有人因为以前帮过别人,所以现在有困难了,最先想到的是向对方开口,甚至嘴上还会质问"现在你为什么不帮我"！而实际上,对方说不定真的有困难呢。**友谊的本质虽然是"互相关心、互相爱护、互相帮助",但友谊不是交易;真正的友谊恰恰相反,即使帮助了别人也不会挂在心上,更不会索取回报。**

(十)透支消费

对于小额的应急借款,可以通过透支消费来解决,最常见的有花呗、借呗、京东金条、美团借钱、信用卡透支等。需要注意的是,这些方式只适用于一时救急,不适合长期使用,否则利息支出太高。

三、不借十原则

什么样的情况下不能借钱给别人呢？以下十条原则可供参考。

(一)**不借给没有信用的人**

无论对方实力大小,这一点理所当然;但往往会因为亲友关系,碍于情面,而不好拒绝。借钱时叫你大爷,还钱时叫他大爷都没用。对这种人不能心慈手软,否则会后悔不已。

(二)**不借给社会背景复杂的人**

一方面,不知道他会把这些钱拿去干什么,如果是搞非法活动,那你的行为就是助纣为虐了,借款不还不谈,说不定还会惹祸上身。另一方面,这些人如果要赖账,有的是办法,根本拿他没办法。

(三)**不借给有不良嗜好的人**

例如,整天赌博(包括网上赌博)、巨额买彩(包括网络赌彩)、吸毒、嗜药、传销等。把钱借给这种人,即使他过去的还款信用不错、利率不低,也很难保证这次借款不会打水漂,风险实在太大。

(四)**不借给看不顺眼的人**

看不顺眼既包括以貌取人,也包括"三观"(世界观、人生观、价值观)

不合。看不顺眼虽然也有你自身眼光的问题,但至少表明你们不是"同一路人"。话不投机半句多,不打交道心不烦。

(五)不借给没有赚钱能力或游手好闲的人

没有赚钱能力,就说明他没有资金造血功能,还款能力堪忧。哪怕家境殷实,也总有坐吃山空的那一天。更何况他现在需要借钱,就证明遇到了资金困难,如果没有很过硬的理由,一般不宜借给他。

(六)不借给没有还钱实力的人

没有还钱实力,就表明这钱与其说是借给他还不如说是送给他,那还不如就干脆直接送给他,无须归还。尤其是如果已经多次向你借过钱,要特别警惕会不会掉进"斗米恩,担米仇"①的无底洞。

(七)不借给拿去投资的人

投资有风险。任何投资都有风险,尤其是购买房产、股票、基金、彩票等高风险行为。只有投资获利了,你的本息才有着落;当然,他也可能会继续追加投入。一旦投资失利,这还款要待何时就悬了。

(八)不借给旧账没清的人

借款的原则应该是一笔压一笔,"好借好还,再借不难"。如果对方还有旧账没还清,包括借你的和借别人的,无论数额多大,后面背着一屁股债,这时候要再开口借钱,一般就不该借给他。

(九)不借给见不得你好和忘恩负义的亲友

俗话说,"越亲越恶"。许多亲友长着一副势利眼,"见高拜,见低踩"。

---

① 话说从前有两户邻居,虽然一穷一富,但相安无事。

有一年天降灾祸,地里颗粒无收。穷人没钱买米,只好全家挨饿。富人买了很多米,出于恻隐之心,给邻居送去一斗(约重 10 斤)救急。

穷人感激不尽,提起明年的种子也无着落。富人慷慨地说,那就再送你一担(约重 100 斤)谷子做种吧。

穷人回家后,老婆抱怨说,一斗米很快就会吃完;一担谷子吃吃还差不多,留着明年做种根本就不够。他家这么有钱,就送这么一点给我们,良心真是坏透了。

隔墙有耳。这话传到了富人的耳里,两家从此成了冤家,老死不相往来。

平时见不得你好，巴不得你倒霉呢；也有的是忘恩负义，你对他再好，他也不会感激你。现在哪怕真的有难向你借钱了，也应该严词拒绝。及时止损，才是聪明人的做法。

（十）不借给感情漩涡中的人

恋爱会降低人的智商。单身老人如果正在恋爱或情感状态中，遇到对方经常借钱，无论是借了没还，还是屡借屡还，都已超出正常范围。别听是不是考验的鬼话。善良一旦没了底线，好意就会滑向愚蠢。

这里插播一个小故事，来看看恋爱中的老人会如何降低智商。

2022年末，江苏南京的单身母亲蒙女士通过相亲群认识了一位"男子"。对方加她为好友后，每天都会用短信嘘寒问暖，令蒙女士渐生爱意。在不知对方多大年龄、干什么工作，也没有见过面，甚至没有视频过的前提下，就决心要与对方重组家庭。

2023年9月，女儿得知此事后大吃一惊，认为母亲遇到了骗子，于是报警；亲朋好友对这场网恋也都不看好。但蒙女士执迷不悟，认为是女儿搅黄了她的婚事，干脆把女儿赶出了家门。

而这时的男子对她承诺，不但要让她幸福，还要帮助她"富裕"起来，过"有钱有闲"的生活，到时候两人就可以"携手走天涯、怎么愉快怎么来"了。于是，蒙女士按照要求，将自己攒下的350万元一并转给对方，委托对方帮助"理财"。直到警方告知"查无此人"时，蒙女士才开始急了，意识到自己真的被骗了。[1]

事实上，这样的婚恋交友软件比比皆是，并且没有门槛，也无法审核。一旦加群，就会有各种套路如充值、刷礼物、异性打招呼、性暗示等扑面而来。你以为对方对你献殷勤是对你这个人感兴趣，而其实，他更感兴趣的是你的钱包；并且，对方很可能只是一台机器人。

---

[1] 韩丹东、郑婷：《"我妈要和从未见过面的网友再婚"，老年人线上交友相亲屡屡被骗》，《法治日报》，2023年9月27日。

四、关于"救急不救穷"

俗话说,"救急不救穷"。本意是,你只能救人于一时的急难,却无法改变别人长期的穷困潦倒。

之所以"救急不救穷",说到底,它注重的是以下两点。

(一)偿债能力

"救急"与"救穷"的偿债能力是截然不同的。

救急之后,对方只要能渡过这一难关,很快就能还债。好比某人想问你借5万元,他的月收入是1万元,每月生活费是4 000元,那么每月还有6 000元可以拿来还债,大半年就能还清。

救穷之后,对方即使能渡过这一难关,前途依然暗淡。好比某人的月收入只有3 000元,每月生活费倒要4 000元,你借钱给他渡过了眼下的难关,可是他每个月都没积蓄,后面又用什么来还债呢。

需要注意的是,"急"和"穷"往往可以转化。好比说,这位月收入3 000元的朋友,有一天带着创业方案来开口借5万元作为启动资金,并且愿意签订借款协议,写明利率、还款日期和方式、担保或抵押物,这就从"救穷"变成了"救急"。只不过,他如果虚头巴脑地说,刚接到一个1 000万元的工程,估计能赚300万元,现在就差你这5万元开工了;而当你让他写个协议时,他却说都是朋友,写借条就太"伤感情"啦,这就怎么看都像是在"耍流氓",依然只能叫"救穷"。

(二)结果和回报

"救急"与"救穷"的结果或者说回报是截然不同的。

救急之后,对方只要能渡过这一难关,前途依然光明。好比一个人游泳时突然溺水,救生员用了几下人工呼吸,立刻就又活过来了,依然是活生生的一个人,这就叫"救急"。

救穷之后,对方如果能渡过这一难关,未来仍然要面对深渊。好比一个常年卧病在床的瘫痪病人,哪怕你医术再高明,也不可能让他立刻下床走路;即使能下床站一会儿,可能马上又要倒下去。

更何况,**多数情况下的"穷"**,并非单单缺钱,而是人穷志短。所谓"可怜之人必有可恨之处",要想改变人的认知绝非一朝一夕之事。所以,才会认为这种穷并不"值得救",救得了一时,救不了一世,反而会落得一个"斗米恩,担米仇"的结局。

第三节 保护好自身权益

一、策略问题

亲友之间的借钱既涉及金钱问题,也涉及感情问题。既要和谐亲友关系,又要维护自身权益,就需要讲究以下五大策略。

(一)审视借款动机,明晰责任边界

首先,要了解对方为什么借款,真实动机和用途是什么。通过坦诚交流,了解对方有没有明确的还款计划和期限,以及可行性。其次,要建立合理预期,并明晰责任边界,减少潜在的误解和纠纷。

(二)设定借款条件,确保自身利益

所谓"亲兄弟,明算账",亲友之间的借款要像商业行为一样认真对待。首先,要明确借款条件如借款金额、年利率、还款期限与方式、担保等;其次,要签订借款合同,更好地管控风险,避免误解和纠纷。

(三)强化还款管理,维护亲友关系

借款要求一旦说出口,无论借或不借、借多借少,都可能影响双方关系,轻者心生芥蒂,重则一刀两断。所以,要想维护亲友关系,必须强化还款管理(主要是约定还款日期,并督促执行)。如果一时还不了,要及时了解原因,修订还款计划。总之,要提高透明度和可信度。

(四)钱和亲情都重要,两者需要兼顾到

举例来说,一位亲友的孩子生病了急需花钱,并且向你开了口,这时即使对方缺乏还款能力,或者你明知对方几年都还不出来,依然需要尽力帮忙。什么叫把钱"借给"他?借给、借给,遇到危急情况时,需要把"借"当作"给"来对待,这样的心态才是可取的。

(五)应付开口借钱的三句话

退休之后,有必要远离这四样:话不投机的同事,看不起你的亲戚,虚情假意的朋友,没啥意义的饭局。无论是谁向你借钱,如果不想借给他,以下这三句话必有一句适合你,而且还不得罪人。

1."我很想帮你,但最近我自己也很困难"

首先表示想帮对方,显得你并没有那么绝情;其次显示自己的无奈,给不肯借钱找个理由。无论对方有没有看出你的哭穷,也无论你的装穷是不是像,对方一听就心领神会,不会再为难你。

2."我知道你的难处,请给我一点考虑的时间"

如果彼此交情不深,不确定是不是应该借给对方,可以用这句话来缓冲一下。借钱是情分,不借是本分,无论你怎么做,都是对的。也许过了一段时间,他已经在别人那里借到了,也就为你解围了;如果对方始终在等你的答复,则要明确告之你的态度。

3."不好意思,我帮不了你"

对方无论多么困难,都不是你必须帮他的理由。直截了当,快刀斩乱麻,不但会帮你解脱,而且有助于对方赶快另找目标,更快地解决问题。如果他想对你进行道德绑架,这样的人不交往也罢。

二、原则问题

(一)借出后不影响自身生活

借给别人的钱,数额一定要控制在急用资金外的"余钱"额度内,并且最好做好三年、五年不还也不影响正常生活的准备。急用资金的规模本书前面多次提过,就是全家 3~6 个月的日常生活开销。

尤其是老年人精力、体力不支,再加上碍于情面,多数缺乏法律常识,如果动用"老本"来借给对方,一旦遇到对方不还,催讨之路会变得异常艰难,晚年生活质量也会受到影响。有人甚至因此郁郁寡欢,提前谢世,这就叫"救仔田鸡饿煞蛇"。

这里插播一个小故事,来看看什么叫无谓的牺牲。

  2023年10月,上海浦东新区71岁的潘老太在小区中心广场上已经露宿了5个多月。40岁的儿子过去赌博、吸毒,后来则热衷于在直播平台上刷礼物、打赏主播,争当"榜一大哥",仅仅在一个平台上的打赏额就高达40多万元;平时就在附近的棋牌室里混着,已经败掉两套住宅。

  潘老太每月的退休金是4 780元,但她心甘情愿只留300元做生活费,其他全部用来替儿子还债,母子两人全都处于流浪状态。一条棉被、一件棉衣、几件零散的生活用品,就是潘老太的全部家当。①

在这里,潘老太主动替儿子还债无所谓对与错,但落到一个月只留300元生活费、连个住的地方都没有的地步,就本末倒置了。相反,每个月拿出300元来还债,其余的作为生活费,这个比例还差不多。

(二)注意借款细节

1. 关于利率

《民法典》对民间借贷的立法精神是"意思自治",即只要双方协商一致就行;如果没有约定利息,视为放弃利息;唯一的要求是不违反国家关于不准放高利贷的规定。②

一般而言,民间借贷的利率水平应随行就市,尤其是亲友之间的借

---

 ① 《七旬老人为帮儿还债,卖房露宿长椅!居委会想帮却被拒:我儿子怎么办》,上海新闻广播,2023年10月17日。

 ② 现行规定是:最高不得超过签订借款合同时"一年期贷款市场报价利率(LPR)"的4倍,超出部分的利息不受法律保护。例如,2024年1月的借款利率最高不得超过当月一年期LPR 3.45%的4倍即13.8%。

款,绝大部分为生活所迫,利率不宜过高,以免伤害感情;但一定要写明利率,并且按年利率百分之几计算,简单明了,无歧义。

2. 关于风险

无论是为了赚取利息,还是纯粹想帮人一把,向别人提供借款都需要做好欠债不还的心理准备和预防措施。为降低风险,尽量将该借款设计为夫妻共同债务。

这里插播一个小故事,来看看有些借款是可以不还的。

老吕因参与网络赌博,在外共写下欠条200多万元,但名下只有一套价值100万元的旧宅。突然有一天,老吕意外身亡,于是债主们将老吕的妻子和儿子诉至法院,要求代替老吕归还所欠债务。

法院查明:老吕参与网络赌博是瞒着家人进行的,所写欠条也都是一人签名,所以属于个人债务。网络赌博属于非法行为,如果债权人知道老吕借款的用途,其债权就不再受法律保护,这借款就不用还了。但现在并无证据证明债权人知道这一点,所以,这笔借款只能单纯地被当作老吕的个人债务来对待。

《民法典》第1161条:"继承人以所得遗产实际价值为限清偿被继承人依法应当缴纳的税款和债务。超过遗产实际价值部分,继承人自愿偿还的不在此限。继承人放弃继承的,对被继承人依法应当缴纳的税款和债务可以不负清偿责任。"老吕去世后留下的这套房产,属于遗产的部分最多只值50万元。母子只要放弃继承这50万元遗产,就可豁免这200多万元债务。接下来,谁都知道这母子俩会怎么做了。

3. 一定要有能够证明借款事实存在的书面材料

最好是要有借条、借款合同或协议、还款计划书等,至少也要有转账记录、证人证言等。如果什么都没有,日后发生纠纷的隐患就大了。

4. 借出去的钱要尽量通过银行转账,并加备注法院审判借款纠纷时,认可度最高的是银行流水[①],其次是微信、支付宝转账,大额现金交付的认可度最低。也就是说,如果是现金一手来一手去,"口说无凭",日后维权会变得相当困难。

5. 保存对方的身份证复印件

其中,最关键的信息是身份证号,因为只有它能唯一确定借款人的真实身份。熟人之间的借款,如果仅仅是知人知面,无法准确提供对方的身份信息,即使你去法院起诉,即使借款事实存在,也会被驳回。

6. 核查对方的经济状况

不要因为你们熟,甚至沾亲带故,就凭印象借出去。许多亲友实际上是熟悉的陌生人,面孔、亲戚关系、家庭概况是了解的,但最近出了什么情况(尤其是资金收入和用途)是陌生的。

正所谓,"兄弟不一定是朋友,但朋友一定是兄弟"。真正的亲友不是看血缘,而是平时会关心你、爱护你,你有难时会同情、落泪的人。

7. 注意诉讼时效

《民法典》第188条规定,向法院请求保护民事权利的诉讼期间为三年。但事实上,欠款不还已超过三年的比比皆是。如果对方已有赖账之意,或者你已经感到有赖账的可能,就要抓紧催讨或起诉。

这里插播一个小故事,来看看过了诉讼期会如何的被动。

2018年1月6日,老张因为做生意缺钱,向朋友老陈借款61万元,借期一年,双方签订借款合同,约定借款期间以一套自有房产做抵押对该借款提供担保,并且办理了抵押登记手续。后来两人就没有联系过,老陈没有催讨过借款,也没有采取其他方式主张权利。2023年,老张向法院起诉,要求老陈配合自己

---

① 所谓"流水",是唐宋之后对序时日记账的称呼,含"时间如流水""财富如江海不竭之流水滚滚而来"之意。1938年我国出现西式账簿后,以各种"流水账"为代表的中式账簿逐渐消失。今天,民间依然会称"现金进出"为"流水"。

银行流水是指银行活期账户的存取款、转账、收支明细等交易记录,主要作用是充当证明材料。内容一般包括:序号、交易日期、交易摘要、交易网点、交易金额、账户余额、对方户名、备注等。

办理注销抵押权登记手续,并返还房产证。老陈则要求老张先还钱。

　　法院审理认定,根据《民法典》规定,该借款债权诉讼时效已于借款期满之日起三年即 2022 年 1 月 6 日到期,所以法院支持借款人关于注销抵押登记手续、返还房产证的要求。[①] 通俗地说,这笔借款已经成为"良心债",还不还、怎么还,双方自己去处理,法律不管了。

法律之所以要规定三年的时间期限,原因在于:(1)债权人要积极维护自身权益,不要什么都指望法院解决,以免浪费司法资源。(2)如果债权年代过于久远,尤其是证据灭失、当事人失联或去世,法院也无法证明谁是谁非。所以,作为当事人来说,不要碍于朋友关系,或因为手上有抵押物等原因,就麻痹大意。

俗话说,"防人之心不可无"。因此,一定要在借款期满三年内通过各种积极的方式向债务人主张债权,如"当面提出还款要求、制定还款协议""通过邮寄催款函、发送催款信息、拨打电话索要欠款""向司法机关报案或控告、向人民法院提起诉讼"等。同时,注意在索要过程中保留相应证据。

根据法律规定,诉讼时效中止或中断的最长期限一般不超过 20 年。

(三)一定要有完备的借款协议

俗话说,"先君子,后小人"。签订借款协议与"相信谁""不相信谁"无关,主要是明确权利和责任。归根到底,既然是借款,那就涉及将来归还的问题;而还款总得有个依据,并且是书面依据。

1. 借款协议格式

民间借贷协议没有统一格式,本书设计如下(**免责声明:本模板仅为知识介绍,如果据此签约导致无效或纠纷,本书不承担任何责任**)。

[①] 吕新文:《男子借给朋友 61 万 4 年后无法要回,法院:债权诉讼时效已过》,《中国青年报》,2014 年 1 月 2 日。

私人借款协议

甲方(借款人)_____　　身份证号_____
　　　　_____　　　　身份证号_____
乙方(出借人)_____　　身份证号_____
丙方(担保人)_____　　身份证号_____

甲方今借到乙方人民币_____元(大写_____元)整(不另立收据),用于_____,为夫妻共同债务。

协议内容:

(1)借款期限____年。从____年____月____日起至____年____月____日止(双方协商一致后,可延期,也可提前偿还)。

(2)借款利率(年息)____%,一般应每年____月____日付息。其余时间不催讨、不结息、不还本。

任何一方如需提前还款,需至少提前一个月通知对方。提前归还本金部分须是____万元的整数倍,利随本清。

(3)借款、还本、付息均通过银行/微信转账,有据可查。

(4)借款期满甲方如不能按时结清本息,应向乙方说明原因,并申请延期。乙方如同意,可续期;如不同意,有权终止本协议,并索要全部借款本息。逾期部分,利率加倍计算。

(5)借款逾期六个月后,甲方如仍然不能结清全部本息,视为无力偿还,须由丙方代偿。

(6)本协议的债权,甲方可自由让与他人,乙方不得有异议。

(7)因本协议发生的争议,协商不成时,提请____仲裁委员会按其仲裁规则进行仲裁。仲裁费用由败诉方承担。

(8)本协议一式三份,甲乙丙三方各执一份。

借款人签字(按手印)_____,手机号_____
　　　　　　　　　　_____,手机号_____
出借人签字(按手印)_____,手机号_____
担保人签字(按手印)_____,手机号_____
　　　　　　协议签订地点_____
　　　　　　协议签订时间____年____月____日

2. 借款协议说明

(1) 关于利息计算

借款利息不能预先在本金中扣除,否则应按实际本金计息;提前还款,应按实际借款期间计息;逾期还款,可要求加付逾期利息(《民法典》第670条、第677条、第676条)。

(2) 关于利息约定

利息水平不得违反国家有关规定;没有约定利息的,视为放弃利息(《民法典》第680条)。

(3) 关于计息期限

没有写明利息支付期限的,可签订补充协议,否则:借期不满一年的,在返还借款时一并付息;借期在一年以上的,每满一年时付息,剩余时间不满一年的在归还借款时一并付息(《民法典》第674条)。

(4) 关于借款交付

自然人之间的借款合同,从提供借款时成立;未按照约定日期、数额提供借款造成借款人损失的,出借人应当赔偿损失;借款人未按照约定的日期、数额收取借款的,应当照付利息(《民法典》第679条、第671条)。

(5) 关于还款期限

借款协议如果没有写明还款期限的,可签订补充协议,否则借款人可随时归还,出借人也可催告借款人在合理的期限内归还(《民法典》第675条)。

(6) 关于仲裁裁决

借款协议在执行过程中难免发生法律纠纷,协商不成时,既可选择仲裁裁决,也可选择法院判决,两者具有同等法律效力。**本书建议优先考虑仲裁方式**,理由是:**一裁终局,保密性强**,相对省时省力。至于仲裁费用较高,在协议中约定由败诉方承担即可。

仲裁裁决和法院判决具有排他性,即选择了仲裁,就不能再向法院起诉;选择了向法院起诉,就不能再选择仲裁。其他主要区别见表14-4:

表 14-4　　　　　　　　　　仲裁裁决与法院判决比较

仲裁裁决	法院判决
仲裁由仲裁委员会受理	诉讼由法院受理,法院代表国家
民间裁决机构,受中国仲裁协会监督	国家司法机关,受人民代表大会监督
一般设立在地级市以上	按行政区划层层设立
需要双方当事人授权	只需一方提出,属强制管辖
意思自治(当事人可以自由选择仲裁机构、仲裁员、仲裁规则、程序、内容)	审判员由法院指定,当事人无权过问(但可依法定程序申请回避)
不公开进行(当事人要求公开的除外)	公开审理(依法不应公开的除外)
程序简单,速度快,一裁生效	两审终审制
不能上诉(但可在规定时间内向法院起诉或申请撤销该裁决)	两审终审制,当事人对一审法院判决不服可上诉于上一级法院
无权冻结房产和强制执行,无权采取保全措施或强制执行	有权冻结房产和强制执行,有权采取保全措施并强制执行
受理案件范围小	受理案件范围大
标的额 600 万元以下时收费比法院高;不能缓交、免交、减交	标的额 600 万元以上时收费比仲裁高;可以缓交、免交、减交

第 15 课

远离庞氏骗局

> 你贪他的利息，他念你的本金，各怀鬼胎。庞氏骗局是金字塔式骗局（传销）的鼻祖，也是传统骗局之集大成者；哪怕最激进的阴谋论者，被洗脑后都会深信不疑。

第一节　庞氏骗局的四大特点[①]

一、庞氏骗局的由来

太阳底下无新鲜事。庞氏骗局古已有之，但直到被查尔斯·庞齐"发扬光大"才形成套路。其实质是：对外谎称向某企业或某项目投资，而实际上其资金却在体外循环或主要在体外循环，通过拆东墙补西墙式地付出高额回报，以达到诈骗钱财的目的。

---

① 扩展阅读：严行方：《庞氏骗局：钓鱼还是钓愚》，北京：中国财富出版社2017年版。

意大利人庞齐是一位好吃懒做却整天梦想发财的国际混混。在罗马一所大学毕业后，干过许多行当，但都没有混出个人样，于是决定去被称为"自由天堂"的美国闯一闯。

1903年，21岁的他在去美国的轮船上闲着无聊，于是与人玩起了赌博，很快就把随身家当输了个精光。等到轮船抵达美国波士顿上岸时，身上只剩下2.5美元。一无所有的他只好从餐馆服务生做起，既有吃也有住，又不需要任何本钱，还不用出示任何证件。没多久，他就积习难改，因为偷钱和私吞找零被餐馆开除。

1907年，他辗转来到加拿大蒙特利尔的一家银行打工，又因为伪造支票被抓坐牢，被判处三年有期徒刑。

1911年出狱后，他坐火车返回美国，途中卷入一宗人口偷渡案，所以在美国又蹲了两年的监狱。

庞齐出狱后做过油漆匠，以及其他杂七杂八的体力活。经过10多年底层生活的历练，他发现，来钱最快的非金融业莫属。

1917年"第一次世界大战"快要结束时，庞齐隐瞒过去的身份，在美国波士顿做起了进出口贸易，偶然间接触到了"回邮券"，觉得这是个好机会。

这种回邮券，是寄信人为了减轻回信人的经济负担，夹带在信件中的，收信人可以用它在当地邮局兑换邮票。这一做法在20世纪90年代的我国依然存在，只不过寄信人在收信人的信中夹带的不是回邮券，而是回邮邮票或等额邮资。

这种回邮券通行全球，但当时的国际形势是欧洲经济低迷、美国稍好，所以在欧洲用美元兑换当地货币购买回邮券拿到美国来兑换，就可确保稳赚差价。

庞齐正是利用了这一点，极其夸张地对外宣称，投资回邮券只要45天就能获得50%的回报，3个月确保盈利翻番。但是，因为没人真懂回邮券，更没人会相信一个老诈骗犯所说的一切，所以没什么反响。

1919年，庞齐为了提高可信度，借款成立了一家"证券交易公司"，对外宣称公司的主要业务是,从西班牙买入法国、德国的国际回邮券倒卖给美国邮政局。一开始,仍然没几个人相信他的这项虚构业务,但他很讲"信用",每次都能如期兑现承诺,结果参与者越来越多,没过几个月,手上的资金居然超过 300 万美元,一时名声大噪。

到后来,钱像潮水般地涌来,以至于实在没地方堆了,只能存入波士顿汉诺威信托银行。庞齐很快就成为这家银行最大的储户,1920 年夏,他在该银行的存款额高达 300 万美元,成为该银行的实际掌控者。

短短一年间,他共吸收到 4 万名市民的 1 500 万美元,从劣迹斑斑的骗子、劳改犯,摇身一变成为风光无限的银行家,过上了极其奢华的生活。他的别墅有 20 个房间,就连烟斗上都镶嵌了钻石。

当大批崇拜者大肆吹捧他为"最了不起的意大利人"时,他假装谦虚地回应说:"不,不,哥伦布和马可尼才是。他们一个发现了美洲大陆,一个发明了无线电。"很自然地,他被信徒们称为"最伟大的三个意大利人之一",因为他"发明了财富"(而实际上,他确实可以称为"现代传销之父")。

正当庞齐顺风顺水时,最早借钱支持他"创业"的丹尼尔斯向法院起诉,控告他在回邮券交易中欠他 150 万美元,从而引发一系列负面舆论。

深挖之后,著名金融家查伦斯·巴伦在《波士顿邮报》上发文指出,庞齐尽管给参与者兑换了丰厚的回报,可是其本人实际上并没有真正投资回邮券;如果回邮券真的能赚钱,为什么他不去追加投资回邮券而是去存银行呢?再说了,如果他真的在从事回邮券业务,其购买数量应该多达 1 600 万张,可是流通中的回邮券总共也才只有 2.7 万张,这又怎么解释呢,根本就是骗局!但是,庞齐一次次以其不懂"金融投资"为由驳了回去。

舆论发酵之下,各种"人肉"资料开始曝光,就连庞齐过去伪造支票入狱以及在加拿大的各种丑闻也被挖了出来,上了报纸头条。灰头土脸的庞齐,不得不于 1920 年 8 月将公司关门大吉,携带巨款逃之夭夭,但终究难逃法网。

庞齐 1934 年出狱后,被美国驱逐出境,回到意大利后继续招摇撞骗,不过处处碰壁。他一度出任意大利独裁首相贝尼托·墨索里尼的财务顾问,但诈骗未能得逞,便移民去巴西教英语。

1948年,庞齐因脑出血导致半身瘫痪,双目几乎失明。1949年,怀着骗取苏联政府20亿美元的美梦,庞齐在巴西一家慈善福利院去世,死时身无分文。

二、庞氏骗局的四大特点

(一)所谓回报率高得离谱

庞氏骗局要想阴谋得逞、骗得长久,就需要极力鼓吹无极限单向增长,并且所谓的回报率高得离谱。同时,宣称无投资风险,或根本不提投资风险;从不拒绝新增资金加入(这本来就是他求之不得的,又怎么会拒绝到嘴的肥肉呢)。

在骗子看来,只有吹到天花乱坠的回报率,才能吸引那些心存幻想的人,也才能显得自己"有本事"。

例如,庞齐当年就许诺:任何一位参与者都可以在45天内获得50%的回报,这就绝对离谱了。在常人眼里,除了走私军火或毒品、开赌场,恐怕再也想不出有哪个项目能有如此之高的盈利了。但即使这样,依然有人铤而走险赌一把,唯一的原因就在于这高得诱人的回报率。

所以能看到,骗子嘴里的业务发展和财富增长速度都是几何级的(通俗地说就是"成倍增长"),而且是直线向上、只涨不跌,就像火箭发射那样看不到头。这种说法虽然很"鼓舞人心",却根本不符合逻辑。无奈的是参与者已被洗脑,或者抱着侥幸心理,或者贪得无厌,所以早已蒙蔽双眼,甚至深信不疑。

(二)编织不切实际的美好预期

庞氏骗局为了增强诱惑性,不但会画饼充饥,而且一定会编织一系列不切实际的美好预期,让你心动不已、欲罢不能。

1. 反周期性

他们的项目总是不受投资周期的影响,永远都能"永葆青春";不但"稳赚不赔",而且会"越来越好"。

2. 极力渲染神秘性

按理说,参与者作为股东,理应了解钱用在了什么地方、是怎么用的,了解该项目的所有投资行为、方向和策略。但庞氏骗局会极力渲染项目的神秘性,不但不会公之于众,而且会对这些"股东"保密。

3. 号称项目独一无二,不可复制

他们的项目总有自己独特的"故事"和"题材"(当然都是假的),这样既能避免外界拿该项目做比较找出破绽来,又能防止其他同行攀比"抢生意",还能维护自身的"专家"或"天才"形象。

(三)鼓吹无物质基础的信念支撑

任何诈骗都会追求"开源""节流",这样才能确保财源滚滚。能够把这两者很好地结合起来的理想工具便是"信念",并且是那种没有物质基础或不用财物付出的信念。信念有两大好处:(1)不用实际付出;(2)能够吸引更多后来者前仆后继地加入,把雪球越滚越大。

信念从哪里来?最普遍也是最简单的方式是洗脑。最"成功"的洗脑高手是纳粹德国的宣传与国民教育部部长戈培尔,他的名言是:"谎言重复千遍就成真理""宣传只有一个目标:征服群众""人民大多数比我们想象的要蒙昧得多,所以宣传的本质就是坚持简单和重复""宣传如同谈恋爱,可以做出任何空头许诺"。

1943年2月8日,他在玻璃体育馆演讲时问道:"你们愿意打一场比我们今天所能想象得到的更为全民化更为极端化的总体战吗?"听众报以雷鸣般的回答:"愿意!"他离开讲台时转身就对心腹说:这些听众真是一群白痴,"假如我对这帮家伙发问,是否愿意从哥伦布大厦的楼顶上往下跳的话,他们也同样会吼'愿意'的!"[①]

---

① 黄钟:《希特勒是如何为群众洗脑的》,《杂文月刊(文摘版)》,2010年第1期,第44~45页。

(四)阶段性调整信念标的物

某一"信念"一旦开始变得脆弱,骗子就会推陈出新,通过及时调整信念标的物[①]来吸引注意力,从而实现继续牢牢控制参与者的目的;同时,巩固现金流不变。所以能看到,这时候无论骗子说什么,受众都会深信不疑,像喝了迷魂汤一样。

这些标的物具有以下共同特征:(1)很便宜或一钱不值。主要是充当符号和遮丑布的作用,现在许多骗局连这都省掉了,干脆直接"拉人头"。(2)虚拟化、电子化。如虚拟网店、虚拟货币、网络任务、电子积分、消费返利等,既不用实际花钱,又能披上电子商务、网络技术等外衣,还可进行自动"记账""兑付"。

第二节 庞氏骗局的三大类型

一、个人的庞氏骗局

庞氏骗局的门槛极低,所以单枪匹马就可实施。当初始作俑者庞齐就是一个人玩这骗局的,原因主要有以下三点。

(一)骗钱更比赚钱快

举例来说,一个普通工薪族一年要存10万元(赚钱)并不是一件容易的事,但要想一年骗50万元(骗钱)就容易得多。

庞氏骗局的原理可以简化为:如果A向B借款100万元,承诺年息50%,两年后合计归还本息200万元。假如B有这笔钱,又非常相信A,这笔交易就很可能会达成。即使B对A不太了解,也可能会冲着如此之高的获利赌一把;只不过,这时候的他可能会找个人担保而已。

别以为A真的有什么本事能够赚到这笔钱。在这两年中,他尽可以

[①] 所谓信念标的物,是指一个人或一群人他们信什么。它既可以是有形的(称为"标的物"),也可以是无形的(称为"标的")。

用这 100 万元到处吃喝玩乐,在两年即将到期需要兑现 200 万元的时候,再去找另外 3 个人 C、D、E,依然承诺这样的条件,一下子就能筹到 300 万元。从中拿出 200 万元归还 B 的本息,剩下的 100 万元又可用于接下来两年中的吃喝玩乐。如此这般,等到两年过去后需要归还 C、D、E 这 3 个人每人 200 万元本息时,只要能骗到 7 个人,就能在归还 C、D、E 本息之外,维持原来两年 100 万元的开销,这游戏就能玩得下去。

庞氏骗局通行的金字塔型结构是 1∶3,即只要能骗到 9 个人,就有足够的实力去给第二层 C、D、E 及其上一层 B 发放佣金和奖励;如果当初这 200 万元根本就没有实际退还给 B 而只是记在账上,或者 B 收到后又把它继续投给 A,那么 A 手上的资金将会更多、规模会更大。

(二)傻子太多,骗子不够用

俗话说,"人心不足蛇吞象"。古今中外梦想"走捷径"的人太多,所以骗子总是不够用,庞氏骗局从来没有"就业难"一说。

继续上面的案例。当 B 尤其是 C、D、E 如期拿到年息 50% 的故事传出后,后面排队等着交钱的队伍会一眼望不到头。

当无数个 A 以及后来也想从中分一杯羹的 B 和 C、D、E 们都在梦想不劳而获的时候,庞氏骗局就会遍地开花。只要后续资金流入充分,就可长期不被揭穿。因此能看到,许多骗局哪怕十分拙劣、毫无技术含量可言,但照样有人前赴后继、死而后已。

不用说,任何骗局都只会"骗得了一时,骗不了永久"。

(三)人情社会最便于杀熟

一方面,我国是一个典型的人情社会,人与人之间更强调"关系",也更相信"关系"。所以,庞氏骗局更喜欢把这种"发财机会"推荐给有"关系"或"关系好"的熟人。

另一方面,国人面对熟人更容易放松警惕,对许多自相矛盾、违反常识、漏洞百出的诈骗行为熟视无睹,从而上缴高昂的"智商税"。

二、组织的庞氏骗局

所谓组织,是指诸多要素按照一定的方式相互联系起来的系统,有别于特立独行的个人。

庞氏骗局的做局者虽然是一个个具体的人,但由许多人构成的组织在这方面的力量显然更大。因为凡是组织,都拥有并能调度相应的要素和资源,更具有号召力和欺骗性。所以,盲目服从或相信组织的风险显而易见,有时候被它卖了都不知道。例如以下三种。

(一)欺诈式消费返利

欺诈式消费返利在组织的庞氏骗局中占有相当大的比重,它名义上是在销售商品或服务,却并不依靠经营获利,而是用之后参与者的货款去填补之前的窟窿。一旦资金链断裂,便会人去楼空。

这里插播一个小故事,来看看庞氏骗局是如何"挂羊头卖狗肉"的。

> 辽宁大连某旅行社成立于2003年,在全国拥有上百家分支机构,客户几乎都是老年人群体。它与众不同的业务模式是,鼓励并吸收游客投资,让游客享受免费旅游,承诺最终返回本金和收益。交钱后,有的会以"商品销售合同"代替旅游合同,有的则没有,所以外人搞不清最终可拿多少钱。投资返回也有多种方式,搞不清其中有多少本金或利息。
>
> 2022年7月,浙江绍兴的老张,在小区里看到该旅行社的业务传单后投了1万元,获得了"会员"身份,接下来便跟着四处游玩。原本一年期的投资,结果提前4个月拿到了900元收益,于是信心大增,对女儿说:"你看,你们不让我把钱存在这里,但最后我就是拿到了收益!"
>
> 事实上,这正是该旅行社拿捏老年人心理的关键一步:第一次一定会准时或提前发放收益。但多数人只拿到过这唯一的一次收益,实际上称为诱饵更恰当,因为业务员会劝你继续追加投

资。许多人拿到钱后又添了些进去,于是雪球越滚越大。

老张从第一笔投入1万元陆续增加到4万元、5万元,最终把身边仅有的27万元全都投了进去(2023年8月20日爆雷时还有23万元没到期)。女儿曾劝她不能再投了,但她已深陷其中:"他们好端端地开着,怎么会跑?即便跑路了,我也心甘情愿把钱扔水里。"爆雷后查明,最多的老人投了几百万元,有的甚至要卖房投资,而子女一概不知。

所有人都反映,该旅行社"吃住都不错,也没有强制购物,很满意"。平时除了电话问候,还会经常往家里送米面油,甚至帮助搬家。业务员看见投资者,总是亲切地叫"爸/妈"。打电话给他们咨询,他们会挂断电话后反打过来,说是为了节省你的话费,让这些老人心里暖暖的。[1]

目前,以组织老年人旅游为噱头,通过免费低价游拉人头,在游玩中开会、上课,一日游有半天在购物,实际上是以高收益诱导老年人进行所谓的投资理财,已经成为一种专门针对老年人的新庞氏骗局。

(二)"空手道"草船借箭

凡是利用各种荣誉、名誉、奖状、星钻来鼓励下属卖命,以一纸证书或口头表扬来代替物质支出的均属此列。人在组织中,很容易出现因为一味盲从、随大流而致错误结局的"毛毛虫效应"。[2]

这方面最典型的是房地产开发(与房价暴涨无关)。它一般都是企业行为,并且属于组织行为,涉及部门多、投资大、周期长,从而也使得其中骗局丛生,许多项目从一开始就沦为"空中楼阁"和"钓鱼台"。

这种庞氏骗局主要有两类:(1)通过与中介公司串通,以投资房地产

---

[1] 哈力克、吴紫萱:《"老年旅行团",困在低价里》,《中国新闻周刊》第1111期,2023年10月2日。

[2] 法国昆虫学家法布尔做过这样的实验:让毛毛虫首尾相接绕着花盆行走,哪怕在附近放上其最喜欢吃的松叶,它们也会有纪律地围绕花盆一圈一圈地爬行,直至过度饥饿和精疲力竭死亡,也不会(或不敢)去吃边上的松叶。

开发的名义,发售各种所谓理财产品,吸收公众资金。(2)在取得预售许可证之前,以内部认购、发放VIP卡返利等方式,通过"击鼓传花"来缓解企业资金压力。一旦资金链断裂,便会套牢参与者。

在这其中,还经常伴随"三假"行为:(1)假资质。多数房地产公司根本不具备向公众发售理财产品的金融牌照,所以这种行为本身并不受法律保护。(2)假合同。合同、预售证照都是假的。(3)假担保。宣称以住房、商铺、车位等不动产作为担保物,而实际上,其中有许多不动产根本就不可能取得产权。

(三)产品和股权一起卖

所谓股权,是指投资者向合伙企业或企业法人投资而享有的权利。这里包含三层含义:(1)有资金投入,并且这种投入明确是投资,而不是货款或借款;(2)投资的对象是合伙企业或企业法人;(3)只有投资该企业才能享有相应股权。

这里的重点是第(2)点,投资合伙企业或企业法人会形成两种不同的股权:向合伙企业投资,需要承担无限责任;向法人企业投资,只需承担以出资额为限的民事责任。

庞氏骗局用股权来"钓鱼",利用的企业通常是非上市公司,甚至还处于草创阶段,离将来能不能上市根本就是"八"字还没一撇。所以,这种非上市公司的股权称为虚拟股,主要是一种利益分享机制,并不涉及真实股权变动的工商登记变更。

做局者正是利用了这一点,更利用投资者对相关股权知识的不了解、不熟悉来画大饼。尤其是2011年股权众筹概念进入我国后,更喜欢利用这一概念来愚弄参与者。

常识是,原始股是企业创始初期由发起人筹集资金认购的股份,持有人一般都是发起人。在公司发展壮大过程中需要引进战略投资者时,首次公开募股(IPO)前只能通过非定向和私募方式转让股权。**无论是自建平台买卖原始股,还是像推销一样沿街叫卖,既违法又可笑。**

《公司法》第78条规定,股份有限公司的股东人数不能超过200人。

换句话说，如果某企业或某项目到处吸收股东，人数没有限制，或已经超出 200 人，即是非法。《证券法》第 10 条规定，无论是向特定对象还是不特定对象发行证券，累计超过 200 人都属于公开发行证券；而公开发行证券，必须经过中国证券监督管理委员会或国务院授权部门核准，并且需要在交易所遵循一系列的规则进行。对照这两部法律，以及目前比较规范的风险投资起投额至少是 50 万美元或 300 万元人民币，很容易就看出某企业或项目的做法是否合法。

三、政府的庞氏骗局

庞氏骗局的根本特征在于资金转移，而不是财富创造。也就是说，它的获利来源主要是货币运动而不是实体经济。从这个角度看，拥有货币发行权的各国中央银行更是庞氏骗局高手。

只不过，与个人、组织实施的庞氏骗局相比，其背后有强大的宣传机器在涂脂抹粉，有强大的国家机器（军队、警察、法庭、监狱等）做后盾，这种骗局不易识别、资金来源不易枯竭罢了。例如，明明是政府财政收不抵支了，需要通过印钞来抹平这个窟窿，"稀释全社会的货币存量，向全体人民掠夺财富"，却起了一个好听的名词叫"财政发行"，这样一听就感觉舒服多了，但其实质仍然是"政府掠夺"。[①]

典型的政府庞氏骗局有以下三种类型。

（一）靠印钞发展经济

任何一个政府包括中央政府和地方政府，如果它在用更大的债务规模应付眼前的债务，债务包袱越背越大，就必然会形成庞氏骗局。

可是环顾全球，有多少国家政府的庞氏骗局破产了呢？确实有，但都是一些小经济体；大经济体的债务虽然也在不断增长，却从来没有破产之虞，这就主要得益于美元、欧元等在全球通行的好处。货币流动空间增大了，就会同步扩大债务承受能力。

[①] 严行方：《看懂财经新闻》，厦门：厦门大学出版社 2013 年版，第 38 页。

不可否认,这是各国都希望本国货币国际化的主要原因之一。本国货币发行后如果马上就能被其他国家收储,便可以通过不断地印钞来"还债",这样庞氏骗局就可以一直玩下去。

即使做不到这一点,各国也会首先想到用印钞来"拯救"或"发展"经济——这些钞票哪怕没有国外政府或机构买账,也不愁没有国内百姓买账。在庞氏骗局面前,谁的钱不还都是一样的钱!

更何况,国家债务与个人债务不同,国家债务的债权人和债务人往往是重叠的,这也会降低政府破产的可能性。

(二)股市的庞氏骗局及其特殊性

股市庞氏骗局的特征表现在,寄希望于用后来者的钱为之前的买入者解套。当所有人都这样想时,就意味着骗局快要玩不下去了(股市泡沫即将破灭[①])。

不过,股市庞氏骗局具有以下三大特殊性。

1. 政府背景

股市是政府合法设立的,又有上市公司的信誉做担保(至于能不能担保得了是另一回事),所以它的"下线"可以非常大,甚至"全民炒股"、不分国界,其他任何个人、组织的庞氏骗局都做不到这一点。

股市天然具有政府背景,但如果政府既是裁判员又是运动员,股市的发展就一定会非理性,并且亏多赚少。

2. 股市不会关闭

哪怕股市泡沫破灭,哪怕最后被套牢的股民损失惨重,股市也不会关闭,这只"打不死的陀螺"将来仍有机会通过发动新的行情来解套,属于一种可持续、永不灭的庞氏骗局——只要有充足的后续资金,它就能给前面的人解套。尤其是,政府可以通过调整政策、调节新股发行节奏等,来把控股市走势和利益输送方向。

---

① 事实上,2013年诺贝尔经济学奖得主罗伯特·席勒早年的论文就是用庞氏骗局来类比股市,并且多次精确地预言了股灾的来临。

3. 标的物(股票)多少有点实际价值

股市庞氏骗局的标的物是股票,股票的价格不可能都跌至0。更何况,当股价一路下跌时还会产生正反馈效应(俗称"反弹"),从而逆向实现部分解套。

(三)房价暴涨的自发式骗局

"自发形成的庞氏骗局"理论,是诺贝尔经济学奖得主罗伯特·席勒在2013年创立的。他认为,有些庞氏骗局并没有实际做局者,而是由民众或市场自发形成的,在市场力量的推动下自发促成,由一个人的期望激起下一个人的盲从,从而蔚然成风,形成一个个骗局连环,最典型的是股市、房市、黄金交易等。

例如,房价暴涨的庞氏骗局,就很难说做局者究竟是政府、开发商、购房者还是"丈母娘"(所谓"丈母娘影响房价"),更多的是社会上普遍形成了一种"以后房价还要涨""只会涨不会跌""买房会保值"等预期。大家都这么想,有钱要买房、没钱借钱(住房按揭贷款)也要买,如此一来,就把房价抬上去了。而房价迅速上涨后,之前买房者的投资高获利又会影响之后参与者的决策,于是也纷纷加入这个行列中来。

形成房价上涨的预期主要有两个:(1)从需求侧看是货币超发。正如著名经济学家吴敬琏所说:"一只手拼命发货币,另外一只手想按住房价,这是做不到的。"[1](2)从供给侧看是土地供应价格。土地资源的垄断性和公开拍卖,决定了土地价格想拍多高就有多高,而这正是政府乐见其成的,与政府庞氏骗局产生共振——房价上涨会带动土地拍卖,既能给政府创造更多的财政性收入,又能对冲货币超发——现在的房价居高不下,今后再一点点刺破泡沫,就能完美地消除货币流动性祸害并回收财富。[2]

---

[1] 韩哲:《楼市只是退烧,不存在拐点》,《北京商报》,2016年10月17日。
[2] 齐俊杰:《比房价泡沫更可怕的是流动性泡沫》,百度网,2016年10月5日。

第三节　庞氏骗局的防范要点

一、道德是根橡皮筋，法律才能治根本

国人喜欢用道德来绑架人和事，这是庞氏骗局在我国特别兴盛的文化原因。而其实，道德和法律是两码事。骗人虽然不道德，却不能说它违法。更何况，道德是根橡皮筋，用它来衡量别人，有时也会弹回来伤到自己，最终"革命革到自己头上"。

例如，有人认为夫妻一方出轨是不道德的，但恩格斯说"没有爱情的婚姻是不道德的"；宋朝理学大师朱熹到处宣讲"存天理，灭人欲"，反对男女私通，可是他自己却经常勾引寡妇、色诱尼姑。所以，**道德只能用来约束自己**，而不是**谴责他人**。寄希望于道德谴责而不是法律严惩，庞氏骗局将毫发无损。

美国也有庞氏骗局，但只是零星的存在。骗子们知道，美国虽然没有专门立法禁止传销，但整个法律体系很完备。2015年2月18日，美国证券交易委员会起诉两名庞氏骗局的幕后操纵者克里斯廷·约翰逊和特洛伊·巴尔内斯，勒令其停止相关业务，对已骗取的380万美元资金，兑现向参与者作出的700%回报的承诺。看看，仅仅一句"兑现承诺"，用我们的话来说叫"吹牛皮缴税"，就足以将骗子罚得倾家荡产。[①]

顺便一提的是，许多谎称"从国外引进"的骗局招数，实际上多是华人专门为国人量身定制的，真正的外国人却没听说过。

为什么"中国人爱骗中国人"？在国内，有主观上的"国民劣根性"因素，因为国人最了解自身民族的弱点。打蛇打七寸，一打一个准；老乡骗老乡，两眼泪汪汪。在国外，更重要的是以下四大客观原因：(1)骗子外语不溜。不是开不了口，就是口音太重，根本骗不到外国人。外语很溜的华

---

① 金良：《美SEC起诉两名庞氏骗局操纵者》，新浪网，2015年2月19日。

人,大概率能找到体面的工作,用不着当骗子。(2)国外华人的圈子太小。外语水平高尚且无法融入主流社会,外语不好的就更是只能混在华人圈子里,要骗的话也就只能骗骗中国人。(3)华人的民族性格是逆来顺受。在国外语言不熟、法律不熟,被人坑蒙拐骗、欺负后大概率只会"自认倒霉",这是骗子们有恃无恐、专挑同胞下手的重要原因。(4)强龙难压地头蛇。国外的华人骗子要想在洋人地盘上诈骗洋人,成本和风险可想而知;相反,对付初来乍到的国人还是绰绰有余的,尤其是一句"同胞情谊",就能让对方立马放松警惕。其实,不但国人喜欢骗同胞,其他民族也大抵如此,因为**"杀熟"的"性价比"最高**。

所以,在面对任何"有诱惑力"的项目时,切记不要只从人伦关系考虑"朋友""交情""面子"什么的,而要多从"商业""法律"角度来论事,才不至于造成"捵捵壁硝轰一铳"的悲剧。

这是我老家的一句方言,说的是过去农村人用土枪打鸟的火药是自制的,先用小捵帚,在乡村阴暗潮湿的老墙壁上去捵壁硝(一种白色粉末,零星散布在墙角边,或沾在墙壁上),搜集起来很辛苦,但如果积攒到一定的量就可以卖钱,以至于还出现一种专门的职业叫"捵壁硝佬"(我小时候也干过这活)。壁硝加上硫黄和炭,在大铁锅里熬煮成黑色火药,存放于牛角制的火药筒里。使用前,先用牛角筒的尖端口从枪管灌入火药,深度为四指宽,弄结实后,再灌入少量铁砂或一颗铅弹,就可以瞄准目标扣动扳机放铳(开枪)了。

从"捵壁硝"到"轰一铳",过程非常辛苦,结果却常常一无所获。用这句方言来形容受骗上当、倾家荡产是很贴切的。

二、不要去弄懂超出常识范围的概念

互联网时代信息爆炸,总以为人变得更聪明了,其实也会造成认知缺陷。正如美国马萨诸塞大学博士徐贲所说:"互联网时代,许多人知识丰富,不是变得越加开明、公正,而是变得越加偏执、狭隘和头脑禁锢。他们根本不具备与知识增长相匹配的理解力,不懂得如何独立提问、价值判断、批判思考……这成了一种常见现象。"①

庞氏骗局除了许诺高回报率,就偏爱用各种时髦概念把参与者搞得晕头转向,以此显示自己"知识更新得快"。一方面,它希望以这种方式让人觉得他们的模式新潮、深奥,不是一般人能看得懂的,当然也不需要你看懂(你只要关心高回报率就行);另一方面,也是想通过这种方式先把你搞晕(洗脑),然后毫无主见地跟着他们走。

有鉴于此,你在遇到对方抛出一连串新颖而时髦的概念时,完全不必"好学不倦",更不要顺着他们的思路走,否则就会中圈套。你只要坚持问两点就行:(1)你如何确保这回报率能得到兑现,也就是这回报率是怎么来的?(2)如果兑现不了承诺,怎么办?

正所谓"术业有专攻"。哪怕你是专家、学者,离开熟悉的领域依然可能只是"小白"一枚,谁都做不到"样样都懂"。

更何况,面对复杂问题时,如何掌握规律、辨别是非、减少混乱和谬误,这方面最有用的逻辑学课程,国人几乎都没学过。

而早在1974年联合国教科文组织公布七大"基础学科"时,逻辑学是作为"科学的出发点"排在首位的,依次是逻辑②学,数学,天文学和天体物理学,地理科学和空间科学,物理学,化学,生命科学。2019年11月,联合国教科文组织将每年的1月14日定为"世界逻辑日"。在西方,这七门基础学科的雏形"七艺"在4世纪就被定为学校课程,我国是1903年清政府在颁布的《学务章程》中规定各高校都要开设"辩学"(即逻辑学)课程,1912年推广到各中小学。③

---

① 徐贲:《互联网时代的知识和"知情公民"》,腾讯网,2016年9月14日。
② 逻辑、道理、立场之间的关系:
(1)逻辑是事物发展的内在规律,具有理性、稳定性和普遍性,讲的是难易。
(2)道理是面对事物时的情绪发泄,具有感性、针对性和多变性(所谓"公说公有理,婆说婆在行"),讲的是对错。
(3)立场是处理事务时的地位态度,强调站位、利害、拉偏架,讲的是敌友。
例如,弱肉强食是必然的,这是逻辑;弱肉强食是不对的,这叫道理;你是弱肉还是强食? 这叫立场。三者不在同一层面,完全没法讨论,结果必然是:逻辑讲不过道理,道理斗不过立场。因为一旦立场先行,它根本不讲道理,更遑论逻辑。
③ 翟锦程:《逻辑学是科学的基础》,《中国社会科学报》,2020年7月3日。

逻辑的最大好处是:能够透过现象看本质,大事面前不糊涂;否则,很容易在"立场论"的激将法下,放弃独立思考,浑身戾气、喊打喊杀,或人云亦云、错误站队,乖乖地上缴"智商税"。不懂逻辑学,是国人最喜欢看标签也最喜欢给人贴标签的主要原因。因为这样做最简单,瞄一眼标签就知道"是非对错",还能掩盖自己的"无脑"。倘若还看不懂,就指责这是"阴谋论"或有"不可告人的目的"。

可是殊不知,国人的信息源其实很有限。全球网站搜索语言排在前12位的合计比例为 90.1%,依次为英语 58.8%、俄语 5.3%、西班牙语 4.3%、法语 3.7%、德语 3.7%、日语 3.0%、土耳其语 2.8%、波斯语 2.3%、汉语 1.7%、意大利语 1.6%、葡萄牙语 1.5%、越南语 1.4%。[①] 对一个不懂英语或者根本翻不了"墙"的人来说,最多只能获取全球信息量的 1.7%(部分中文网站国内访问不了),真的有底气对那些能接触到全球 58.8%信息的人说,你比他们更了解这个世界吗?

所以,还是只做能力范围内的事,才有更大的把握。

三、多和子女商量,少刷手机多看书

现在是信息爆炸时代,但大多数人的信息来源其实是微信、微博以及抖音上的"豆腐干"文章。国人对手机阅读的迷恋,几乎无以复加。

可是,这样的东西看得越多,会越误以为自己拥有许多知识。只是信息与知识之间,需要建立一个"阅读、理解、分析"的框架,来搭建系统性的逻辑关系。否则,就会**在帖文的惊悚语调和混乱逻辑冲击下,不知不觉间放弃独立思考,从而变得无知起来**。真正能够让信息转换成知识、从感知上升到认知高度的,是系统性阅读,尤其是读经典。

经典图书与碎片文字的主要区别在于,作者已经将他获取的信息提炼成了知识,具有相对完整的结构、清晰的逻辑链条、由浅入深的论述,读者容易消化吸收、容易汲取营养,即容易"入口、入脑、入心",容易在理解

[①] 《各国语言占全球网站份额,日语第六,汉语与越南语"相提并论"》,网易,2023 年 9 月 5 日。

的基础上解决现实问题。

更不用说,现在都是大数据精准营销、个性化算法和智能推送,每个人都被关在一个特定的"信息茧房"中。每天刷手机,你可能觉得自己的信息很丰富,但实际上正在变得越来越傻。

所谓信息茧房,就是平台、算法屏蔽掉与你观点不一致的信息,只推送你想看的内容,根本不考虑这些内容和观点是对是错;它只想迎合你、取悦你,给你画地为牢,让你成为井底之蛙。著名经济学家马光远认为,这样的平台算法和信息推送是"犯罪"。

许多人也许不知道,每个人虽然都有手机,但各自从手机上刷到的信息是不一样的;即便说的是同一件事,评论区里呈现出来的留言,其观点也不一样。与你观点不合的留言,不是被排在最后,就是出不来。

这里插播一个小故事,来看看算法会怎样误导你。

> 一家三口晚饭后坐在沙发上刷手机。正好刷到同一条信息,说是一位局长睡了女下属,导致女下属夫妻离婚,闹得沸沸扬扬。普通科员身份的儿子,看后立刻骂这局长不是个东西,推而广之,现在的领导没有一个是好东西,有人居然有上百个情人,拆散一对是一对!而老爸认为,这女的才是红颜祸水,是另有所图向上爬才会去勾引局长的。老妈的观点则相反,认为这女下属是牺牲品,局长要睡她,她反抗得了吗?!三人激烈争辩,谁也说服不了谁,都认为自己的观点才是主流观点,不信可看看下面的评论区。结果,摊开三部手机一看,排在最前面的高频观点各自不同,都是为机主量身定做的。

每时每刻,互联网上都有太多的人在看同一条信息,太多的傻子集合在一起,就会出现"傻子共振"现象。好比成千上万只井底之蛙,只要遇到不符合自己认知的人或事,就联合起来群起而攻之,它们坚信世界就只有井口那么大!结果呢,就看到,现实生活中绝大多数人宁可沉浸在刷手机、看视频里,也不愿意与周边的人打交道,从而慢慢地就丧失了看清世界真相的能力。

　　换句话说,这些人已经完全被洗脑了。只要想方设法迎合他们的观点和认知,要骗他们真是太好骗了。

　　怎么办？唯一的办法就是少刷手机,多与周围的人打交道,尤其是子女、亲人,不但能增厚亲情,而且关键时候只有他们才能真正帮到你。

第 16 课

谨防电信诈骗

> 电信网络诈骗是近年来"发案最多、上升最快、涉及面最广、群众反映最强烈"的犯罪类型,并且还在快速裂变。请重点识别五大类型,牢记20个"凡是"。

所谓电信诈骗,全称电信网络诈骗,是指以非法占有为目的,利用电信网络技术手段,通过远程、非接触等方式,诈骗公私财物的行为。

与传统的庞氏骗局相比,电信诈骗作为一种新型骗局,伴随着通信和网络使用的普及而兴起,并随着通信技术的发展迅速蔓延与变换手法,给群众尤其是中老年人群造成了巨大的损失。

目前,电信诈骗方式越来越以假乱真,越来越难以识别,危害也越来越大,是投资理财之大敌。许多人因此倾家荡产,一夜回到"解放前"。

第一节 电信诈骗的五个阶段

电信诈骗是伴随着电话和通信技术的逐步普及出现的,并与电脑、网

第16课
谨防电信诈骗

络、人工智能技术的发展亦步亦趋。

在我国,电信诈骗大致经历了以下五个发展阶段。

一、第一阶段(1979—1997年)

1861年全球第一部电话出现在德国,1877年进入我国。

1978年我国实行"改革开放"政策,经济开始活跃。1983年撤"社"(人民公社)改"乡",1984年6月张维迎率先提出"企业家"的概念[1],推动了集体经济的发展。电话开始在企事业单位尤其是率先在乡镇企业(之前称"社队企业")得到普及。

这一阶段的电信诈骗,前期主要是冒充银行工作人员打电话,打探银行账户信息和密码,以骗取钱财;后期主要是冒充权力部门领导,骗取"价格双轨制"批条,或施压签订经济合同。[2]

二、第二阶段(1998—2008年)

20世纪90年代末互联网出现后,电信诈骗开始向网络领域渗透和扩展,并迅速活跃起来,逐步进入普通民众生活。

1994年4月20日,我国正式接入国际互联网。1997年,网易网成立。1998年,搜狐网、腾讯网、新浪网相继成立。1999年,腾讯发布聊天软件OICQ(2000年后称"QQ"),马云创立阿里巴巴。2000年,百度网成立。2002年,博客网成立。2003年,淘宝网、支付宝出现。2004年,网络游戏市场开始爆发。2008年6月,我国网民数量首次超过美国,跃居世界第一。

这一阶段的电信诈骗,主要是发送虚假电子邮件或链接,骗取个人信息和账号密码,盗取身份信息或资金款项,俗称"网络钓鱼"。

---

[1] 张维迎:《时代需要具有创新精神的企业家》,《读书》,1984年第9期。
[2] 严行方:《巧用电话》,北京:农村读物出版社2002年版。

三、第三阶段(2009—2014 年)

我国开始进入移动互联网时代。移动互联网体量开始超过传统互联网,手机扫码支付迅速普及开来。

2009 年,阿里巴巴推出第一个"双 11"促销活动;新浪网推出微博。2011 年,小米发布第一款智能手机,冲击市场;腾讯正式推出微信;美团网、滴滴打车上线。2012 年 6 月,我国手机上网终端(数量 3.88 亿)首次超过 PC 上网终端。2014 年,微信红包正式推出,并与中央电视台"春晚"节目合作一举打开微信支付市场;网约车滴滴、快的、优步等开始成为主流出行方式;2014 年 6 月,我国手机网民规模(数量 5.27 亿)首次超越 PC 网民规模。

这一阶段的电信诈骗,全部以手机用户为目标,诈骗形式开始五花八门,其中最突出的是短信诈骗,即通过发送虚假短信,冒充政府部门或银行、电信等服务提供商,骗取个人信息或资金转账。

四、第四阶段(2015—2019 年)

互联网发展硕果累累,移动互联网与传统互联网双管齐下,开始进入网红与自媒体时代,什么都追求流量。主要特征是自媒体、网红主播、博主等全面席卷网络,并向知识付费、直播带货、粉丝经济等方向延伸。

2015 年,我国首次提出"互联网+"概念,推动互联网技术创新融入传统行业;团购巨头美团、大众点评合并;网约车巨头滴滴、快的合并;上海寻梦正式推出拼多多。2016 年,直播与网红开始兴起;抖音正式上线。2017 年,自媒体开始百家争鸣。2019 年,"三大运营商"获得 5G 牌照,开始进入 5G 元年。[1]

这一阶段的电信诈骗,数量持续增加,手法一直处于变异和改进之中,经常调整策略和目标,以逃避执法部门的打击和公众的防范。

---

[1] 严行方:《区块链改变世界》,北京:中国纺织出版社 2020 年版,第 237 页。

五、第五阶段(2020年至今)

我国开始进入元宇宙与人工智能时代,什么都强调数据,所以从数据搜集到数据应用的上下游一条龙产业获得迅猛发展。

2020年初,我国暴发"新冠"疫情,线下门店遭受毁灭性打击,线上经济如游戏、电商、社区团购、在线教育、线上办公等由此得到空前发展;直播平台斗鱼、虎牙合并,以直播电商为代表的直播购物风起云涌。2021年,元宇宙概念兴起,成为新的风口。2022年末,以ChatGPT为代表的深度合成技术[①]开始出现;我国成为全球第一个"物联网终端"(物联网连接数)超过"人联网终端"(移动电话用户数)的国家。

这一阶段的电信诈骗,开始以各种数据合成为基础,尤其是深度合成技术的语音、视频已可乱真,让人防不胜防,而这可能还只是开始。就目前而言,诈骗成功率几乎100%。识别对策是:让对方张开五指遮住五官看人脸是否有抖动或闪现、在对话中加入只有彼此知道的一些事情等,来帮助验证。

电信诈骗目前已成为全球性公害,对执法部门、技术部门、公众教育提出了新的要求,防范电信诈骗任重而道远。

这里插播一个小故事,来看看新型电信诈骗会怎样骗取你的声音。

有一天,老曹接到一个电话,全程对话如下:

"先生您好,我是××银行的,可以给您提供一张100万元额度的信用卡,还款期限半年,请问您需要吗?"

"啊,不用,不需要,用不着。"

---

① 俗称"人工智能合成""AI合成技术",是指利用深度学习、虚拟现实等生成合成类算法,制作文本、图像、音频、视频、虚拟场景等网络信息的技术。主要应用有换脸、语音合成、人脸合成、视频生成甚至数字虚拟人等。

深度合成技术本身并没有对与错,2024年初"AI复活"已大行其道。它强大的仿真能力,极易被不法分子用在金融诈骗、隐私侵权、恶意诋毁及威胁公共安全上,在电信诈骗中的主要表现是AI换脸、AI换声,危害是巨大的。我国从2023年1月10日起已实施《互联网信息服务深度合成管理规定》。

"噢。我们还在做客户调查问卷,占用您1分钟时间回答几个问题,可以给您手机充值100元,您看可以吗?只需占用您1分钟。

"那,行吧,你说吧。

"请问您是从事什么工作的?

"我退休了啊。

"您生活在哪个城市呢?

"××。

"请您简短介绍一下您的日常生活,简单说几句就行。

"啊,我每天会去菜市场买菜,然后去体育中心打会儿拳。

"哦。忘了请教您怎么称呼啊?

"我姓曹。

"那怎么称呼您全名呢?

"曹××。

"再见。(随后对方瞬间挂断电话)

"哎,等会,你那100块钱话费呢!……"

不用说,这就是一起典型的电信诈骗。表面上看,虽然并没有造成任何损失,但对方确实是骗子,既不是什么银行的,也不是要推销信用卡,更不可能给你充话费。他的真正目的,是已经掌握了你本人、儿女和亲朋好友的所有资料,现在需要补充采集你的声音信息,为他继续下一步的电信诈骗做准备。

例如,骗子如果预先录制以下一段电话录音:

"喂,××(老伴的名字),我××。哎哟(呻吟声),我现在遇到麻烦了,被汽车撞了一下,骨折了,现在救护车上。我没带社保卡,你赶快先转5万元到我医院里的账户上啊,准备先交押金。我一会儿给你发账号。你快点啊,我马上快到医院了,我先挂了啊。"

然后，骗子把他的声音导入 AI 软件，选择你老曹的声音模型，让 AI 先学习那么几秒钟。接下来，AI 就会把骗子的声音完全转换你老曹的声音说出来。你说，你那七八十岁的老伴，在这种性急慌忙的背景下，还会怀疑这是不是你老曹本人吗？！

需要提醒的是，这类软件现在已经有了，而且不止一种，功能大同小异，既有语音软件，也有视频软件。骗子最缺的是你的数据，包括声音数据和人脸数据（所以，不要有事没事在朋友圈里晒照片，尤其是高清人脸照片）。

第二节　电信诈骗的五大类型

我国的电信诈骗形势十分严峻，已经成为近年来"发案最多、上升最快、涉及面最广、群众反映最强烈"的犯罪类型。

仅仅是 2022 年 12 月 1 日至 2023 年 11 月 30 日，即《反电信网络诈骗法》实施后的一年间，全国公安机关就战果辉煌，如表 16-1 所示。[①]

表 16-1　　　　2022 年 12 月至 2023 年 11 月全国反诈业绩

项　目		一年	日均
见面劝阻		1 389 万人次	3.9 万人次
会同相关部门拦截	诈骗电话	27.5 亿次	763.9 万次
	诈骗短信	22.8 亿条	633.3 万条
紧急拦截涉案资金		3 288 亿元	9.1 亿元
抓获犯罪嫌疑人		7.8 万名	217 名
"缅北"移交我国		3.1 万名	86 名

2022 年 5 月 11 日，公安部公布了五类案发比例最高的电信网络诈骗案件，依次是刷单返利、虚假投资理财、虚假网络贷款、冒充客服、冒充公检法，合计案发占比近 80%。其中，发案率最高的是刷单返利类诈骗，

---

① 《反电信网络诈骗法实施这一年，我们干了这些事儿》，国家反诈中心，2023 年 12 月 2 日。

约占发案总数的 1/3；涉案总额最大的是虚假投资理财类诈骗，约占全部涉案金额的 1/3。① 分别介绍如下：

一、刷单返利类诈骗

(一)基本特点

需要先充值或垫付资金再做任务。只要符合这一点，就是诈骗行为；而你一旦充值，这钱就不是你的了。

刷单返利本是违法行为，但有些人看到"没有成本，动动手指就能赚钱""固定底薪，点赞评论返佣金"等说辞就动了心，并且返利立刻到账，似乎"唾手可得"，于是觉得这"很简单""很合算"而纷纷上当，导致这种诈骗行为的引流率很高，一跃成为变种最多、变化最快的电信诈骗类型，并且成为其他电信诈骗手段的主要引流方式。

(二)通常步骤

1. 前期引流

主要通过微信群、扫二维码、短信、网页、短视频、小卡片等渠道发布"兼职广告"，有时号称"足不出户"就能获取"高额佣金"，有时会以色情内容、发放免费礼物等为诱饵招募"刷单客""点赞员""推广员"，把你拉入做任务的"聊天群"。

2. 小额返利

一旦进入聊天群，便会在"客服""接待员"的指导下领取"新手任务"，如关注公众号、为小视频点赞、为留言刷粉丝等。虽然都是动动手指的小儿科，却能快速获返小额佣金，从几角到几元不等，目的都是要让你先尝点小恩小惠，熟悉一下如此这般你就能(实际上是骗子能)"发财"的路径。

3. 诱导充值

聊天群里会不断有人发布已"获得高额佣金"的截图，诱导你下载虚假刷单 App 做"进阶任务"，谎称"充值越多、抢单越多、返利越多"，一步

---

① 《公安部公布五类高发电信网络诈骗案件》，公安部刑侦局微博，2022 年 5 月 11 日。

步地来引诱你。

你做每一单任务都需要先交"押金",充值后返利佣金确实会成倍增长,每单报酬甚至能达到几十至几百元。这个金额说大不大、说小不小,足以让贪小利者心动,并欲罢不能。因为你能看到支付宝上确实有钱到账了,速度还很快,所以就彻底没了戒备。

到了这一步,你的充值实际上已经不属于你了,你能看到的金额只是一个符号。接下来,骗子会想尽办法让你加大充值力度。

4. 收网捕鱼

正在你晕晕乎乎时,骗子会推出更大的复合任务单,特点是完成这些任务需要更高的充值、更多的步骤,并且中途不能退出,以尽可能榨干你的钱包。等到终于完成任务准备提现时,就到了收网的时候。

"客服""接待员"等会设置种种障碍,如"未完成任务""卡单""操作异常、账户被冻结"等借口,确保不让你提现成功,甚至还要反向诱导你继续加大投入,例如还要做一单复合任务才能提现等。一旦你识破骗局,便将你拉黑、踢出聊天群,彻底断绝联系。

(三)最新诈骗方式

2023年新出现的"陌生快递"诈骗更粗暴、更直接。明明没有网购,却能意外收到快递包裹,而且针对性极强,如螃蟹季节的"蟹券",中秋节的"月饼卡",年末的"年货"券,国家机关的"红头文件"和"退费退税"通知,商家免费赠送的餐巾纸、手机支架等不值钱的东西……另外必有一张是"刮奖券",谁刮谁中奖,而且100%中大奖。

正当你感慨这年头还有人"学雷锋"时,殊不知,这是骗子"钓鱼"的打窝和诱饵,目的是要你扫描二维码,请君入瓮。

例如,骗子直接告诉你中了"5万元现金",就看你想不想要这"天上掉下的馅饼"吧?如果你有贪心,它会让你交这个费那个税才能领奖,那你就去交吧,交的"智商税"全部进了骗子的腰包。所以,最好的办法就是不理它,请记住这句老话:"**无事献殷勤,非奸即盗。**"

这里插播一个小故事,来看看这种骗局的最新伎俩。

2023年12月4日，山西太原的李女士在菜鸟驿站拿到一件快递，她正纳闷，自己明明没有网购，是谁寄来的呢？拆开一看，里面是一个手机支架和两张刮奖卡。刮开小卡片，上面显示中了"五等奖"水果一份，于是就按要求扫描二维码，准备兑奖。扫码后，上面马上跳出了与客服的对话框，便按照要求发去了中奖照片和居住地址。一小时过去后，真的有外卖员将水果送上了门。李女士尝到甜头后，客服继续鼓励她做抖音浏览任务来获得返现，把她拉入一个微信群。李女士一一完成群里下发的任务后，均已收到相应返利。最后，她在客服的引导下继续加大本金投入，直到她累计投入33万多元后被对方拉黑。

反诈民警提醒说，这种典型的兼职刷单类诈骗，通常会赠送手机支架、餐巾纸、洗衣液、毛巾等实用小礼品，有时还会冒充电商平台再给你送一袋米、一箱水果或其他用品。等到你彻底放松戒备后，再把你拉入微信群；而其实，群里除了你之外，其他人都是托。[1]

二、虚假投资理财类诈骗

（一）基本特点

人人都知道投资有风险，而骗子向你推荐的股票、基金、理财等都会声称无风险或稳赚不赔。仅凭这一点，即可断定是诈骗。

投资理财本身是合法行为，但如果与你利益无关的人向你推荐所谓的投资理财产品，尤其是声称这些项目如股票、基金、黄金、虚拟币、养老公寓、旅游团等"没有风险""包赚不赔""跟着他做就一定能赚"等满话，那就一定是诈骗行为，可以直接拉黑了。

---

[1] 吴晓庆：《太原一女士被骗33万元！警惕不明快递里的"刮刮乐"》，《山西日报》，2023年12月9日。

(二) 通常步骤

1. 寻找猎物

首先，通过各种渠道尤其是社交软件如微信群、QQ 群、直播平台、婚恋交友网站等，来挑选并锁定目标人群，让你通过扫码或加微信好友建立联系。

因为投资理财需要一定的投入，所以骗子会专门寻找"具有一定资金实力，热衷于投资、理财、炒股，且多不得志、容易偏听偏信他人"的中老年人或单身群体。

为了取得你的信任，骗子经常会以"专家/股神""富豪/富婆""成功人士""×博士""金融理财顾问""一个炒股 18 年的老股民"等身份与你周旋。

遇到老年人，叫你"干爹/干妈"算是见外的，一口一声叫你"爹/妈"才算是亲热的。为什么？因为在骗子眼里，你就是财神，真的是"衣食父母"。骗子既然精挑细选看中了你，就希望能在你身上骗个几十万几百万呢，别说唤你一声"爹/妈"了，叫"爷爷/奶奶"都愿意！

2. 请君入瓮

骗子在取得你的信任后，会引诱你加入他们特地为你开设的"投资群""直播课"等，接受所谓的"内部培训""投资指导""直播知识讲座"，并且一定会谎称"有内部信息"（这是骗子的"卖点"），总之是语不惊人死不休。

等到你正式登录其提供的虚假网站或 App 后，便开始教你一步步地实际操作。基本规律是：前期的小额投资一定会让你有所收获，否则后面的戏就唱不下去了；但一旦你加大资金投入，就会发现无法提现或全部亏损。你能看到的所谓"走势图""曲线图"，实际上都是骗子给你画出来的，你的充值早就进入了骗子的腰包。一旦你察觉到这是骗局，就会被拉黑，从此再也无法登录上述虚假网站或 App。

这里插播一个小故事，来看看那些所谓的投资平台如何骗钱。

2020年12月，李某伙同他人搭建"富途""佰盛"等多个虚拟股票配资平台，陆续招募平台代理，统一提供账户用于资金进出。

平台代理对外谎称自己隶属于正规券商，可以提供高杠杆配资，同时组织"业务员"对外发布虚假盈利图片，鼓吹有"内幕消息"，以此来引诱你在平台上放心充值。而实际上，所有这些资金都在骗子的虚拟平台账号上，根本没有流入股市。

就这样，骗子们通过群演"荐股老师""老师助理"等，"指示、诱导股民反向操作，频繁交易，购买波动股"，短短7个月内致使100多名被害人在该平台充值后实际损失440多万元。[①]

三、虚假网络贷款类诈骗

（一）基本特点

说得好听，什么"正规公司、零抵押、免征信、低利率、放款快"，但只要预交所谓的"手续费""保证金"，就一定是骗局。

真正的贷款应该是他拿钱给你，而不是你拿钱给他，哪怕是所谓的"预交""预扣"，也无论是叫"手续费"还是"保证金"。即使两讫的"砍头贷"都是违法的，更何况是你要先付钱给他呢！

（二）通常步骤

1. 广泛撒网

在各种网络媒体、电话、短信、社交软件上发布虚假网络贷款广告，通常的说辞是"办理贷款""信用卡"等，号称"无抵押、免征信、无息低息，正规公司(或××银行)、极速放款、免费提现"等噱头，寻找有资金需求的目标对象。一旦你在网络上浏览过该信息，就会有人通过短信、微信等加你好友，伪装正规的金融机构，骗取你的信任，诱导你下载App或登录虚假

---

① 《检察机关依法惩治电信网络诈骗及其关联犯罪典型案例》，最高人民检察院官网，2023年11月30日。

第 16 课
谨防电信诈骗

网络贷款网站。

2. 随时收网

一旦你注册成功，骗子就会以贷款需要审核为由，向你收取"手续费""保证金""会员费""验资费""缴税"等，谎称要检验你的还贷能力和实力；或者，谎称"操作失误""征信有问题""流水不足"等，向你收取"解冻金"等各种费用。等到你识破骗局，或者不愿意继续交钱时，就把你拉黑。而实际上，骗子给你贷款只是幌子，真正的目的是要骗你钱。

3. 得寸进尺

你在申请网络贷款时，必然会被要求提供"姓名、手机号、身份证号、详细地址、申请银行、信用额度"等信息。许多人觉得把钱打到自己的银行卡上会比较安全，所以乐于提供；殊不知，这对骗子来说是最重要的信息。只要以验资为名，让你把钱打到账上，并提供短信验证码，就可以通过盗刷或网上购物等，将验资款据为己有。如果知道你的银行密码，还会用"调整利率、提高征信"等借口掏空你的所有余额。

这里插播一个小故事，来看看虚假网络贷款是怎样骗钱的。

> 2023 年 11 月，内蒙古托克托的程先生收到一条关于网络贷款的短信，因为正好有资金需求，所以他打开该短信链接，下载了一款"你我贷"App，申请贷款 15 万元。贷款操作过程十分简单，15 万元很快就到了他的 App 账上。可是，正当他准备提现时，发现账户被冻结了，于是很自然地就打电话去询问客服。
>
> 客服告诉他说，是程先生在操作时"输错"了银行卡号，需要交纳一笔"保证金"才能解冻，然后才能提现。程先生按照对方的要求一次次地交保证金。结果，直到转去了 5 笔所谓的保证金、累计金额高达 51.1 万元时，账户依然没被解冻，这才意识到被骗了。[①]

[①] 辛闻：《托克托公安跨省抓获 4 名涉嫌电信网络诈骗人员》，中国警察网，2023 年 11 月 24 日。

四、冒充客服类诈骗

(一)基本特点

能够准确说出你的相关信息;但只要是让你打开屏幕共享,或索要验证码,或转账、借贷,或提到征信,那就一定是诈骗。

冒充客服类诈骗的对象,主要是网购用户。骗子大肆收购、非法窃取网购信息及快递面单信息,然后以退款、理赔、退税等名义,对买家或平台商家实施精准诈骗。因为你的所有信息甚至包括家人的信息他都了如指掌,所以迷惑性很强,往往难以防范。

(二)通常步骤

1. 冒充

冒充某购物平台或快递公司的客服人员,通过电话、短信等方式加你为好友。这些电话多是"＋""00"开头的境外号码,或者是"区号＋座机号",或者是随机生成、无法查到机主的"虚拟手机号"如 162、165、167、170、171 号段等。

但一般人接电话时并不会留意这一点,更因为对方能准确报出相关购物信息,所以完全不设防。

2. 恐吓

一般会用以下三种套路来恐吓你,请君入瓮,同时给你发送"钓鱼"网站链接,获取你的重要信息。

(1)谎称你购买的商品存在质量问题,现在需要退款退货,让你提供银行卡号和手机验证码。

(2)谎称已经误将你升级为"VIP 会员"、授权为"代理"、办理了"分期付款"业务等,问你要不要取消上述业务。如果不取消,将会影响征信,并产生额外扣费;如果取消,则需要支付一笔手续费。

(3)谎称"你的账户异常,请你根据要求,进入视频会议室,打开屏幕共享,我们的客服会帮助解决";或者"你的平台积分不够",可申请贷款提

第 16 课
谨防电信诈骗

高积分,从而诱骗你将贷款汇入其指定账户。

3. 扫码

一边要你扫描二维码(名为"退款码",实为"付款码"),一边向你赔礼道歉,而且态度非常诚恳,目的是要让你放松警惕;同时,还会诱骗你进行网络贷款。

4. 先发制人

骗子会告诉你有可能接到预警电话,要求你对银行和公安的预警提醒置之不理。

5. 善后

当你完成转账后,会继续与你保持联络,为转移赃款争取时间。

这里插播一个小故事,来看看这类诈骗的基本套路。

2023 年 10 月,江苏无锡 60 多岁的老陈接到一个自称某购物平台"客服"的电话,说她在该平台购买的一项"百万保障"业务已经过了免费期,但还没有关闭,当天夜里 12 点将会自动扣费 2 万元。

老陈一听顿时紧张起来。于是,客服热情地教她如何一步步地操作,才能防止银行卡里的钱被扣。老陈按照要求,打开共享屏幕,看到工商银行卡上的余额已不足 2 万元,但有一笔 4 万元的定期储蓄,客服便要求她将定期转为活期,说这样才不会被自动扣款。

老陈突然觉得,不对呀,应该是活期才会被扣,定期没法扣的呀。于是,一边和客服通话,一边去附近的惠山派出所求助。这时,客服似乎也察觉到了什么,立即挂断电话。

警察接过老陈的手机一看,里面竟然装有多款涉诈软件,于是提出要帮她删除,但遭到断然拒绝。她说,这些软件都是她在抖音上认识的一个人,发给她一个二维码,她是扫描二维码下载的。她深信这些都是"正规"软件,能给她带来投资收益。经过苦口婆心的解释，她才终于同意删除这些 App。

出乎意料的是，警察在删除这些软件时，偶然发现手机里隐藏着的一条银行提示：刚才的这 4 万元定期转活期还没被转走！于是，立刻带着她去隔壁的银行修改账户密码，这才终于保住这笔钱未被盗走。[1]

五、冒充公检法类诈骗

（一）基本特点

自称公检法等国家工作人员，要求把钱转到"安全账户"上去，那就一定是诈骗，因为公检法根本没有所谓的安全账户。

冒充公检法类诈骗，包括冒充公安、检察院、法院、海关等执法机关，以及社保（社保卡）、医保（医保卡）局等工作人员，利用非法获取的公民信息，能够准确地说出你的姓名、单位、住址、身份证号等，并且为你量身定制个性化诈骗方案，迷惑性极强，损失往往也大。

日常生活中，普通人很少与公检法打交道，所以一听对方是"公安局的"就容易心理紧张。而骗子正是利用这一点施加压力，实施诈骗。实际上，公检法部门并不会通过电话、网络、微信、QQ 等办案，相互之间也不会电话转接办案，更不存在所谓的安全账户。

（二）通常步骤

1. 恐吓

骗子先是自称××公安局、检察院、法院的，并且能准确地说出你的真实信息，接下来便谎称你名下"有银行卡涉嫌洗黑钱""快递包裹藏毒""卷入一起诈骗案""手机卡发送大量骚扰信息""护照有非法出入境记录"等，要求配合调查，看能不能先吓到你。

2. 恐慌

---

[1] 《典型案例汇总！带你识破与老人有关的诈骗手法和骗局》，环球网，2023 年 10 月 24 日。

普通人平时也知道"有事找警察",但现在居然有"警察"找上门来,并且还涉及这么多"罪名",当然就会紧张了。就在你迟疑之际,骗子会出示伪造的"通缉令""拘捕令"来,用严肃的语气强调事情的严重性,要求你立刻配合调查,进一步加剧紧张气氛。

3. 道具

如果你还怀疑对方的身份,骗子会主动要求添加"×警官"的微信或QQ号,并把警官证亮给你看。有些骗子甚至还会主动要求视频,让你看看对方不惜重金自设的"派出所"或"办案区"。为了远程获取你的个人信息,通常会要求你下载具有屏幕共享功能的 App。

4. 转账

至此,不少人已六神无主,会按照骗子的引导说出相关信息。

接下来,骗子会谎称因办案需要,诱导你去宾馆房间等密闭空间,或者将手机设置成呼叫转移,彻底隔断你与外界的联系。然后,要求将银行卡上的余额全部转入对方的"安全账户"接受"资金监管",以便帮助你"洗脱罪名"。

这里插播一个小故事,来看看这类诈骗的混乱逻辑。

2023 年 11 月,河南洛阳的老李接到一个"00"开头的电话,对方自称是移动互联网中心工作人员,称老李的手机号涉嫌诈骗,要对其账号进行冻结;随后,哈尔滨公安机关的民警会联系他进行问话。

老李还没搞清楚是怎么回事时,一名自称是哈尔滨公安局民警的人电话就过来了,说老李的手机号码涉案,要核实其手机品牌。一听说老李用的是苹果手机,便告知苹果手机很容易泄密,要求以后改用国产手机,并称他身边有"黑警"(黑社会潜伏在警察内部的卧底),所以刚才这些通话的内容要严格保密,不能告诉任何人。

就在老李听得一愣一愣时,骗子将所谓黑警的名单和照片也发了过来。这下老李不得不信了，开始全力以赴配合骗子做调查。

在骗子的电话指导下，老李下载了屏幕共享软件，并按照要求更改微信密码、绑定银行卡，将名下的所有资金全都汇集到这个绑定的银行卡内，等待"警方""核实情况"。就在他完成这一系列操作后，突然发现卡内的余额全被转走了，再也联系不上对方，这才知道被骗了。①

第三节　电信诈骗的防范要点

老年人为什么会成为电信诈骗的主要目标呢？主要是因为他们普遍具有以下三大特点：(1)闲得无聊。退休在家，无所事事，整天刷手机，并信以为真。(2)有些积蓄。存了大半辈子的钱，不但舍不得花，而且还想多赚些。(3)空巢家庭。不与儿女同住，一有年轻人来"关怀"便倍感亲切，聊起来滔滔不绝，许多细节是主动泄露出去的。

防范电信诈骗，必须依靠以下"两条腿走路"。

一、关键要靠政府打击

打击电信诈骗是一个系统工程，涉及公安、检察、法院、金融、电信、网信、市场监管等部门，所以关键要靠政府、靠法律予以严惩，辅之以诚信和道德教育；单靠受害者个人防范和维权，难有作为。

政府打击电信诈骗的行动一直在继续，只是还没达到群众预期。

例如，全国公安机关仅在2019年的"3·15"案件中，就缴获手机"黑卡"近70吨，这些手机卡每张可以注册几万个网络账号，每个网络账号又可产生上亿个虚拟账号。②

---

① 《洛阳又出现了！涧西已有人中招！》，光明网，2023年11月28日。
② 赵汉斌、郭子旗：《贩卖数十吨"黑卡"供诈骗！这家虚拟运营商栽了》，《科技日报》，2021年4月26日。

第 16 课
谨防电信诈骗

再如,2021 年 9 月 16 日山东淄博警方在某居民区的一个犯罪窝点里看到,4 个铁架子上有 3 000 多部手机正在通过"改机软件"同时自动注册微信账号,已批量出售 300 多万个号码用于电信诈骗。这些手机号全都是通过内部渠道弄来的空号,但完全不影响正常使用。在这起案件中,警方共在 5 000 多部手机上查获注册的 8 000 多万个微信账号。[1]

不用说,此类案件唯有公安出击才能奏效,但留给我们的思考是多重的。2013 年 9 月 1 日,手机实名制制度《电话用户真实身份信息登记规定》正式施行;2015 年 3 月 1 日,网络实名制制度《互联网用户账号名称管理规定》也正式施行。可是,实名制并没有给手机用户带来多少实惠,反倒给诈骗分子提供了极大的方便——从过去的需要到处"撒网",建立非法基站、病毒链接等,到现在只要买通内鬼,就能一步到位利用实名信息反向实施精准诈骗。2022 年 12 月 1 日《反电信网络诈骗法》正式施行,但数据表明,电信诈骗发案率并无明显下降。

臭名昭著的"缅北"电信诈骗案,不要以为其中有"缅甸""缅北"字样就是境外人诈骗。其实,犯罪分子都是中国人。试想,如果外国人用英语、缅甸语给你打电话会得逞吗?恐怕听也听不懂。并且,他们是在用中国的手机卡、中国的银行卡在骗中国百姓的钱,是内外勾结的结果。[2] 如果国内的手机卡、银行卡真的能严格遵守实名开户制度,无论骗子在全球的哪个角落搞电信诈骗,公安一查一个准;即使骗到了钱,银行卡一冻结,也根本就转不出去。因此,唯有政府重拳出击,斩断部门之间的利益链,才能根治顽疾。

这里插播一个小故事,来看看当年贵州是如何根除匪患的。

周西成出生于地主家庭,但成绩不好,小学毕业后就去当兵,后来成为一方军阀。

---

[1] 李娜、张艳、于德忠:《令人吃惊的"疯狂":3 000 余部手机开着机自动注册微信号》,《法治日报》,2023 年 8 月 19 日。

[2] 《阻击电信网络诈骗:内外勾结,办卡实名制被"内鬼"虚化》,CCTV-2 财经频道,2021 年 4 月 28 日。

1926年,周西成出任贵州省省长。面对久治无功的严重匪患,他心里很清楚"自古官匪是一家",只要斩断这根链条,事情就好办。于是他下令全省各地:三个月内务必肃清匪患;之后如果还有百姓财物遭劫,一律先由辖区县长负责赔偿,等抓住土匪破案后再返还垫资。

政令下达后,官员们的内心十分崩溃,但面对杀人不眨眼的周西成又能如何呢!令人称奇的是,仅此一举,几百年来没人治得了的土匪在贵州居然就彻底消失了。

二、个人也要注意防范

在防范电信诈骗方面,老年人需要牢记以下20个"凡是"。

(1)凡是网络刷单的都是诈骗(包括网上兼职、购物充值返利等)。

(2)凡是陌生人通过电话、短信要求转账汇款的都是诈骗。

(3)凡是通过网络平台要你投资、理财、炒股、买彩票的都是诈骗。

(4)凡是索要银行密码、手机验证码的都是诈骗。

(5)凡是需要收取任何费用的网络贷款都是诈骗。

(6)凡是要求汇款到"安全账户""接受资金审查"的都是诈骗。

(7)凡是要你找个隐蔽的地方继续通话、通话内容不能告诉其他人(包括警察、子女)的都是诈骗。

(8)凡是自称公安、检察、法院、海关、大使馆等通过电话办案的都是诈骗(公检法部门不可能在电话里办案)。

(9)凡是接到自称银行、保险、快递、客服来电,只要与钱有关的都要怀疑是诈骗。可以先挂断电话,然后拨打平台官方电话核实。

(10)凡是平台客服打电话退款的都是诈骗(真的退款会从原渠道返回;如果有疑问,请先挂断电话,然后拨打平台官方电话核实)。

(11)凡是用微信、QQ等发信息要求转账汇款的,哪怕是亲朋好友的账号和头像,也要怀疑是诈骗(请通过视频或电话核实真伪)。

第 16 课
谨防电信诈骗

(12)凡是以征信为由要求转账汇款的都是诈骗(征信的管理权限在中国人民银行)。

(13)凡是要求必须接听电话转接的都是诈骗(公检法等部门不可能与其他部门相互转接电话)。

(14)凡是要求开通网银、办理银行卡的都是诈骗(任何人无权强制你这么做)。

(15)凡是要求下载视频会议软件,开启屏幕共享、视频通话的都是诈骗。

(16)凡是加你微信、QQ好友后拉你进群,进群后让你下载或点击不明链接、扫描二维码的都是诈骗。

(17)凡是网络交友诱导你投资、赌博、买彩票的都是诈骗。

(18)凡是你不了解的手机功能和支付业务,应该请教身边的子女或亲友,并告知其陌生来电的具体信息,请求协助判断。

(19)凡是亲朋好友来电、视频要求汇款转账的,一定要与对方用方言聊几句,问清情况,以辨真伪;或者与子女通个电话再核实一下。

(20)凡是说需要退订、取消"保险""会员"等业务否则将自动扣款的都是诈骗。

总之,凡是陌生人以任何理由要求转账汇款的,通通都是诈骗。一旦遭遇诈骗,要注意保留相关证据,并立即拨打110或96110报警。

需要提醒的是,虽说预防电信诈骗要做到陌生电话一律不接、一律不信,但有一个电话非接不可,那就是"全国反诈预警专线96110";有一个App必须下载,那就是"国家反诈中心"。

接到96110来电时,表明你或你的家人正在遭遇电信诈骗。所以一定要积极配合,立刻停止转账汇款,以免造成更大损失。同时,要将诈骗分子的联系方式和银行卡号如实告诉警方,帮助搜集、固定证据。

如果你拒绝接听,或者这个电话没能联系上你,警察会改为联系你的家人,或上门找你,但这样就会贻误时机了。

只要上门的警察身穿警服(警衔、警号、胸徽、臂章缺一不可),并且佩戴执法记录仪,那就一定是真警察,请务必相信是在帮你。

如果你在接96110或警察现场劝阻时,有些话不便说,可去公安机关的"心盾宣教室"里说个痛快,唯一的要求是,务必说实话。

国家反诈中心是"国务院打击治理电信网络新型违法犯罪工作部际联席会议合成作战平台",2021年3月15日正式上线。安装步骤是:(1)注册并登录账号;(2)实名认证;(3)开启诈骗预警功能;(4)开启手机权限。它的"来电预警、短信预警、身份验证、风险预警、App自检"等核心功能,能够最大限度地帮助你减少被骗的可能。截至2023年6月,已累计预警3.1亿次。